Ralf Bongartz, 1962 in Bonn geboren, hat Verwaltungswissenschaften Fachrichtung Polizei mit den Schwerpunkten Kriminalistik, Kriminologie, Strafrecht und Psychologie studiert. 20 Jahre lang war er bei der Polizei Nordrhein-Westfalen und dort als Kriminalhauptkommissar zuständig für die Aufklärung von Sexualstraftaten, Tötungsdelikten und Rechtsextremismus. Gleichzeitig machte er eine Ausbildung in klassischer Pantomime und Schauspiel und war 13 Jahre auf der Bühne tätig. Seit 1999 arbeitet Ralf Bongartz als Trainer für Konfliktmanagement und Körpersprache. Er berät und unterrichtet u. a. in Schulen, Gefängnissen, bei der Polizei und in Unternehmen.

Ralf Bongartz

NUTZE DEINE ANGST

Wie wir in Gewaltsituationen richtig reagieren

FISCHER Taschenbuch

MIX
Papier aus verantwortungsvollen Quellen
FSC
www.fsc.org
FSC® C083411

Originalausgabe

Erschienen bei FISCHER Taschenbuch
Frankfurt am Main, April 2013

Satz: Fotosatz Amann, Aichstetten
Druck und Bindung: CPI – Clausen & Bosse, Leck
Printed in Germany
ISBN 978-3-596-18919-9

INHALT

Prolog 7

1 Warum wir nichts tun 14

2 Erkenne die Situation 37

3 Wähle deine Strategie 64

4 Sexuelle Gewalt 164

5 Andere extreme Gewalt 201

6 Selbstbilder 244

Verwendete Literatur 269

Dank 271

PROLOG

Es ist Sommer. Ich fahre mit der S-Bahn von Köln nach Bonn. Um Mitternacht ist es noch immer so warm, dass die Fenster der Bahn auf »Klapp« stehen. Die Fahrgeräusche werden von den Häuserwänden zurückgeworfen und hallen durch den Waggon. Nur wenige Leute sitzen in der Bahn, mit geschlossenen Augen oder entspannt nach draußen ins Dunkel schauend.

Kurz vor Bonn wird die S-Bahn zur U-Bahn und verschwindet unter der Stadt. Im Tiefgeschoss des Hauptbahnhofs steige ich aus und bin in Gedanken noch bei der »Arbeit« in Köln. Seit einigen Jahren nehme ich Schauspielunterricht, der ein wunderbarer Ausgleich zu meinem Job als Kriminalbeamter ist. Heute war das Thema »Emotionen«. Wie kann man in kürzester Zeit Emotionen bei sich entstehen lassen, um sie in entsprechenden Szenen auf der Bühne zu verwenden? In Bezug auf Gewalttaten, die im Affekt passieren, stellt man sich oft die umgekehrte Frage: Wie kann man gerade solche Emotionen verhindern, die spontan entstehen und ein Desaster anrichten? Wie kommt es, dass bei Leuten die Sicherungen durchbrennen? Vor wenigen Wochen erst habe ich einen Mann kennengelernt, der einen Bekannten wegen 5 € getötet hat. Der Grund: Er hatte ihm sein Geld nicht zurückgegeben. Das war alles? Der Mann sagt: »Er hat es mir versprochen und dann so getan, als hätte ich ihm nie was geliehen.« – »Das hat gereicht?« – »Ja.«

Zusammen mit ein paar Nachtgestalten bewege ich mich gedankenversunken Richtung Rolltreppe und dann weiter zum Bahnhofsvorplatz, der wie ein griechisches Amphitheater angelegt ist. Früher hat die Gruppe BAP aus Köln hier mal ein Konzert gegeben, aber diese Zeiten sind längst vorbei. Jetzt heißt das hier »Bonner Loch« und ist ein sozialer Brennpunkt mit eigener Polizeiwache. Kleindealer versuchen, sich mit alltäglichen Drogengeschäften über Wasser zu halten, ein paar Leute machen »auf Platte«, und es gibt Taschendiebe, die unaufmerksamen Besuchern die Geldbörse besonders geschickt aus der Tasche ziehen. Die Strategie ist inzwischen als Rolltreppentrick bekannt – eine Bonner Spezialität. Dazu gesellen sich noch einige Alkoholiker, und im Sommer ist hier bis tief in die Nacht hinein Party.

Doch heute ist es anders. Etwas liegt in der Luft. Das Bonner Loch ist fast leer. Noch bevor ich das Ende der Rolltreppe erreiche, krampft sich mein Bauch zusammen, so wie ich es von Demonstrationseinsätzen her kenne, wenn man einer Horde gewaltbereiter Leute gegenübersteht. Dann höre ich Schreie, Schlaggeräusche und Beleidigungen. Meine Warnsysteme schlagen Alarm. Ich laufe schneller, nehme zwei Stufen auf einmal: Da oben stimmt irgendetwas nicht.

Am Treppenabsatz angekommen sehe ich, wie vor dem McDonald's drei Jugendliche einen jungen Mann zusammenschlagen oder eher: zusammentreten. Zwei von ihnen stellen ihn wie einen Dummy auf die Füße, während der Dritte ihm mit einem gesprungenen *side-kick* in den Brustkorb tritt. Vereinzelte Schaulustige beobachten das Geschehen aus gehörigem Abstand. Schaulustige. Ein sonderbares Wort. Sie müssten eigentlich Schau-Erschrockene oder Schau-Gelähmte heißen. Jedenfalls mischen sie sich nicht ein, sie halten sich raus, ohne etwas verpassen zu wollen.

Was ich dann tue, geschieht eher automatisch. Ohne jeden Plan spurte ich in die Szene hinein, baue mich vor dem Anführer der Schläger auf und brülle ihn an: »Hey, das reicht! Seid ihr vollkommen bescheuert? Verpisst euch!«

Vielleicht liegt es an der besonderen Brutalität der drei Täter oder daran, dass ich den ganzen Abend trainiert hatte, den Emotionen freien Lauf zu lassen, anstatt sie zu kontrollieren. All die Trainingsstunden bei der Polizei, in denen ich geübt habe, Täter souverän anzusprechen, meinen Dienstausweis zu zeigen und professionell zu konfrontieren bzw. die Gewalt zu beenden, sind wie weggeblasen. Mein Kopf hat Urlaub. Es ist, als würde ich eine Rolle einnehmen, die ich in Filmen schon Hunderte Male gesehen habe. All die coolen, unsterblichen Helden, die ich aus Krimis kenne, ergreifen von mir Besitz. Und sie sind stärker als all die guten Ratschläge aus dem Eingriffstraining: *Bleib ruhig, verschaff dir einen Überblick. Spiel nicht den Helden, sondern bleib professionell!* Alles wie weggeblasen. Ich kann im Moment nichts dagegen tun. Ich stecke schon zu tief drin.

Aber: Niemand »verpisst sich«. Der Jugendliche, der zugetreten hat, läuft nicht weg, im Gegenteil. Er sieht mich spöttisch lächelnd an, zieht eine Schusswaffe und kommt langsam mit gestrecktem Arm auf mich zu. Er kommt so nah an mich heran, dass der Lauf der Waffe einen Meter vor meiner Stirn stoppt. Dann fragt er gelassen: Hast du ein Problem, Jackson?

Jackson? Ach ja! Meine Haare sind zusammengebunden und länger als sonst. Sondererlaubnis des Dienststellenleiters für einen Bühnenauftritt. Vielleicht erinnere ich ihn an Michael Jackson. Ich sehe jedenfalls nicht aus wie ein Polizist und stelle fest, dass der junge Mann mich besser beobachtet als ich ihn. Anscheinend ist er so entspannt, dass sein Kopf noch Raum hat, äußere Details wahrzunehmen. Kein Wunder: Wenn man zu dritt agiert, ist der Druck deutlich geringer als für jemanden, der allein ist. Zudem hat er eine Waffe, was Überlegenheitsgefühle in ihm erzeugt. Auch auf diese neue Provokation reagiere ich denkbar ungünstig.

»Nimm sofort die Waffe runter, oder ich trete dir den Kopf von den Schultern!«, schnauze ich ihn an. Schon während ich die Drohung ausspreche, ist mir klar, dass hier eindeutig zu viel Bruce Willis im Spiel ist. Meine Drohung bewirkt nichts, außer dass die Situation sich weiter zuspitzt. Die Mimik des Jungen gefriert zu einer Maske. Was bedeutet: Der Junge ist jetzt nicht mehr entspannt.

Die Zeichen stehen eindeutig auf Eskalation. Der Typ mir gegenüber hat eine Schusswaffe in der Hand und ist vermutlich auch gerade in einem Film, aus dem er nur schwer aussteigen kann. Gesichtsverlust droht, und das ist in der Regel schlimmer als körperliche Verletzungen.

Wie von Geisterhand geführt, nimmt mein Körper die Karate-Grundhaltung ein. Was man trainiert, kommt raus, hat mein Ausbilder gesagt. Aber das Training passt nicht für jede Situation, wie ich nun feststelle. Wenn die Dinge so zusammentreffen wie jetzt, heißt das: Aggression im Doppelpack und darunter: Angst.

Wenn wir unter starkem Druck stehen, tun wir mehr, als in der konkreten Situation erforderlich ist. Wir drehen auf. Wir setzen eins drauf. Genau das tue ich, indem ich Kampfhaltung einnehme, um mir Respekt zu verschaffen. Ich spüre, dass ich bereit bin, Gewalt anzuwenden. Aber es ist keine Frage, dass diese Aggressivität nur die Verpackung meiner Angst ist, verletzt zu werden. Ich bin im »roten Bereich« und starre den Jugendlichen aggressiv an. Kompletter Tunnelblick. 21, 22, 23, 24 … vier bis fünf Sekunden lang. Wie zwei Raubtiere, die ausprobieren, wer als Erstes aufgibt.

Plötzlich beginnt die Hand des Jugendlichen, mit der er die Waffe auf meinen Kopf gerichtet hält, zu zittern. Er wankt ganz leicht. Seine Augenbrauen ziehen sich noch etwas stärker zusammen. Ich sehe Frust in seinen Augen. Irgendetwas in ihm legt gerade Widerspruch ein. Er gibt nach. Fast unmerklich sinkt der Waffenarm.

Auch ich spüre, dass der Druck nachlässt. Mein Blick wird breiter, der Tunnel verschwindet. Ich werde etwas wacher und spüre, wie die Aggressivität von mir abfällt. Mein Kopf schaltet sich wieder ein, und ich denke an das, was ich im Training gelernt habe: Dieser Moment, wenn dein Gegenüber aufgrund von Druck nachgeben muss, ist der gefährlichste. Daher ist es wichtig, mit Macht sparsam umzugehen, was ich hier eindeutig nicht getan habe. Der andere braucht hier entweder Hilfe von außen oder gute Gründe, um nicht in ein *Jetzt erst recht!* zu verfallen. Er muss sein Gesicht wahren können. Jetzt also bloß kein Siegerlächeln. Keine falsche Bewegung. Wie kann ich dem Jungen einen Weg eröffnen, aus dieser Situation auszusteigen, ohne sein Gesicht zu verlieren? Bei meinem Einstieg?

Wie durch göttliche Fügung schaltet sich der Partner des jugendlichen Angreifers ein und zischt: »Der macht sowieso nichts, der macht sowieso nichts!«

Er klingt so, als wolle er ihm den Rückzug schmackhaft machen und das Abdrücken zur bitteren Variante. Es liegt auch etwas Verächtliches in seiner Stimme, als ob er sagen will: Der ist es nicht wert. Damit senkt er meinen Status, was einen Rückzug ohne Gesichtsverlust für die Gegenseite leichter macht.

Aber ich bin sehr hoch eingestiegen. Ich habe dem Anführer gedroht und ihn vielleicht gedemütigt. Und es gibt Zuschauer und noch einen Dritten. Wer weiß, wie der später über seinen Partner reden wird. Der Junge muss noch etwas tun. Er rückt noch einmal näher an mich heran, zielt mit der Waffe auf meine Stirn, erhöht seinen Status, in dem er sich größer macht, zieht die Mundwinkel verächtlich nach unten und faucht: »Hast du noch mal Glück gehabt, du Arschloch!«

Ich bleibe einfach stehen und reagiere zur Abwechslung so, wie es für die Deeskalation emotionaler Situationen sinnvoll ist: einfach mal die Klappe halten und durchatmen. Die Jungs suchen nach Gründen abzuziehen. Ich habe Glück gehabt. Der Junge lässt die Waffe sinken, dreht sich um und rennt mit den beiden anderen davon. Ich stehe immer noch wie angewurzelt da. Die ganze Szene hat höchstens ein oder zwei Minuten gedauert.

Als ich mich umdrehe, ist der Platz hinter mir wie leergefegt, als hätte jemand die Bahnhofsuhr auf vier Uhr vorgestellt. Auch das Opfer ist verschwunden. Die Schaulustigen sind weg. Niemand hat sich eingemischt. Niemand hat etwas gesagt oder gerufen. Jedenfalls habe ich nichts gehört. Sie haben sich in Sicherheit gebracht. Beim Einsatz einer Schusswaffe ist das auch das Beste, was man tun kann. Nur ein paar Leute im McDonald's drücken ihre Nasen von innen an die Scheibe.

Erst jetzt merke ich, dass ich weiche Knie habe und denke »Hey, Junge, du bist Polizeibeamter, Kriminaloberkommissar! Was war das denn für eine Nummer?«

Ich bin nicht stolz auf mich und behalte die Geschichte für mich. In den nächsten Tagen durchforste ich die Tagespresse nach Hinweisen auf den nächtlichen Krimi am Bonner Loch. Aber nichts. Kein Anruf bei der Leitstelle der Polizei, keine Suche nach Zeugen, kein Opfer, das Anzeige erstattet hat. Ein Fall für die Dunkelziffer in der Statistik. Stattdessen finde ich bei meiner Suche in der überregionalen Presse einen Bericht über einen Straßenraub in New York. Eine Gang 14- bis 16-jähriger Jugendlicher überfällt eine Gruppe von Schauspielern, die nach ihrer Arbeit auf dem Heimweg sind, gegen Mitternacht auf offener Straße und fordert mit vorgehaltener Waffe Geld. Eine Schauspielerin sagt zu einem der Täter: »Ey du Männlein, du schießt doch sowieso nicht.« Sie hat unrecht, und sie stirbt noch auf dem Weg zum Krankenhaus.

Nahezu täglich findet sich in der Presse eine Geschichte, die mit der Überschrift »U-Bahn-Schläger erbeuten Handy« oder »Jugendlicher bei Streit schwer verletzt« oder »Schon wieder heftiger Streit im Nahverkehr, Busfahrer angegriffen«, »Passanten mischten sich beherzt in Schlägerei ein«, »Jugendlicher Räuber zückt ein Messer« beginnt. Situationen dieser Art scheinen sich zu häufen, und doch denken die meisten Menschen, dass ihnen so etwas nie passieren wird. Gewalt kann aber immer und überall stattfinden, wie die Geschichten in diesem Buch zeigen, die alle tatsächlich passiert sind. Viele von ihnen in den alltäglichsten Momenten und an den gewöhnlichsten Orten. Sie können jedem widerfahren. Das Problem ist: Wir sind auf diese Erfahrungen nicht vorbereitet. Wir haben kein »inneres Drehbuch«, das uns sagt, wie wir uns verhalten können. Dieses Buch will dazu beitragen, unsere Handlungsmöglichkeiten und Selbstwirksamkeit in diesen Situationen zu erhöhen, und uns ermutigen, unserer Angst nicht zu erliegen, sondern sie positiv zu nutzen.

1 WARUM WIR NICHTS TUN

Es ist 17 Uhr, als Kai M. aus Köln zufrieden das Büro verlässt. Der Chef ist im Urlaub, und er hat endlich in Ruhe ein Projekt planen können, das schon viel zu lange auf seiner Agenda steht. Es ist bereits dunkel und die Luft herbstlich kühl, als Kai M. auf die Straße tritt. Seit Tagen regnet es, und er muss aufpassen, dass er nicht auf den braunen Platanenblättern ausrutscht, die der gestrige Sturm von den Ästen gefegt hat. Bei so einem Wetter freut man sich sogar auf die U-Bahn, denkt Kai M. Kurz darauf steigt er in einen U-Bahn-Waggon Richtung Friesenplatz. Er setzt sich auf einen der wenigen freien Plätze, holt seinen *Express* aus der Tasche und schlägt ihn auf – bereit, sich für den Rest des Heimwegs von der Außenwelt abzuschotten. Heute jedoch nervt ihn der hysterische Ton der Artikel. Gelangweilt rollt er das Boulevardblatt nach ein paar Minuten zusammen und lässt seinen Blick durch die U-Bahn schweifen.

Der Mann ihm gegenüber passt zur Feierabendstimmung im Waggon. Er sieht gemütlich aus und erinnert ihn irgendwie an Heinz Erhardt. Rundes Gesicht, nerdige Hornbrille, Glatze, beigebraune Klamotten.

»Kann ich da mal reingucken?«, fragt er, als er Kai M.s Blick bemerkt, und zeigt auf die Zeitung in dessen Händen. »Klar, bitte. Können Sie behalten, ich hab sie durch«, sagt Kai M. und reicht ihm die Zeitung.

Die Frau rechts neben Heinz Erhardt ist Ende 20, hat lange blonde Haare, ist groß, trägt ein schwarzes enges Business-Outfit, dazu knallrosa hochhackige Schuhe. Eine attraktive Frau, vielleicht aus der Modebranche. Vor ihr stehen zwei schwarze kleine Koffer. Vielleicht kommt sie aus München, aber auf jeden Fall vom Flughafen. An ihren Koffern sind noch die Aufkleber zu sehen. Sie simst mit ihrem Smartphone und sieht aus, als sei sie froh, den Arbeitstag hinter sich zu haben und wieder zu Hause zu sein. Der Mann, der neben Kai M. sitzt, könnte Lehrer sein. Vielleicht an einer Berufsschule, Mathe oder Physik. Mittleres Alter, braune Hose, Winterjacke, obwohl es noch nicht kalt ist, dazu eine helle Ledertasche auf seinen Knien, aus der ein Kabel bis zu den Ohren reicht.

In der nächsten Sitzgruppe sitzt ein Rentnerehepaar, das eine Zufriedenheit und Verbundenheit ausstrahlt, die Kai M. als tröstlich empfindet. Zwischen ihnen auf der Rückenlehne schimmern große Graffiti-Lettern. Kai M. fragt sich, warum manche Leute die U-Bahnen unbedingt als ihre persönliche Galerie benutzen müssen. In der Sitzgruppe auf der anderen Seite des Ganges sprechen ein paar Jugendliche aufgeregt die wichtigen Begebenheiten des Tages durch. Ganz vorne, schräg gegenüber den Rentnern hat sich ein 15-jähriger Junge hingefläzt. Er ist der typische Spiel-Freak, leicht unterkühltes und ausdrucksloses Gesicht, blasse Haut, Lockenkopf und keinerlei Antennen für seine Umgebung. Er fingert mit einer irren Geschwindigkeit über das Touchscreen seines iPhone und ist vollkommen versunken.

Auch sonst ist der Waggon ziemlich voll. Fast alle Sitzplätze sind besetzt, außer am vorderen Ausstieg, wo der Junge mit dem iPhone sitzt. Einige Fahrgäste stehen in den Gängen. Die Klappfenster sind offen, und die Zugluft trägt einen Geruch von Flugrost in den Waggon.

Plötzlich wird es laut. Im Rücken von Kai M., am mittleren Eingang, sind neue Fahrgäste zugestiegen, die offensichtlich noch nicht Feierabend haben. Eine Stimme dröhnt durch die U-Bahn: »HAT HIER IRGENDEINER FEUER? Sie? Sie? Sie? Hat hier irgendeiner ein FEUERZEUG!?«

Die entspannte Atmosphäre ist mit einem Schlag verflogen. Urplötzlich liegt Spannung in der Luft. Kai M. denkt: »Bestimmt ein paar besoffene FC-Fans, die zum Abendspiel fahren. Nicht nur die Mannschaft ist zweitklassig, auch ihre Fans.« Die Parade rückt weiter in den Mittelgang und bleibt direkt in Kai M.s Abteil stehen. Einer der Männer beugt sein Gesicht unangenehm nah zu Kai M. herunter: »SIE? HABEN SIE FEUER?« Seine Stimme ist laut, der Ton herablassend. Kai M. schüttelt nur den Kopf. Der junge Mann wendet sich ab. Er ist vielleicht 16 oder 17 Jahre alt, bullig, rundes Gesicht, wache Augen – ein Kämpfertyp. Er bewegt sich geschmeidig wie eine Katze, trägt schwarze Jogginghosen mit Streifen, schwarze Turnschuhe, einen Lederblouson und darunter eine Kapuzenjacke. Mit seinen fingerlosen Handschuhen sieht er aus wie ein Boxer beim Sandsacktraining. Sein Kumpel, der einen halben Kopf kleiner und auch wesentlich schmaler ist, hat sich in der Zwischenzeit nach vorne durchgeschlängelt und lehnt am vorderen Ausgang, wo der Junge mit dem iPhone sitzt. Er schaut sich die Inszenierung seines Kumpels an und grinst amüsiert.

Kai M. bemerkt zwei weitere Jungs, die hinter dem Kämpfer auftauchen. Anscheinend handelt es sich nicht um Fußballfans, sondern um eine Gang. Die meisten Fahrgäste sagen später, dass die Jugendlichen vermutlich türkischer oder arabischer Abstammung sind. Für Kai M. sind sie einfach »Deutsch-Plus«, wie sein Kollege immer sagt. Deutsch mit Migrationshintergrund. Viel entscheidender ist: Anscheinend können sie sich nicht benehmen.

In der Bahn macht sich Unmut breit. Einige Fahrgäste tuscheln empört. Kai M. fühlt sich ebenfalls provoziert, hält sich aber zurück, weil er nicht weiß, was hier gespielt wird. Ist das eine spätpubertäre Mutprobe oder machen die nur einen auf »dicke Hose«?

Währenddessen hält der Kämpfer eine Zigarette quer in die Luft und steht breitbeinig im Gang. Er ruft seinem schlaksigen Kumpel am Vordereingang zu: »SUPER, ALTER! KEINER, ALTER? WARUM HAST DU KEINS MITGENOMMEN, ALTER? HAB ISCH DOCH GEWUSST, DASS HIER NUR NISCHTRAUCHERNASEN RUMHÄNGEN, ALTER!«

Kai spürt, wie sich Verunsicherung im Waggon breitmacht. Etwas Flirrendes liegt in der Luft, und alle scheinen plötzlich hellwach. Der Geräuschpegel fällt deutlich ab, die Gespräche werden fast flüsternd fortgesetzt oder völlig eingestellt. Auch das Giggeln der Jugendlichen im Abteil vor Kai M. ist deutlich leiser geworden. Sie scheinen zu spüren, dass sie als Erste in das Beuteschema der Gang passen. Auch der großen Blonden gegenüber von Kai M. ist die gute Laune abhandengekommen. Sie schaut ausweichend in die dunkle Fensterscheibe und zieht ihre Köfferchen näher zu sich heran. Die meisten Fahrgäste meiden den Blickkontakt mit den vier Unruhestiftern, andere sehen nach einem kurzen Blick sofort wieder weg. Heinz Erhardt liest Kai M.s Zeitung noch konzentrierter als zuvor und rümpft die Nase.

Nur der Junge mit dem iPhone am Ende des Waggons scheint sich nicht aus der Ruhe bringen zu lassen und hebt nur kurz den Kopf, bevor er sich wieder auf sein Handy konzentriert und weiterspielt.

Der Schlaksige am vorderen Eingang zeigt auf ihn und ruft dem Kämpfer zu: »Der hier, Alter! Isch glaub, der hat Feuer!«

Der Kämpfer blickt zu dem Jungen und geht dann wie ein Eisbrecher durch den Mittelgang nach vorne. Er scheint der Anführer zu sein, denn die beiden in seinem Schlepptau verhalten sich passiver. Einer hat seine hellgrüne Kapuze ganz über den Kopf gezogen, während der Vierte und Kleinste die Hände in den Hosentaschen vergräbt und offensiv in Richtung der Fahrgäste schaut, wie um den anderen den Rücken freizuhalten. Die Leute, die ihnen im Weg stehen, schieben sie einfach zur Seite. Einige Fahrgäste bewegen sich in Richtung des hinteren Ausgangs. Warum sagt niemand was, wenn er angerempelt wird?, fragt sich Kai M. entrüstet.

An dem Abteil angekommen, wo der Junge unverdrossen mit seinem Handy spielt, bleibt die Gang stehen.

»Hey, können wir mitspielen, Alter? Ist hier doch sicher noch ein Platz frei, Alter.«

Und schon sitzt das Alphatier neben dem Jungen und rückt ihm auf die Pelle, während der Junge mit einer raschen Bewegung sein iPhone in seiner Jeans verschwinden lässt. Offenbar sind ihm die neuen Mitspieler nicht ganz geheuer. Sie setzen sich so nah an den Jungen heran, wie man das normalerweise nur bei guten Freunden tut; Kai M. kommt der Gedanke, dass die Jungs sich vielleicht kennen. Der kleine, aber dominante Eisbrecher und der längere Schlaks bleiben vor dem Abteil stehen und schirmen so das Geschehen gegen fremde Blicke ab. Was zum Teufel führen die im Schilde?, fragt sich Kai M. Wollen die sein Handy? Hier sind doch überall Zeugen!

Was Kai M. und die anderen Fahrgäste nicht wissen: Die Gang hat bereits die zweite Phase strategischer Gewalt eingeläutet. Die erste Phase bestand darin, durch gezielte Provokationen abzuchecken, ob es im Waggon Gegenwind geben würde, wenn sie »weitergehen«. Da das Gros der Fahrgäste abgesehen von ein paar Nörgeleien lammfromm geblieben ist, gehen sie nun zur nächsten Stufe über.

Das Alphatier und sein Gehilfe im grünen Kapuzenpulli knuffen den Jungen und verstrubbeln ihm die Haare. Durch solche kleinen Provokationen bindet die Gruppe seine Aufmerksamkeit. Der Junge ist sichtlich verunsichert. Genau das wollen die

Jugendlichen: Kontrolle über seine Emotionen. Wer über die Emotionalität einer Situation bestimmt, hat die Führung und bestimmt, wie es weitergeht.

Viele Fahrgäste schauen nervös bis ängstlich. Einige stehen auf und entfernen sich von der Szene. Inzwischen ist fast jedem klar, dass hier etwas schiefläuft. Aber niemand schreitet ein. Die Gang und ihr Opfer sind vielleicht vier Meter von Kai M. entfernt. Wie die anderen Fahrgäste hat auch er sein Blickverhalten der Situation angepasst und vermeidet direkten Blickkontakt mit den Tätern. Dafür stellt er seine Ohren scharf.

»Ey Alter, lass uns mitspielen, Alter ... Handy in Hosentasche is nisch gesund, Alter, da strahlen deine Eier, Alter, kapiert? Also, zeig den Scheiß ma, Alter!«

Plötzlich hat Kai M. den Impuls einzugreifen, um dem Jungen zu helfen. Doch dann zweifelt er: Wenn niemand etwas tut, kann die Sache nicht so gefährlich sein. Und vielleicht kennen sich die Jungs ja wirklich? Sonst würde der Junge doch einfach weggehen und Hilfe suchen!

Dem Jungen gelingt es jetzt kaum noch, direkten Blickkontakt zu anderen Fahrgästen herzustellen. Die Körper der »Abschirmer« verdecken das Geschehen im Abteil. Er ist isoliert.

Kai M. schaut sich um und versucht Blickkontakt zu anderen Fahrgästen aufzunehmen und zu beurteilen, wie sie die Situation einschätzen. Die Jugendlichen tuscheln jetzt nur noch miteinander, die alten Herrschaften schauen angestrengt in den schwarzen U-Bahn-Tunnel. Der Blick von Kai M. trifft den von Heinz Erhardt, der nur seine Mundwinkel nach hinten zieht und wissend den Kopf schüttelt, als wolle er sagen: Die können es halt nicht lassen. Er wirkt immer noch ganz cool.

Kai M. versucht aus dem Augenwinkel die Mimik des Jungen zu entschlüsseln, wann immer eine Lücke zwischen den Angreifern den Blick auf ihn freigibt. Der Junge steht eindeutig unter Strom. Die Angreifer provozieren ihn weiter, tätscheln ihn am

Kopf, zupfen an seiner Umhängetasche. Der Junge wehrt sich verhalten, aber nicht sehr effektiv: »Ey, was soll das? Lass los! Hört auf mit dem Mist.« Seine Stimme klingt ängstlich.

Der Mittelgang ist jetzt wie leergefegt. Die Leute sind zum hinteren Ausgang verschwunden. Kai M. ist zu angespannt und zu betroffen, um einfach wegzugehen. Trotzdem fühlt er sich nicht direkt verantwortlich, es sind ja schließlich eine Menge Leute in der Bahn, und die Leute vor ihm sind viel näher dran. Wieder hört er die Stimme des Jungen: »Was wollt ihr, Mann? Lasst mich in Ruhe ...«

Der leicht klagende Ton in der Stimme des Jungen signalisiert, dass er die Übermacht der Angreifer akzeptiert hat. Auch er wendet inzwischen eine Strategie an: Er macht sich klein, verschränkt die Arme und quetscht sich in die äußerste Ecke der Sitzgruppe. Zu verdenken ist es ihm nicht. »Sich kleinmachen« ist eine Deeskalationsform, die dem Angreifer den Wind aus den Segeln nimmt. In der Regel ist ein Konflikt in dem Moment vorbei, wenn der andere klein beigibt. Es sei denn, die Täter setzen Gewalt ein, um ein ganz bestimmtes Ziel zu erreichen. In diesem Fall werden sie so lange weitermachen, bis sie ihr Ziel erreicht haben. Da sie allerdings damit rechnen müssen, dass jemand die 110 wählt und dass Zeugen sie umso besser beschreiben können, je länger sie sich im Waggon aufhalten, werden sie versuchen, ihr Ziel möglichst schnell zu erreichen. Die Deeskalationsstrategie des Jungen läuft damit nicht nur ins Leere, sondern wirkt im Gegenteil eskalierend, da sie für die Gang das Erreichen ihres Ziels gefährlich verzögert.

»Gib das Handy raus, und du kannst weiterfahren, Alter. Passiert nichts«, sagt einer der Jugendlichen in einem so lockeren Ton, dass gerade die Ruhe in der Stimme die Drohung noch verstärkt. Das Alphatier hat seinen rechten Arm um die Schultern des Jungen gelegt. Seine Hand liegt wie eine Pranke auf dem Kopf des 15-Jährigen, während der mit der Kapuze sich so weit nach vorne beugt, dass sein Kopf und das verunsicherte Gesicht des Jungen sich beinahe berühren. Auch der Schlaksige setzt sich nun ins Abteil und tritt auf den Schuh des Jungen. Nur der Eisbrecher steht noch im Gang.

»Seid ihr bekloppt, oder was? Haut ab. Kauft euch selbst eins«, sagt der Junge kleinlaut.

Offensichtlich kann er nicht glauben, dass er in einer vollbesetzten Bahn überfallen wird und niemand ihm hilft.

»Gib das Handy raus, du Spasti!«, sagt der mit der Kapuze, während das Alphatier den Kopf des Jungen in seiner Armbeuge hin- und herdreht.

Kai M. hat genug gesehen. Der Impuls einzuschreiten wird immer stärker, und er kann ihn nicht länger ignorieren. Mit den Worten »Können Sie da mal einen Moment drauf aufpassen? Das geht so nicht mehr ...«, schiebt Kai M. seine Tasche zu Heinz Erhardt und deutet mit seinem Blick auf die Szene. »Kein Problem.« Der Mann versteht sofort und scheint beruhigt, dass der Kelch an ihm vorübergeht. Jedenfalls macht er keinerlei Anstalten, Kai M. zu unterstützen.

Plötzlich hört Kai M. ein metallisches Schnappgeräusch und hält inne. Das Alphatier hat ein Butterfly-Messer in der Hand und öffnet es mit einer geschmeidigen Bewegung. Dann legt er die Hand mit dem Messer um die Schulter des Jungen, der sofort aufhört sich zu bewegen und die Klinge anstarrt. Angst schießt wie ein Blitz durch Kai M.s Körper und lässt ihn erstarren. Jetzt ist endgültig klar, dass das hier kein pubertäres Mal-sehen-was-geht-Spielchen ist, sondern ein schwerer gemeinschaftlicher Raub. Kai M. begreift, dass er dem Jungen jetzt nicht mehr helfen kann, ohne sich selbst in große Gefahr zu begeben. Wegen eines scheiß Handys, denkt er. Soll er es halt einfach rausgeben!

Vermutlich verwenden die jungen Männer das Messer nicht, weil sie den Jungen tatsächlich verletzen wollen, sondern um den Druck auf das Opfer zu erhöhen. Aber der Preis für die vier ist ab jetzt extrem hoch, wenn sie erwischt werden. Für die jungen Männer geht es jetzt um alles. Und je chaotischer oder emotionaler die Situation wird, umso größer die Gefahr, dass sie die Waffe tatsächlich benutzen. Im Extremfall gilt: Wenn man eine Waffe zur Verfügung hat, setzt man sie mit hoher Wahrscheinlichkeit auch ein.

Kai M. beobachtet nervös die anderen Fahrgäste. Die Rentner weiter vorne und die beiden Jugendlichen scheinen das Messer nicht zu sehen. Ihr Blick wirkt verschwommen, ins Nirgendwo gerichtet. Später werden sie glaubhaft aussagen, sie hätten das Messer tatsächlich nicht gesehen.

Kai M. stockt der Atem, als er sieht, dass der Junge mit dem Handy immer noch nicht aufgibt. Der 15-Jährige zieht die Hand, mit der er das Handy umklammert hält, nicht aus der Tasche. Stattdessen ruft er in den Waggon: »Hey, hallo, die hier wollen mein Handy klauen, können Sie mir helfen? Ich werde überfallen! Die haben ein Messer!«

Heinz Erhardt zieht die Schultern hoch, die Schöne neben ihm schaut kurz über ihre Schulter auf das Geschehen und dann sofort wieder in die andere Richtung. Die Leute weiter vorn rühren sich nicht.

»Warum hilft mir denn hier keiner!?«, ruft der Junge ein weiteres Mal.

Inzwischen hört man in der Bahn nur noch die Fahrgeräusche; alle Gespräche sind verstummt. Niemand tut etwas.

Kai M. spürt, wie die Bahn langsamer wird. Aus dem Lautsprecher ertönt die Ansage: »Nächster Halt Zülpicher Platz, Ausstieg in Fahrtrichtung links.«

Dann geht alles sehr schnell. Der Angreifer mit der Kapuze, der dem Jugendlichen gegenübersitzt, beugt sich wieder nach vorne und sieht dem Jungen mit dem Handy direkt in die Augen.

Als der Junge den Blick ängstlich erwidert, schnellt der Kopf des Angreifers vor wie ein Katapult und rammt die Nase des Jungen mit voller Wucht. Der schreit auf, hält sich die Hände vors Gesicht und zieht die Beine an. Das Alphatier setzt sich auf ihn und zerrt ihm das Handy aus der Hosentasche.

Von hinten erhebt sich eine halbherzige Stimme: »Ey, was macht ihr denn da, jetzt reicht's aber!« Die Jungs drehen sich kurz um und schauen auf den Mann Mitte 30, der im hinteren Teil der Bahn steht. Dann drehen sie sich wieder weg.

Damit ist die Sache gegessen. Die U-Bahn fährt in den Bahnhof ein. Die vier Jungs verlassen den Waggon zielstrebig durch die vordere Tür. Während sie zum Nordausgang gehen und über die Rolltreppe verschwinden, ziehen sie ihre Kapuzen über, wenden die Gesichter ab und ziehen die Schultern hoch. Die Türen schließen sich, die Bahn fährt wieder an.

Kai M. läuft zu dem Jungen, der blutet und sich die Nase hält, und fragt ihn, wie es ihm gehe. Der Junge ist verwirrt und schaut angewidert in das Gesicht des Mannes. »Warum macht denn hier keiner was? Die haben mich doch überfallen, verdammte Scheiße!«, wiederholt er mit einem Ausdruck von völligem Unverständnis auf seinem Gesicht.

Heinz Erhardt ruft per Handy die Polizei, und im hinteren Waggon betätigt jemand den Notruf. An der nächsten Haltestelle steigt Kai M. mit Max, wie sich der Junge vorstellt, aus. Auch ein paar andere Fahrgäste schließen sich an und bleiben bei ihm, bis die Polizei eintrifft.

Heinz Erhardt redet dem Jungen zu. Er sagt, es sei alles gut, es hätte viel schlimmer kommen können, sie hätten ja nur das Handy genommen, und zum Glück sei das Ganze glimpflich ausgegangen. Doch seine Worte prallen an dem Jungen ab, er weicht den wohlmeinenden Blicken des Erwachsenen aus. Auch die anderen Zeugen sprechen kaum miteinander und meiden

den Blickkontakt. Ein Gefühl von kollektiver Scham liegt in der Luft. Als die Polizisten eintreffen und die Aussagen der Fahrgäste aufnehmen, geben sich alle besondere Mühe, vermutlich auch aus Angst, dass die Beamten ihnen Vorwürfe machen könnten, was sie jedoch nicht tun. Ihnen ist wichtiger, schnell möglichst gute Zeugenaussagen für die Nahbereichsfahndung zu bekommen, die sofort eingeleitet wird.

Warum hilft niemand?

Was uns an dieser Geschichte aufwühlt, peinlich berührt, uns vielleicht sogar traurig oder wütend macht, ist natürlich nicht das geraubte Handy. Es ist die Tatsache, dass es vier Jugendlichen gelingt, eine viel größere Gruppe von erwachsenen Menschen derart einzuschüchtern, dass sie ihre Stimme und ihre Integrität verliert und nicht den Mut findet, Verantwortung für die Situation zu übernehmen und dem Jungen zu helfen. Die Menschen sind in die Vereinzelung geraten und haben ihre Angst nicht genutzt, sondern sie sind ihr erlegen. Sie haben eine kollektive Opfererfahrung gemacht.

Klar, hinterher ist man immer schlauer. Und mancher Leser wird sich denken: Das wäre mir nicht passiert. Ich hätte eingegriffen. Aber was genau hätten Sie getan? Wie hätten Sie sichergestellt, dass die Situation durch Ihr Eingreifen nicht eskaliert? Wie hätten Sie sich selbst geschützt?

Tatsache ist: Solche Situationen sind nicht einfach, sondern sehr komplex. Ich nenne sie Grenzsituationen, weil es in ihnen um Erfahrungen geht, die sich im physischen und emotionalen Grenzbereich abspielen. Wer selbst einmal in einer Grenzsituation war, weiß, wie schwierig es ist, dann einen kühlen Kopf zu bewahren. Selbst Polizisten oder Konfliktprofis gelingt dies nicht immer. In solchen Situationen präsent zu bleiben setzt Wissen, strategisches Handeln und Kooperation mit anderen voraus.

Die allermeisten von uns sind weder gleichgültige Monster noch Feiglinge. In jedem von uns ist der Impuls zu helfen auf natürliche Weise angelegt. Das Max-Planck-Institut in Leipzig hat Versuchsreihen mit 18 Monate alten Babys unternommen, um herauszufinden, ob Menschen einen natürlichen Impuls besitzen, anderen zu helfen, wenn sie wahrnehmen, dass jemand in Schwierigkeiten ist. In den Experimenten tat eine weibliche Versuchsperson so, als würde ihr ein Stift aus der Hand und zu Boden fallen, wo die Babys spielten. Dann versuchte sie den Stift mit der Hand zu greifen, tat aber so, als sei er außerhalb ihrer Reichweite. Die Reaktionen der Babys auf dieses Szenario waren eindeutig. Wenn eines von ihnen beobachtete, wie die Frau den Stift verlor, krabbelte es zu dem Stift und gab ihn der Frau in die Hand. Das Ergebnis war das gleiche, wenn sich zwischen der Frau und den Babys Barrieren wie Klötze oder Gitter befanden. Sie krabbelten über oder um die Barrieren herum und gaben der Frau den Stift zurück, selbst dann, wenn man ihnen zur Ablenkung ihr Lieblingsspielzeug hingelegt hatte.

Auch Kai M. hat den Impuls, dem Jungen zu helfen, mehrmals in sich gespürt. Aber er ist ihm, ebenso wie die anderen Fahrgäste, nicht gefolgt. Als er es schließlich tun wollte, war es zu spät. Wie ist das zu erklären? Was hält uns in Grenzsituationen davon ab, unserem Hilfeimpuls nachzugeben? Es ist die Angst. Man hört auf die inneren Schweinehunde, die sagen: »Das ist nicht mein Bier.« Oder: »Der Junge kommt schon klar.« Oder: »Sollen sich die anderen darum kümmern, ich bin ja nicht alleine hier.« Oder: »Ich bin zu alt, zu dick, zu dünn, zu schwach, zu …«.

Angst ist eine mächtige Emotion. Sie löst verschiedene automatische Reaktionen in uns aus, die unser Denken und Handeln sehr stark beeinflussen können. Ihr Ziel ist es, uns zu schützen. Im Alltag bewirkt sie, dass wir allem, was unangenehm oder schmerzhaft werden könnte, aus dem Weg gehen. In Grenzsituationen verstärken sich diese Schutzreaktionen. Sie sollen verhindern, dass wir verletzt werden oder sterben, und ihre Forderung ist: Lauf, flüchte! Dies ist der Grund dafür, dass man Soldaten im Krieg Marschordnungen aufzwang. Man wollte sie angesichts großer Gefahren von der Flucht abhalten.

Zugleich haben wir aber auch eine gewisse Sehnsucht nach der Angst. Wir wollen den Kitzel spüren, den sie in uns weckt. Solange wir die Angst kontrollieren und nicht sie uns, sind wir sogar in der Lage, sie zu genießen. Einige tun dies, indem sie mit einem Gummiseil an den Füßen von einer Brücke springen oder den Mont Blanc besteigen. Andere wählen die gemütliche Variante und gucken »Tatort« oder lesen einen guten Thriller.

Wir scheuen also nicht per se vor Situationen zurück, in denen wir Angst erleben. Und wir sind durchaus in der Lage, sie zu erleben und *mit ihr* sinnvoll zu handeln.

Der Grund, warum es uns so schwerfällt, in Grenzsituationen unserem ersten Impuls zu folgen, Hilfe zu leisten bzw. sinnvoll zu handeln, ist also nicht die Angst an sich, sondern die unkontrollierten Reaktionen, die sie in uns auslöst. Ich nenne diese Reaktionen »Fallstricke«.

1. Fallstrick: Territorium und Stammesbewusstsein

Ich habe die Beobachtung gemacht, dass Schüler auf ihrem eigenen Schulhof bei einer Rauferei eher intervenieren, als wenn der Streit auf der Straße vor der Schule jenseits der Schulgrenze stattfindet. Als ich sie fragte, warum, sagten sie, dass die Straße nicht »ihre Schule« sei. Ebenso wird kaum einer der Fahrgäste die U-Bahn als *sein* Territorium begreifen, das er zu schützen bereit ist. Wenn die U-Bahn zusätzlich einen schmutzigen Eindruck macht (z.B. durch Schmierereien auf den Sitzen oder Müll in den Gängen), fühlen sich die Menschen noch weniger zuständig. Das ist mit ein Grund, warum an Bahnhöfen oder verwahrlosten öffentlichen Orten öfter und mehr Gewalt stattfindet als in gepflegten Parks.

Territoriales Denken ist uraltes, archaisches Denken, das einmal dazu diente, das Überleben des eigenen Stammes zu sichern. Es führt dazu, dass wir nur das zu verteidigen bereit sind, was wir als *mein* bezeichnen. Es bezieht sich nicht nur auf Orte, sondern auf alle Menschen und Dinge, die wir als zu uns zugehörig begreifen: Mein Haus, mein Auto, meine Frau, meine Kinder, meine Familie, meine Schule, meine Mannschaft, mein Berufsstand, aber auch: mein Glaube, mein Ansehen etc.

Aber: meine Mitmenschen? Das sagt fast niemand. Es sei denn, man ist durch eine bestimmte Rolle oder eine politische oder religiöse Überzeugung dazu verpflichtet – zum Beispiel als Polizist, Pazifist oder Christ.

Kommen wir zu der Geschichte in der U-Bahn zurück. Hier spielte territoriales Denken eine entscheidende Rolle. Sowohl für die Fahrgäste als auch für die Täter. Das laute Pöbeln und die »Zigaretten-Taktik« sind Strategien mit dem Ziel, die U-Bahn zum Territorium der Täter zu machen. Sie werden – auf zumeist friedliche Weise – auch von Fußballfans angewandt. Durch lautes Singen und Gruppenbildung wird öffentlicher Raum beansprucht und das Signal ausgesandt: *Das ist unser Raum.* Der Effekt ist die Verdrängung von anderen. In der U-Bahn ist diese Taktik aufgegangen. Keiner der Fahrgäste hat – zum Beispiel durch lauten Protest – signalisiert, dass die U-Bahn auch sein Raum ist, den er zu verteidigen bereit ist. Der Raum wurde kollektiv aufgegeben. Damit waren die Weichen gestellt.

Auch im unmittelbaren Tatbereich haben die vier Jugendlichen diese Strategie erfolgreich angewandt. Sie sind in das Territorium des Opfers eingedrungen, indem sie dem Jungen auf die Pelle gerückt sind, ihn angefasst, geschüttelt und geknufft haben. All diese Spielchen hatten letztlich nur ein Ziel: dass die Jungs ihr Ziel kampflos und damit ohne Gefahr eigener Verletzungen erreichen. Territoriale Strategien sind im Kern Kampfvermeidungsstrategien.

Das Territorium wird dabei nicht nur räumlich, sondern auch emotional besetzt. Durch selbstbewusstes und einschüchterndes Auftreten erobert die Gang auch die Stimmung im Waggon. Sie kontrolliert die Emotionen der Fahrgäste, indem sie Befangenheit und Angst hervorruft. Sie erzeugt damit ein sogenanntes *Angstfeld.* Angstfelder sind eng mit Gewalt verknüpft, da sie emotionale Räume darstellen, innerhalb deren Gewalt leichter und ungehinderter stattfinden kann. Ist so ein Gewaltraum erst einmal etabliert, ist es sehr schwer einzugreifen, da der Zugang zu ihm tabuisiert ist. Niemand mischt sich gerne ein, wenn er mitbekommt, dass der Nachbar von gegenüber seine Frau schlägt. Man bemüht sich teilweise sogar bewusst wegzuschauen.

Eng mit dem territorialen Prinzip ist das Prinzip des Stammesbewusstseins verknüpft. Als Kind verteilt man seine Zuneigung an nur wenige Menschen (Vater, Mutter, Geschwister, beste Freunde). Als Erwachsener kann man sie auf bis zu 150 Menschen ausdehnen. Das ist die durchschnittliche Anzahl aller Kontakte, die jeder von uns in seinem Adressbuch findet. Sie bilden *unseren Stamm*, den wir im Extremfall zu verteidigen bereit sind. Wer nicht dazu gehört, hat Pech gehabt.

Auf die spätere Frage der Polizeibeamten, warum die Leute in der U-Bahn nichts getan haben, sagten manche: »Ich kannte den Jungen doch gar nicht.«

Sie meinen damit: Max gehört nicht zu ihrem Stamm. Ebenso wenig wie alle anderen Menschen im Waggon. Heinz Erhardt gehört nicht zum Stamm von Kai M., die schöne Blonde nicht zum Stamm des Rentnerehepaars. Was dazu führte, dass nicht nur niemand dem Opfer half, sondern die Fahrgäste sich auch untereinander nicht zusammentaten, um gegenüber den Tätern als Gruppe aufzutreten und helfend einzugreifen. Man stelle sich vor, dreißig bis vierzig Menschen wären aufgestanden, geschlossen auf die Täter zugegangen und hätten Kontakt mit ihnen aufgenommen. Ganz sicher wäre das Geschehen anders verlaufen.

Der Territorialsinn und der Stammessinn gehören zu einem antrainierten und kulturell geprägten Denken, das über Jahrhunderte vorherrschend war, heute allerdings schwächer wird. Dennoch kann der Territorial- oder Stammessinn nur durch starke *innere Rechtfertigungen* durchbrochen werden. Zum Beispiel dann, wenn ein großer, körperlich überlegener Mann sich mit einer kleinen, körperlich schwächeren Frau auseinandersetzt. Je größer die Ungleichheit der Machtverhältnisse, desto größer ist die Wahrscheinlichkeit, dass sich

Außenstehende über die Hürde »Territorium & Stamm« hinwegsetzen. In unserer U-Bahn-Situation waren Täter und Opfer jedoch ungefähr gleich alt, gleichen Geschlechts und körperlich ungefähr gleich stark, zumindest, wenn man sie eins zu eins gegeneinander antreten ließe. Diese Tatsache hat ausgereicht, um die Fahrgäste denken zu lassen: Die kennen sich vielleicht, und sie gehören nicht zu mir. Sollen die das unter sich ausmachen. Dass dies ein Trugschluss war, wurde klar, als das Messer und der Akt der Körperverletzung hinzukamen. Aber jetzt war es zu spät, denn es herrschte bereits Todesangst im Waggon. Wenn Todesangst im Spiel ist, wirken die »Programme« von Territorium und Stamm umso stärker, und man will nur noch die eigene Haut retten.

Territorium und Stammesbewusstsein sind archaische und in gewisser Weise anachronistische Prinzipien. In modernen Gesellschaften sind sie durch einen universellen Bewusstseinswandel hin zu individuellen Menschenrechten mehr und mehr in Auflösung begriffen. Wir nehmen zunehmend Anteil an dem, was an anderen Orten geschieht. Gewaltformen, die früher durch das Territorium und den Stamm »gedeckt« waren, kommen heute viel häufiger ans Licht: Gewalt in Familien, Gewalt gegen Frauen, Gewalt gegen Kinder, Gewalt gegen Völker und Volksgruppen, Gewalt an Schulen. Der Stamm und das Territorium werden zugunsten der Rechte des Einzelnen in Frage gestellt. Aber Infragestellen heißt noch lange nicht, dass wir uns in Grenzsituationen auch tatsächlich von ihnen emanzipieren. Dazu sind sie zu tief in uns verwurzelt. Es braucht Übung, eine geschulte Wahrnehmung und eine bewusste innere Haltung, um das Stammesdenken in solchen Situationen zu überwinden und konstruktiv aktiv zu werden.

2. Fallstrick: Abgabe von Verantwortung

1964 wurde in Queens, New York, die 28-jährige Kitty Genovese auf offener Straße überfallen und getötet. Der Angriff zog sich über 30 Minuten hin. Kitty Genovese hatte sich durch Hilfeschreie lautstark bemerkbar gemacht, und 38 Menschen wurden Zeugen der Tat. Lediglich einer von ihnen rief die Polizei – und das viel zu spät. Die anderen handelten überhaupt nicht. Alle Zeugen sowie das Opfer waren Anwohner derselben Straße in Queens, wo die Tat stattfand. Die New York Times schockierte am nächsten Tag mit einem Artikel über die Tat, in dem die Zeugen als »charakterlose und gleichgültige Monster« bezeichnet wurden. Der Vorfall führte zu einem der wichtigsten sozialpsychologischen Versuche in Bezug auf Gruppenphänomene, die je durchgeführt wurden. Die beiden Psychologen John Darley und Bibb Latané ließen sich durch die Meinungsmache der Presse nicht beeinflussen. Sie wollten nicht glauben, dass die Menschen alle »charakterlose Monster« seien, und beschlossen herauszufinden, was genau die Leute davon abgehalten hatte, in dieser Situation Verantwortung zu übernehmen. Sie befragten die Zeugen und stießen dabei auf zwei wichtige Erklärungen:

Verantwortung wird gerne geteilt – insbesondere in Extremsituationen. Je mehr Leute mit vor Ort sind, desto weniger fühlt sich der Einzelne in der Verantwortung zu helfen. Es findet eine sogenannte Diffusion von Verantwortung statt. Gibt es nur *einen* Zeugen, liegt die Hilfeleistungsbereitschaft bei etwa 80 Prozent. Bei *zwei* Zeugen geht sie schon auf 50 Prozent zurück, und bei fünf Zeugen liegt sie nur noch bei 30 Prozent. Wenn 38 Zeugen anwesend sind, diffundiert die Verantwortung so weit, dass sich niemand persönlich verantwortlich fühlt. Das Ergebnis ist Handlungsunfähigkeit.

Dieser Effekt war auch in der U-Bahn-Szene zu beobachten. Kai M. spürte mehrmals den klaren Impuls zu handeln. Seine Hilfsbereitschaft wurde jedoch dadurch zerstreut, dass die Bahn voller Menschen war und er sich fragte: Wenn die nicht handeln, warum soll dann ich? Genauso erging es vermutlich auch den anderen Fahrgästen. Es braucht einen Funken, der überspringt, einen Menschen, der den Anfang macht oder der andere aktiv einbindet.

Werden Menschen Zeugen von Gewaltsituationen, denken sie häufig: Andere sind näher dran als ich selbst. Dahinter steckt die Vorstellung, dass diejenigen, die näher am Geschehen sind, auch über bessere Informationen verfügen. Daraus ziehen Erstere den Schluss, dass die Situation nicht so schlimm sein kann. Denn sonst würden die anderen ja einschreiten. Das Nichthandeln, Wegsehen oder Weitergehen der Person vor mir ist dann meine Legitimation, selbst auch untätig zu bleiben. Oft entsteht so eine Kettenreaktion: Wenn der, der am nächsten dran ist, nicht handelt, wird der, der am zweitnächsten dran ist, auch nicht handeln. Und so fort. Die kollektive Aufmerksamkeit für die Situation sinkt deutlich, und die Täter haben freie Bahn.

Auch dieser Effekt kam in der U-Bahn zum Tragen. Kai M., Heinz Erhardt und alle weiteren Fahrgäste konnten sehen, dass diejenigen, die sich näher am Abteil des Jungen befanden (die giggelnden Jugendlichen, die älteren Herrschaften) nichts unternahmen. Kai M. hatte mehrfach prüfend zu ihnen geblickt, um an ihren Reaktionen abzulesen, ob die Situation in Ordnung sei. Dass sich niemand für den Vorfall zu interessieren schien, verunsicherte Kai M. in seiner Absicht, helfen zu wollen. Vermutlich ging es anderen Fahrgästen genauso. Sie schauten auf die Menschen um die Szene herum und werteten deren Nichthandeln als Bestätigung, dass das Geschehen harmlos sei.

Interessant zu wissen: Die Psychologen Darley und Latané fanden auch heraus, dass Menschen deutlich hilfsbereiter handeln, wenn sie um die oben beschriebenen Effekte wissen. Sie stellten fest, dass Menschen in über 50 Prozent aller Fälle sofort zur Hilfeleistung bereit sind, wenn sie wissen, mit welchen Tricks ihr Bewusstsein arbeitet, um die Verantwortung für eine Situation an andere zu delegieren.

3. Fallstrick: Die Angst vor Fehlern

Unsere Kultur ist fehlerfeindlich. Wer öfter Fehler macht als andere, wird leichter kritisiert und schneller negativ beurteilt. Das beginnt schon in der Kindheit. Für Fehler erntet man schlechte Noten, Schelte von den Eltern oder Häme von den Freunden.

Die Angst, Fehler zu machen, spielt auch in Grenzsituationen eine Rolle, vor allem dann, wenn sie, wie in der U-Bahn, zunächst uneindeutig erscheinen. Sie führt dazu, dass Menschen zögern einzugreifen, weil sie sich nicht lächerlich machen wollen. Sie fürchten Scham, Vorwürfe, Niederlagen, Kontrollverlust. Das war auch in der U-Bahn so. Kai M. hatte Angst, sich zu blamieren, weil er annahm, dass sich die Jungs vielleicht kennen. So wie Kai M. denken viele Menschen. Weil sie vermeiden möchten, etwas Falsches zu tun, handeln sie entweder gar nicht oder sichern sich zuvor, so gut es geht, ab, indem sie zunächst nach der bestmöglichen Handlungsalternative suchen, bevor sie aktiv werden. Dieses Verhalten ist in Gewaltsituationen äußerst problematisch, da es nicht nur wertvolle Zeit kostet, sondern die betreffende Person unter Druck setzt und Stress erzeugt – zusätzlich zu der Situation an sich. Ich bin überzeugt, dass Situationen wie die in der U-Bahn besser ausgehen könnten, wenn Menschen weniger Angst hätten, etwas falsch zu machen.

Um die Angst vor Fehlern zu überwinden, brauchen wir eine Veränderung in der inneren Haltung. Sich lächerlich zu machen oder Fehler zu machen ist menschlich. Es bedeutet nichts anderes, als dass man gerade dabei ist, etwas zu lernen. Zumindest kann man, wenn man sich nicht sicher ist, näher an eine entsprechende Situation herangehen oder jemand anderen einbinden und fragen, wie er oder sie sie wahrnimmt und was er oder sie von dieser oder jener Idee hält. Fast alles ist besser, als nichts zu tun!

4. Fallstrick: Die Angst, verletzt zu werden

In einer Atmosphäre von Angst und Unsicherheit ist die größte Hürde, die wir überwinden müssen, bevor wir konstruktiv handeln können, die Angst, verletzt oder getötet zu werden. In Grenzsituationen wird sie schlagartig in uns präsent und aktiviert all jene negativen Phantasien, die wir aus der Presse oder der Unterhaltungsindustrie kennen. Dass Gewalttaten mit Todesfolge die absolute Ausnahme sind, die Anzahl gefährlicher Körperverletzungen statistisch gesehen abnimmt und der Täteranteil an jungen Männern ebenfalls jedes Jahr sinkt, ist dagegen so gut wie unbekannt.

Wenn ich in Schulklassen arbeite und das sehr schmerzvolle Thema Mobbing auf den Tisch kommt, sagen viele Schüler, dass sie deshalb nicht Partei für das Opfer ergreifen, weil sie Angst haben, selbst in den Fokus des Täters zu geraten. Wenn ich Frauen, die Zeugen von Gewalt gegen Dritte wurden, frage, warum sie in so einer Situation nicht gehandelt haben, geben die meisten zu, dass sie Angst haben, physisch verletzt zu werden, weil sie sich für körperlich schwach halten. Frage ich Männer, warum sie nicht helfen, verdecken sie diese Angst. Sie sagen eher: »Ich hätte schon geholfen, wenn es richtig ernst geworden wäre. Angst hatte ich nicht.« Das ist Unsinn. Niemand ist in Grenzsituationen angstfrei. Männer wissen zudem intuitiv, dass sie von anderen Männern potentiell eher als »Gegner« gesehen werden.

Auch in der U-Bahn-Szene hat diese Angst sofort gegriffen: Die Jugendlichen, die ein Abteil vom Überfall entfernt sitzen, machen sich klein. Die schöne blonde Frau zieht ihre Koffer schützend zu sich heran. Die Fahrgäste meiden den Blickkontakt mit den Provokateuren. Niemand wagt es, die Gang auch nur anzusprechen. Der Grund für dieses Verhalten ist in allen Fällen die Angst, in den Fokus zu geraten und verletzt zu werden. In Grenzsituationen ist sie immer präsent, und sie hat, wenn sie aktiv ist, sehr viel Macht über unser Handeln und Denken. Es ist wichtig und auch gut, sie zu spüren und bewusst wahrzunehmen. Unbewusste Angst kann zu gefährlichen Überreaktionen wie unkontrollierten Provokationen, überstürzter Flucht oder zu spätem Handeln führen.

Nichtsdestotrotz können wir auch in Grenzsituationen unterscheiden zwischen der Angst, die uns wachsam macht und körperlich aktiviert, und jener Angst, die uns lähmt und »klein werden lässt«. Letztere ist gefährlich und kann zu Panik führen, erstere zu gesteigerter Aufmerksamkeit, präziserer Wahrnehmung und erhöhter körperlicher Leistungsfähigkeit. Daher verstehe ich Angst in erster Linie als Energie, die man zum Vorteil nutzen kann.

Solange die vier beschriebenen Fallstricke unerkannt und ungeprüft in uns wirken, erzeugen sie starke Emotionen und Handlungsreflexe, die nicht unseren besten Handlungsmöglichkeiten entsprechen. Es sei denn, wir lernen, sie uns bewusst zu machen, sie zu hinterfragen und nach und nach zu überwinden. Allein das Wissen darum, dass es diese Fallstricke gibt, kann die Wahrscheinlichkeit, dass man in Grenzsituationen hinsieht und handelt, deutlich erhöhen.

2 ERKENNE DIE SITUATION

Es ist Mittwochabend und bereits dunkel. Auf den regennassen Straßen spiegeln sich die Lichter der Stadt. Nachdem Nadine S. ihren Fiesta in einem Parkhaus abgestellt hat, geht sie wie jeden Mittwoch zum Training. Nadine ist Sozialarbeiterin in einer Einrichtung für schwererziehbare Jugendliche. Der Sport hilft ihr abzuschalten. Ihr Fitnessstudio liegt an einer vierspurigen Straße in der Innenstadt.

Als Nadine sich dem neonbeleuchteten Eingang des modernen, verglasten Gebäudes nähert, hört sie plötzlich einen Schrei. Eine Männerstimme. Sie bleibt stehen und sieht sich um. Auf der anderen Seite der Straße entdeckt sie ein Pärchen, das sich heftig zu streiten scheint. Da der Feierabendverkehr stark ist und ständig Autos an ihr vorbeirauschen, kann sie keine einzelnen Worte verstehen. Aber sie hört, dass der Mann die Frau anbrüllt. Nadine betrachtet die beiden und bemerkt als Erstes, dass die Frau etwas größer ist als der Mann. Sie weicht vor seinem Schreien nicht zurück, sondern beugt sich in seine Richtung vor und erwidert etwas. Wieder brüllt der Mann und fuchtelt dabei mit den Händen. Er sieht wütend, aber gleichzeitig auch verzweifelt aus. Die Frau tritt näher an ihn heran, stemmt die Hände in die Hüften und redet eindringlich auf ihn ein. Der Mann scheint ihr zuzuhören. Allerdings nimmt er dabei eine breitbeinige, geduckte Haltung ein und starrt die Frau böse an. Nadine fragt sich, was da vor sich geht. Ist das ein Beziehungsstreit, oder hat der Typ die Frau belästigt und sie versucht, ihn abzuwimmeln? Einem Impuls folgend, tritt Nadine an den Rand der Fahrbahn, um dem Geschehen besser folgen zu können. Ihr fällt auf, dass die beiden ähnlich gekleidet sind: Jeans, Rucksäcke, dicke Straßenjacken. Der Mann ist eher der bullige Typ: gedrungen, wenig Hals, viele Muskeln. Die Frau ist dagegen groß und schlank und anscheinend ziemlich in Fahrt, denn nun schiebt sie ihr Kinn nach vorn und schreit den Mann an. Ihre Stimme überschlägt sich, ihre Augen sind weit aufgerissen. Die Augen des Mannes sind dagegen eher Schlitze, und er starrt sie von unten nach oben an wie ein Stier den Torero. Die Spannung zwischen ihnen ist mit Händen zu greifen. Dennoch hat Nadine den Eindruck, dass da drüben keine unmittelbare Gefahr für einen von den beiden droht. Offenbar ein Pärchen, das sich heftig streitet. Muss halt auch mal sein, denkt Nadine. Fast muss sie ein wenig grinsen über die beiden.

Plötzlich stößt der Mann ein wildes Gebrüll aus und baut sich dicht vor der Frau auf. Seine Hände sind zu Fäusten geballt. Die Frau weicht zurück, schaut kurz nach unten. Dann hebt sie beschwörend die Hände, schüttelt den Kopf und redet weiter auf den Mann ein. Sie spricht nun schneller, ohne Pause, ihr Gesicht ist angespannt, und sie zieht die Augenbrauen zusammen. Ihre Hände zittern. Auf einmal ist Nadine sich nicht mehr so sicher, dass es sich um einen »normalen« Beziehungsstreit handelt.

Da Nadine zu keinem klaren Schluss kommt, achtet sie auf die Leute, die an dem Pärchen vorbeigehen. Ein Passant mittleren Alters in Anzug und Krawatte zieht die Schultern hoch, blickt auf den Boden und macht einen Bogen um die beiden. Aus ein paar Metern Entfernung dreht er sich noch mal um, geht dann aber schnell weiter. Nadine schließt aus seinem Verhalten, dass die Situation doch ein bisschen heikler zu sein scheint. Und sie hat recht: Das Verhalten des Passanten deutet darauf hin, dass die Interaktion des Pärchens nicht »in der Norm« ist. Die Menschen in der unmittelbaren Umgebung reagieren darauf.

Dann denkt Nadine: Na ja, wenn der Anzugträger nichts macht, dann muss ich auch nicht, oder? Die beiden kennen sich bestimmt schon seit Ewigkeiten und haben vielleicht einfach einen im Kahn. Kurz will sie sich wegdrehen und endlich ins Studio gehen, die anderen sind sicher schon beim Aufwärmen. Aber sie geht nicht. Wenn ich an Stelle der Frau wäre, denkt Nadine, und Streit mit einem Stiernacken hätte, wäre ich froh, wenn jemand in der Nähe wäre, der mich unterstützen könnte, falls die Situation ungemütlich wird. Also bleibt sie stehen und konzentriert sich weiter auf die Bewegungen der beiden, die sich im Schaufenster hinter ihnen wie in einem Schattenspiel abzeichnen.

Die Frau hat die Hände in die Hüften gestemmt und scheint den Mann auszulachen. Der Mann hat derweil eine angespannte und geduckte Körperhaltung eingenommen, sein Gesicht ist zu einer Maske gefroren.

Plötzlich geht er zwei schnelle Schritte auf die Frau zu und schlägt ihr mit der flachen Hand ins Gesicht. Dabei brüllt er, als wolle er sie mit seiner Lautstärke wegpusten. Die Frau taumelt und hält sich den Kopf, geht aber nicht zu Boden. Nadine spürt, wie sich ihr Magen zusammenzieht. Sie will etwas tun. Sie will hinüber und sich zwischen den Mann und die Frau stellen. Doch der Verkehr ist so dicht, dass sie die Straße nicht überqueren kann. Der nächste Ampelübergang ist 100 Meter entfernt. Verzweifelt beobachtet sie weiter die Szene. Zum Glück folgt kein weiterer Schlag. Der Mann setzt nicht nach, er brüllt einfach nur weiter auf die Frau ein. Diese macht keinen Versuch zu fliehen, im Gegenteil. Sie sieht den Mann herausfordernd an und beschimpft ihn.

Nadine überlegt fieberhaft, wie sie sich verhalten soll. Da öffnet sich die Tür vom Fitnessstudio, und ein dunkelhaariger Mann mit freundlichem, entspanntem Gesicht tritt heraus. Er sieht so aus, als käme er gerade vom Training. Nadine spricht ihn intuitiv an: »Entschuldigung, bei den beiden da drüben ist was nicht in Ordnung. Der Mann hat die Frau geschlagen. Ich glaube, die beiden brauchen Hilfe.«

Wie die meisten Menschen, die man spontan und höflich anspricht, bleibt der Mann stehen. In knappen Worten erzählt ihm Nadine, was vorgefallen ist. Er stellt sich ihr als Klaus vor und schaut nun auch zu dem Pärchen hinüber. Als der Mann auf der anderen Straßenseite der Frau wieder gefährlich nah kommt, stößt diese einen gellenden Schrei aus. Klaus betritt kurzerhand die Straße und stoppt mit ausgestrecktem Arm die entgegenkommenden Autos, während er mit der anderen Hand seine Trainingstasche schultert. Einige Autofahrer hupen und trauen offenbar ihren Augen nicht. Zusammen gehen er und Nadine hinüber auf die andere Seite.

Nadine spielt währenddessen im Kopf durch, was sie tun wird. Es erscheint ihr am besten, erst einmal locker nachzufragen: »Hallo, brauchen Sie Hilfe? Wir haben da drüben gestanden und Ihren Streit mitbekommen. Können wir irgendwie helfen?«

Sie hofft, dass Klaus mitzieht und nicht gleich mit der Tür ins Haus fällt: »Ey, was soll das? Warum schlagen Sie die Frau? Lassen Sie sie sofort in Ruhe!« Nadine weiß aus ihrem Job, dass direkte Konfrontationen meistens nichts bringen. Doch Zeit für Absprachen bleibt nicht.

Aber dann kommt alles anders. Durch das Hupkonzert der Autos ist das Pärchen auf Nadine und Klaus aufmerksam geworden. Der Typ brüllt zwar immer noch auf die Frau ein, doch er ist inzwischen von ihr zurückgewichen und wahrt einen Abstand von etwa zwei Metern. Nadine entspannt sich: Distanz heißt immer Deeskalation. Als der Mann bemerkt, dass Nadine und Klaus genau auf ihn und die Frau zusteuern, dreht er sich um, vergräbt die Fäuste bis zu den Ellbogen in seinen Hosentaschen und stapft davon. Die Frau schreit ihm eine letzte Beleidigung hinterher. Doch der Mann dreht sich nicht mehr um und biegt um die nächste Straßenecke. Nadine atmet durch.

Dann spricht sie die Frau freundlich an: »Ist alles in Ordnung, brauchen Sie Hilfe?«

»Nein, nein, is' schon gut ...« Die Stimme der Frau zittert ein wenig, aber sie wirkt ruhig und gefasst, wenn auch etwas traurig. Bevor Nadine noch etwas zu ihr sagen kann, dreht auch sie sich um und geht ohne ein weiteres Wort davon. Nadine sieht ihr hinterher. Die Frau tut ihr leid, und sie hofft, dass sie dem Mann nicht nachgeht. Nadine bedankt sich bei Klaus, wechselt noch ein paar Worte mit ihm und geht zum Training. Ihr Puls ist deutlich erhöht. Das Aufwärmen kann sie sich dieses Mal sparen.

Vertraue dem ersten Eindruck

Wie Nadine geht es vielen Menschen. Es ist oft nicht leicht einzuschätzen, ob und wann ich in Grenzsituationen handeln muss. Denn sie sind nicht nur verstörend, sondern oft auch uneindeutig. Wer ist das Opfer? Wer der Täter? Wie sind die Zusammenhänge, und wie ist die Lage? Ist es wichtiger, den Täter davon abzuhalten, Gewalt auszuüben, oder das Opfer vor Gewalt zu schützen? Habe ich überhaupt das Recht, mich in die Angelegenheiten anderer Leute einzumischen, solange sie sich nicht an die Gurgel gehen? Auf diese Fragen gibt es selten eine klare Antwort. Jede Situation ist anders, und es gibt keine Patentrezepte. Außerdem hängt die Bewertung einer solchen Situation auch stark von der eigenen Persönlichkeit ab und von eigenen Erfahrungen mit Gewalt.

Dennoch ist der erste intuitive Eindruck, den wir von einer Situation gewinnen, oft erstaunlich zutreffend. Und die Entscheidungen, die wir auf Basis dieses ersten Eindrucks treffen – das berühmte *Handeln aus dem Bauch heraus* –, sind oft die besten. Nadine hatte das Gefühl, dass etwas nicht stimmt. Und alles, was sie wollte, war zu handeln und zu helfen. Genau das war richtig. Mehr als diesen Impuls braucht es nicht.

Woher kommt diese Kompetenz? 1992 wies der Neurologe Giacomo Rizzolatti nach, dass in Gehirnen von Primaten die gleichen neuronalen Prozesse ablaufen, egal ob sie eine Handlung selbst ausführen oder diese nur beobachten. Er maß die Hirnströme von Rhesusaffen, wenn sie eine Nuss finden und verspeisen oder durch eine Glasscheibe beobachten, wie ein Artgenosse dies tut. Die Nervenzellen, die beim Beobachten die gleichen Reaktionen zeigen wie bei eigenständigem Handeln, nannte Rizzolatti Spiegelneuronen und erklärte sie zur biologischen Basis des Mitgefühls.

Auch für den Menschen haben Spiegelneuronen eine große Bedeutung. Sie bewirken, dass wir eine Situation, die wir beobachten, bis zu einem gewissen Grad aus der Sicht der Beteiligten miterleben können. In der Beobachtung einer Grenzsituation kann man die Angst des Opfers ebenso wahrnehmen wie die Aggression des Täters. Bis zu einem gewissen Grad kann man daher auch nachempfinden, wer von beiden im Begriff ist, die Kontrolle zu verlieren, oder Hilfe benötigt.

Leider wird dieser erste, intuitive Eindruck oft durch unwillkürliche mentale Prozesse wie die weiter oben beschriebenen Fallstricke in Frage gestellt und verfremdet. Es ist daher ratsam, in Grenzsituationen nicht *zuviel* nachzudenken, sondern mit entspannter Wachheit die Außenwelt wahrzunehmen, dem Bauchgefühl zu vertrauen und das eigene Handeln erst dann in Frage zu stellen, wenn sich »Fehlleistungen« in bestimmten Situationen wiederholen.

Nimm Platz auf der inneren Tribüne

Nicht alle von uns sind in der Lage, in Stresssituationen ihrem Bauchgefühl zu trauen und spontan zu handeln. Manche haben damit schlechte Erfahrungen gemacht. Andere sagen: Das entspricht nicht meinem Typ. Ich muss mir eine Sache erst mal genauer angucken, bevor ich weiß, was zu tun ist. Das ist normal und legitim, und diese innere Distanz kann daher gewissermaßen Raum schaffen für klare Entscheidungen anstelle von reaktivem Verhalten. Für das Handeln in Grenzsituationen gilt: Das Wichtigste ist, dass wir wissen, was wir tun. Wer nicht darin geübt ist, in Stresssituationen cool zu bleiben, für den ist es von Vorteil, sich zunächst einen Überblick zu verschaffen. Eine nüchterne Einschätzung ist die Grundlage für die Entscheidung: Muss ich handeln? Wenn ja: Wie kann ich handeln?

Wenn wir eine Grenzsituation beobachten, sollten wir dies aus einer ruhigen, innerlich distanzierten Haltung heraus tun. Anders gesagt: Man sollte sich emotional nicht zu sehr von der Situation vereinnahmen lassen, da ansonsten das Risiko steigt, sich in den Fallstricken zu verheddern und unkontrolliert zu handeln. Ich nenne diese Haltung auch *die innere Tribüne*. Wenn wir auf ihr Platz nehmen, können wir uns ungestört einen Überblick verschaffen und dabei Distanz zum Geschehen wahren.

Gleichzeitig sollten wir versuchen, den Fokus unserer Aufmerksamkeit auf die realen äußeren Gegebenheiten zu richten und Werturteile zu vermeiden. Wer unrealistische Ansprüche an die Situation hat wie: Ich will nicht, dass das passiert. Das darf nicht sein. Um Gottes willen. Nein! oder Urteile bildet wie: Der ist ja total aggressiv! oder: Die sind aber asozial!, verengt seine Wahrnehmung, steigert den eigenen Stress und schränkt sein Handlungsvermögen ein. Stress ist immer auch das Ergebnis eines empfundenen Zwanges: Ich kann nur so und nicht anders handeln – auch wenn ich es nicht will oder es mir schadet.

Nüchternes, distanziertes Beobachten aus einer Haltung innerer Gelassenheit dagegen erweitert meine Handlungsoptionen. Je mehr Handlungsalternativen ich habe und aktiv abrufen kann, desto weniger Stress empfinde ich.

Die Ausrichtung der Wahrnehmung auf die Einzelheiten der Situation zu lenken ist ein bewusster Prozess. Wenn man seine Aufmerksamkeit nicht aktiv weg von den inneren Automatismen und hin zu den äußeren Gegebenheiten lenkt, wird es nicht geschehen. Intervenieren heißt letztlich, jene innere Präsenz und Achtsamkeit in eine Konfliktsituation einzubringen, die den Beteiligten verlorengegangen ist.

Es gibt drei Methoden, mit deren Hilfe man eine distanziertere Sicht auf die jeweilige Situation einnehmen und den eigenen Stress mindern kann. Sie beziehen sich vor allem auf die Wahrnehmung nonverbaler Signale und lenken die Aufmerksamkeit damit bewusst auf das Außen. Wer in der Lage ist, sie zu entschlüsseln, wahrt Abstand zum Geschehen und erhält dennoch wertvolle Informationen über die Situation. Jeder dieser Schritte ist hilfreich, um einen Konflikt mit allen Sinnen optimal einzuschätzen und zu entscheiden, ob und wie man einschreiten sollte oder die 110 wählen muss. Man muss sie also nicht gleichzeitig einsetzen oder in einer bestimmten Reihenfolge, sondern kann sich aussuchen, welcher einem mehr liegt.

1. Halte inne und atme tief in den Bauch (Tribüne).
2. Beobachten, analysieren und die Lage erkennen.
3. Für Eigensicherung sorgen (Kooperation, Fluchtwege), dann erst kontrolliert eingreifen. Oder: sich entscheiden, nicht selbst einzugreifen, Hilfe holen und die 110 wählen.

Beobachten und analysieren

Worum wird gekämpft?

Wenn man einen Konflikt beobachtet, sollte man sich zunächst die Frage stellen: Was wollen die Beteiligten? Wofür kämpfen sie? Niemand handelt ohne Grund. Hinter jeder Handlung, auch einer gewalttätigen, steht ein Beweggrund. Beweggründe lassen sich grundsätzlich in zwei Kategorien einteilen: etwas, das man will oder braucht, und etwas, das man *nicht* will oder *nicht* braucht. Die Körpersprache in den beiden Fällen ist grundverschieden. Beobachten wir die Körpersprache der Beteiligten eines Konflikts, können wir relativ leicht herausfinden, ob sie für sich (*Ich will nicht!*) oder gegen den anderen kämpfen (*Ich will!*).

Ich will: Dominante Bewegungen (Expansion und Invasion)

Wer in einer Konfliktsituation etwas vom anderen will, sei es einen konkreten Gegenstand wie eine Handtasche oder auch etwas Abstraktes wie zum Beispiel dessen Anerkennung, benutzt in der Regel eine dominante Körpersprache. Er oder sie macht entweder sich selbst größer (Brust raus, aufrechter

Stand, lautes Reden, Gestikulieren) oder versucht, das Gegenüber kleiner zu machen (durch Drohen, Beleidigen, Spucken, Auslachen, Stoßen, Schlagen). Dominante Bewegungen sind entweder expansiv (raumgreifend), oder sie sind invasiv (in den Raum des anderen eindringend): anstarren, hingehen, anfassen, festhalten, wegnehmen wollen, umfassen, Nähe suchen. Sie können auch Schlagen oder Treten einschließen.

Ich will nicht: Unterwerfende Bewegungen (sich kleinmachen, Abstand suchen)

Wenn man etwas nicht will, geht man ihm aus dem Weg, wendet sich ab, schützt sich oder zieht sich zurück. Die Körperbewegungen von *nicht wollen* sind ein *weg von* und ein *sich zusammenziehen*. In der Praxis: wegsehen, abwenden, weggehen, Abstand suchen, sich losreißen, die Arme vor den Körper strecken, wegstoßen, sich kleinmachen (geduckte Haltung), flüchten.

Nadine hat bei dem Konflikt zwischen dem Pärchen auf beiden Seiten überwiegend dominante Bewegungen gesehen. Sowohl der Mann als auch die Frau haben sich zunächst expansiv verhalten. Die Angst vor der Wehrhaftigkeit des anderen und der Wunsch, ihn zu dominieren, halten sich in etwa die Waage. Beide wollen etwas vom anderen, scheuen jedoch davor zurück, es sich durch Anwendung von Gewalt »zu holen«. Konkret heißt das: Sie verhalten sich nicht invasiv und dringen nicht in den Raum des anderen ein. Die Situation wird erst dann gefährlich, wenn expansives Verhalten in invasives Verhalten umschlägt. Dies war vor allem in der Endphase des Konflikts auf Seiten des Mannes der Fall, indem er die Frau schlug. Zu diesem Zeitpunkt war die Eskalationsgefahr hoch und Nadines Entschluss zu intervenieren richtig. Der Mann kam ihr dann zuvor, indem er den Konfliktkreis verließ und sich entfernte.

Bis zu diesem Zeitpunkt jedoch richtete sich die Aufmerksamkeit des Mannes ausschließlich auf das Gesichtsfeld der Frau, nicht auf ihren Körper oder auf Dinge, die sie trug. Er brüllte sie an, aber er versuchte nicht, sie anzufassen, ihr irgendetwas zu entreißen oder eine für eine solche Handlung günstige Position einzunehmen. Seine Körpersprache blieb die meiste Zeit expansiv. Daraus lässt sich schließen, dass sein Beweggrund emotionaler und nicht strategischer Natur ist. Sein *Wollen* bezieht sich nicht auf ihr Geld, ihre Handtasche oder ihren Körper, sondern eher auf emotionale Motive wie *Überzeugen und Gehört werden* (Brüllen) oder *Sich Respekt verschaffen*. Das gilt sogar für den Schlag ins Gesicht, den er mit flacher Hand und nicht mit der Faust ausgeführt hat. Hätte der Mann das Ziel gehabt, etwas von ihr zu nehmen oder sie zu »zerstören«, hätte er den Moment ihrer Schwäche ausgenutzt, um weiter gegen sie vorzugehen. Seine Gewaltausübung war jedoch kontrolliert und hatte offensichtlich »nur« das Ziel, die Frau zu demütigen. Das heißt nicht, dass sie akzeptabel ist. Aber hier geht es um faktische Beobachtungen, nicht um Wertungen.

Die Frau hatte einen ähnlichen Beweggrund. Ihre Körpersprache war ebenfalls expansiv. Sie wechselte zwischen *Überzeugen* (eindringlich Reden), *Sich in den Weg stellen* (Hände auf den Hüften) und *Gehört werden wollen* (Schreien). Ihre Körpersprache war zu jedem Zeitpunkt zu ihrem Gegenüber gewandt und nicht von ihm weg, nicht einmal nach dem Schlag, in dessen Folge die Frau sich nicht kleinmachte, schützte oder flüchtete, sondern sich sofort wieder zu ihm ausrichtete und Wehrhaftigkeit signalisierte.

Beobachtet man einen Konflikt, in dem die Körpersprache auf beiden Seiten invasiv und dominant wird *(Ich-will-*Bewegung*)*, d.h. wenn beide wie Magneten immer wieder aufeinander zugehen und sich wegstoßen, ist die Gefahr von Eskalation groß. Besondere Gefahr droht, wenn auf einer Seite eine unterwerfende Körpersprache hinzukommt, während der andere dominant bleibt und die Unterwerfung nicht akzeptiert, weil sich Angst- und Wutkreislauf beim dominierenden Part nicht mehr die Waage halten und er die Kontrolle verliert.

Achte auf den Status

In einem Konflikt geht es nicht nur darum, worum wir uns streiten, sondern auch, wie wir es tun. Die Art und Weise, wie wir auf andere wirken und wie wir versuchen, sie zu beeinflussen, ist ebenso wichtig und entscheidet häufig darüber, ob ein Konflikt eskaliert oder nicht.

Die Art, wie wir auf andere wirken, wird auch als Status bezeichnet. Er wird über vielfältige körpersprachliche Signale wie den Klang unserer Stimme, über unsere Mimik, unser Blickverhalten oder unsere Bewegungen und Gesten kommuniziert.

Im engeren sozialen Umfeld (in der Familie, im Büro, in der Fußballmannschaft) dient Statusverhalten in erster Linie dazu, eine Hackordnung zu bilden, damit jeder seine Rolle und Position finden kann.

Im öffentlichen Bereich dient Status dazu, anderen zu zeigen, wie man sich selbst wahrnimmt. Er wird in erster Linie über das soziale Raumverhalten kommuniziert. Wer ausladende

Bewegungen macht oder sich auf Sitzplätzen in öffentlichen Verkehrsmitteln so breitmacht, dass auf dem Sitz neben ihm kaum noch Platz ist, befindet sich im *Hochstatus* und will Stärke bzw. Autonomie signalisieren. Er zeigt, dass ihm andere egal sind und er sie nicht fürchtet. Derjenige, der die eigene Tasche auf die Knie stellt und die Beine zusammenzieht, befindet sich im *Tiefstatus* und zeigt, dass er sich der Bedürfnisse anderer bewusst ist und bereit, die eigenen für sie zurückzustellen. Wer in der Fußgängerzone die Schultern nach hinten nimmt und den Kopf hebt, dem machen die Leute Platz, während derjenige, dessen Schultern nach vorne hängen und dessen Blick nach unten gerichtet ist, öfter angerempelt wird. Wer sich langsam und geschmeidig bewegt, wird eher im *Hochstatus* wahrgenommen als jemand, der sich hektisch und schnell bewegt. Wer den Blickkontakt zu anderen hält und nicht mit der Wimper zuckt, ist im *Hochstatus*. Wer viel lächelt und Blicken anderer ausweicht, senkt seinen Status. Wer in der Bahn leise in sein Handy hineinflüstert, ist im *Tiefstatus* und signalisiert, dass er auf andere Rücksicht nimmt. Wer laut ins Handy hineinposaunt, zeigt an, dass es ihm egal ist, was andere über ihn denken. Eine klassische *Hochstatus-Strategie*.

In Konfliktsituationen, oder wenn wir unter Stress stehen, achten wir besonders stark auf Statussignale. Jedes Augenrollen, jedes Schnaufen, jeder Blick und jede Bewegung des Körpers kann darüber entscheiden, ob ein Streit eskaliert oder nicht.

Jemand, der in einem Streit die Hände in die Seiten stützt, das Kinn nach vorne schiebt, den anderen anstarrt und die Brust rausstreckt, signalisiert, dass er sich stark und überlegen fühlt. Er sendet *Hochstatussignale*, um den anderen dazu zu bewegen zu tun, was er will, und ihm zu zeigen, dass er vor einem Konflikt nicht zurückscheut. Wenn sein Gegenüber darauf ebenfalls mit Hochstatus reagiert, ist eine Eskalation vorprogrammiert.

Jemand, der die Schultern hochzieht, sich duckt, den Blickkontakt abbricht, den Blick senkt oder ausweichend lächelt, zeigt an, dass er sich schwach und unterlegen fühlt. Er befindet sich im *Tiefstatus* und bedeutet dem anderen, dass er seine Überlegenheit anerkennt und einem Konflikt lieber aus dem Weg geht. Nichtsdestotrotz kann manchmal gerade die Einnahme eines Tiefstatus dazu führen, dass ein Konflikt eskaliert.

Obwohl wir pausenlos Statussignale aussenden und empfangen, ist es in unserer Gesellschaft tabuisiert, auf Status zu achten oder gar das eigene Statusverhalten oder das des Gegenübers zu thematisieren. Statusverhalten wird konsequent ausgeblendet. Die allermeisten Menschen sind sich nicht einmal bewusst, was für Statussignale sie aussenden. Viele Gewalttäter zum Beispiel haben keine Ahnung, wie provozierend ihre Körpersprache ist, und wundern sich, dass sie überall anecken oder in Schlägereien verwickelt werden. Ebenso blenden viele Menschen aus, wie stark sie durch Tiefstatussignale zu Konflikten beitragen. Auf der Grundlage von Statuswahrnehmungen treffen Täter die Entscheidung, zu handeln oder es bleiben zu lassen. Täter suchen das geringste Risiko und den kleinstmöglichen Widerstand. Sie scheuen *Statushohe* oder *Statusgleiche*. Jemand, der nach außen gelassen und souverän wirkt, wird daher seltener angegangen als jemand, der dauerhaft im Tiefstatus unterwegs ist.

In der Szene, die Nadine beobachtet hat, nimmt der Mann, indem er breitbeinig dasteht, leicht in den Knien federt, die Körperspannung erhöht und die Frau anstarrt, eine *Kampfhaltung* ein. Das erhöht seinen Status und signalisiert: *Ich bin bereit, mich zu verteidigen.* Wenn er auf die Frau zugeht und in ihren Raum eindringt, tut er dies, um ihren Status zu senken, und wählt daher die zweite Variante, um den eigenen Status zu erhöhen. Der eigene Status kann erhöht werden, indem man sich selbst wie auf einer Wippe (Statuswippe) hebt oder indem man das Gegenüber senkt.

Der Mann übt Druck durch Nähe aus und zeigt damit an: *Ich habe keine Angst vor dir. Du solltest Angst vor mir haben.* Der Schlag hat die gleiche Wirkung. Er soll die Überzeugung des anderen schwächen und gleichzeitig Aufmerksamkeit für den eigenen Standpunkt schaffen. Der Mann wählt also eine Hochstatusstrategie.

Das Gleiche gilt für die Frau, die trotz der invasiven Strategie des Mannes ungerührt stehen bleibt. Damit signalisiert sie Hochstatus: *Ich bleibe cool, du kannst mich nicht beeindrucken.* Indem sie eindringlich auf den Mann einredet, ihn dabei mit dem Blick fixiert und schließlich auslacht, signalisiert sie ebenfalls Hochstatus: *Ich setze dich herab und kontrolliere dich.* Der Mann und die Frau sind also statusähnlich.

Da keiner der beiden den Hochstatus des anderen anerkennt, verwickeln sie sich in einen Statuskampf. Das ist gefährlich, da Statuskämpfe fast zwangsläufig eskalieren. Es sei denn, einer der beiden Kontrahenten akzeptiert die Statushoheit des anderen, indem er einen *taktischen Tiefstatus* einnimmt oder – wie hier der Mann – den Konfliktkreis verlässt.

Taktischer Tiefstatus bedeutet, dass einer der beiden mit dem Ziel der Deeskalation aus dem Konflikt »aussteigt« und den Status des anderen anerkennt. Wichtig dabei ist jedoch, dass die Anerkennung des höheren Status des Gegenübers echt ist und nicht nur gespielt. Ansonsten kann das Einnehmen eines taktischen Tiefstatus sogar eskalierend wirken. In unserem Beispiel könnte taktischer Tiefstatus so aussehen: Der Mann oder die Frau tritt einen Schritt zurück und sagt: *Du hast recht. Ich hätte dir besser Bescheid gesagt.* Wichtig ist, dass jede Aussage, die er oder sie macht, selbstbezüglich ist und kein Urteil über den anderen oder Aufforderungen beinhaltet wie: *Komm runter! Beruhige dich! Brüll nicht so rum! Entspann dich! Halt den Ball flach!*

Eine Sensibilisierung für Statusverhalten – nicht nur das der anderen, sondern auch das eigene – kann extrem nützlich sein. Wer über längere Zeit mit erhöhter Statuswahrnehmung durch den Alltag geht und mit seinem eigenen Status experimentiert, wird bald mit vielen Situationen besser umgehen können, weil er nicht alles auf die gleiche Weise tut, sondern seinen Status variabel an die jeweilige Situation angleichen und als Strategie einsetzen kann. In Konfliktfällen kann uns eine gute Statuswahrnehmung außerdem helfen einzuschätzen, wie gefährlich ein Konflikt ist, und vorauszusagen, ob er eskalieren wird.

Wichtig: Für die Intervention in Grenzsituationen spielt auch das eigene Statusverhalten eine entscheidende Rolle. Wer bei einem Konflikt eingreift, sollte seinen Status an die Situation anpassen. Nadine hat einen neutralen Status gewählt: »Kann ich Ihnen helfen?« Wer in einer akuten Gewaltsituation interveniert (z. B. Raub oder Vergewaltigung), muss ein Statusverhältnis herstellen (z. B. neutral und entschlossen vorgehen), um vom Gegenüber überhaupt wahrgenommen zu werden: »Hey, was machen Sie denn da? Stopp! Hören Sie auf damit!« Oder: »Lassen Sie die Frau / den Mann in Ruhe!«

Auf Status zu achten, verbindet uns mit unserem Instinkt. Man kann mit ein wenig Übung und durch die schon erwähnten Spiegelneuronen in Grenzsituationen leicht erkennen, wer die Oberhand hat oder wer sich in Gefahr befindet bzw. ob eine Eskalation bevorsteht, die sich durch permanente Statuserhöhungen ankündigt.

Temperaturmessen

Eine weitere Möglichkeit, das Gefahrenpotential von Grenzsituationen zu ermitteln, ist das *Temperaturmessen.* Jeder kennt den Spruch: *Alles im grünen Bereich.* Und wir wissen auch, was es bedeutet, wenn jemand *rotsieht.* Im Verhandlungstraining nennt man die Beschreibung von inneren Zuständen durch Farben *Temperaturmessen.* Die Farbe zeigt an, auf welcher Eskalationsstufe (beziehungsweise auf welcher Betriebstemperatur) man sich selbst oder ein anderer sich befindet. Ein Bewusstsein über die eigene Temperatur ist wesentlich, um sich nicht von unwillkürlichen Handlungsmustern lenken zu lassen. Wer im roten Bereich ist, handelt nicht mehr bewusst. Er ist nicht mehr bei, sondern außer sich und damit nicht mehr in der Lage, eine verantwortungsvolle Entscheidung zu treffen oder die Konsequenzen seiner Handlung zu sehen.

Die Erhöhung der Temperatur in Konflikten geschieht durch Grenzüberschreitungen und durch Beschleunigung. Wenn man jemanden im Streit »zutextet«, ist das eine mentale Grenzüberschreitung. Wenn wir jemanden beleidigen, verbal attackieren oder komplett ignorieren, ist das eine emotionale Grenzüberschreitung. Wenn wir in jemandes Raum eindringen, ihn anfassen, wegstoßen oder schlagen, ist das eine körperliche Grenzüberschreitung. Generell gilt: Je häufiger und je schneller Grenzüberschreitungen in Konflikten auftreten, desto höher ist die Temperatur. Und: je höher die Temperatur, desto größer die Gefahr physischer Gewalt. Es gibt vier verschiedene Temperaturen. Ihnen sind die Farben grün, gelb, rot und schwarz zugeordnet.

Im grünen Bereich (Rechthabe-Phase) diskutieren die Kontrahenten engagiert mit Worten und Gesten. Ein Wort ergibt das andere. Blickkontakt ist gegeben. Die Kontrahenten haben sich im Visier, nähern sich einander räumlich aber nicht an. Es gibt eine wahrnehmbare Spannung zwischen ihnen. Die Kontrahenten bekommen noch mit, was der andere inhaltlich sagt, nutzen es jedoch nur, um Gegenargumente ins Feld zu führen. Es geht allein ums Rechthaben – oft der Beginn von Gewalt.

Hätte Nadine den Dialog des sich streitenden Pärchens hören können, hätte sie womöglich folgende »Rechthabe-Spirale« mitbekommen:

»Warum hast du mich nicht angerufen?«

»Hab ich doch, aber du warst ja nicht erreichbar.«

»Ich nicht erreichbar? Ich war die ganze Zeit erreichbar. Hier, guck, meine Anrufliste ist leer, du lügst!«

»Du gehst mir echt auf den Wecker; was weiß ich, in was für Funklöchern du dich wieder rumgetrieben hast!«

Intervention? In dieser Phase ist ein Einschreiten gut möglich, meist aber nicht notwendig.

Im gelben Bereich (emotionale Phase) ist die Temperatur emotional höher, und die Geschwindigkeit ist ebenfalls höher. Die Kontrahenten diskutieren lauter und schneller und lassen nicht mehr voneinander ab. Es gibt kaum noch Sprechpausen, und der Druck ist gestiegen. Entspannungsphasen oder Humor fallen weg. Man schenkt sich nichts mehr und bekommt nicht mehr wirklich mit, was der andere sagt. Es gibt territoriale Annäherungen bis hin zu Körperkontakt und leichtem Stoßen. Die Situation steht auf der Kippe. Die innere Kontrolle ist zum Teil weg, und die Streitenden handeln unbewusst. Später fragen sie sich häufig: *Worum ging es eigentlich? Wie hat das angefangen?*

Man nennt diese Phase auch emotionale Phase, da die Beteiligten ihren Gefühlen freien Lauf lassen und nur noch bedingt in der Lage sind, sie zu kontrollieren.

In der Szene zu Kapitelbeginn befindet sich der Mann zunächst in der gelben Phase, allerdings schon im oberen Bereich (hohe Körperspannung, lautes Reden, starrer Blick). Die Frau pendelte zwischen gelb (lautes, aggressives Reden) und grün (leises, eindringliches Reden). In der letzten Konfliktphase rutschte der Mann in den roten Bereich (Eindringen in den Raum der Frau, Schlag).

Frauen können sich in der Regel über längere Zeit im gelben Bereich aufhalten. Sie verstehen diese Phase oft als Klärungsphase, während Männer die emotionale Intensität schwer ertragen können und die Situation als Kampf ansehen, in dem es um Gewinnen oder Verlieren geht. Sie wollen die Situation so schnell wie möglich auflösen. Wenn sie nicht »schnell gewinnen« können, schalten manche entweder auf Flucht und gehen weg, oder sie rutschen in die rote Phase und greifen an.

Ist eine Intervention in der gelben Phase sinnvoll? Ja, wenn man mit Status umgehen kann und sich in emotional aufgeladenen Situationen nicht unsicher fühlt. Wenn man Dritte hinzugewinnen kann, um ein Team zu bilden, ist das Eingreifen ebenfalls gut möglich. In jedem Fall sollte man eine Interventionsstrategie wählen, die dem Täter Gesichtsverlust erspart und ihm hilft, von seiner destruktiven Strategie abzulassen.

Der rote Bereich ist geprägt von Drohen, Brüllen, Beleidigen und Überschreitung jeder Grenze (auch körperlich). Die Kontrahenten sind sich physisch nah und haben auf »Tunnelblick« geschaltet. Sie nehmen ihre Umgebung nicht mehr wahr und fixieren sich nur noch auf den anderen. Es werden keine Argumente mehr ausgetauscht, es wird nicht mehr verbal taktiert. Die ausgetauschten Sätze sind nicht mehr komplex, sondern kurz und provokativ *(Verpiss dich, du Arschloch! Wenn du ein Problem hast, komm her, du Spasti!)*. Es kann – wie im oberen Beispiel – zu körperlichen Angriffen kommen. Sie dienen jedoch (noch) nicht der Zerstörung des Gegners, sondern der Herabsenkung seines Status. Beide Kontrahenten gehen aufeinander los und stoßen sich wieder ab wie zwei Magneten.

Die Intervention ist schwierig bis gefährlich. Sie braucht Übung oder eine starke Legitimation (z. B. als Türsteher, Busfahrer, Lehrer) oder eine größere Anzahl von Intervenierenden (taktisches Team). Man muss mit Gegenangriffen rechnen.

Im schwarzen Bereich ist die Gewalt in vollem Gange und findet unkontrolliert statt. Worte fallen weg. Es geht nur noch um die Zerstörung des Gegenübers. Diese Phase ist zum Beispiel erreicht, wenn ein Mann ungebremst und immer wieder auf einen am Boden liegenden Menschen eintritt. Dass Konflikte in den schwarzen Bereich eskalieren, ist sehr selten. Allerdings erhalten gerade diese Ausnahmefälle in der Presse erhöhte Aufmerksamkeit.

Die Intervention ist gefährlich, aber dort am sinnvollsten, wo ein Täter im Affekt handelt. Schocktechniken (lautes Brüllen) oder Ablenkungstechniken (Wegziehen) können eingesetzt werden. Sie fallen jenen am leichtesten, die überbordende Wut aus eigener Erfahrung kennen und keine Angst vor Körperkontakt haben. Intervention in dieser Phase braucht viel Mut und in der Regel auch Übung, wenngleich es viele Fälle spontaner Hilfe gegeben hat, die sinnvoll und richtig war, wie die jährlichen Preisverleihungen zur Zivilcourage durch »Aktenzeichen XY ... ungelöst« zeigen. Wer diese Übung nicht hat, wählt am besten sofort die 110.

Welche Arten von Gewalt gibt es?

Das Wissen um die unterschiedlichen Arten von Gewalt kann uns ebenfalls helfen, mit unerwarteten Gewaltsituationen souveräner umzugehen. Wenn man die Gewalt benennen kann, kann man sie besser einschätzen, hat weniger Stress und mehr freie Aufmerksamkeit, um Parameter wie Beweggrund, Status und »Temperatur« zu prüfen.

Inszenierungen

Eine Form von Gewalt sind Inszenierungen. Ich nenne sie auch »Scheingefechte«, symbolische Kämpfe. Sie finden nur im Kopf des oder der Kämpfenden statt, werden aber nicht umgesetzt. Der Klassiker dieser Form ist die »Brand-Faust«. Der damalige Bundestrainer der Handballmannschaft der Herren, Heiner Brand, lief 2009 nach einer Serie von unfairen Entscheidungen im Spiel Deutschland – Norwegen auf den Platz und verfolgte mit erhobener Faust den Schiedsrichter, als ob er ihn schlagen wollte. Glücklicherweise tat er es nicht.

Inszenierungen werden immer dann eingesetzt, wenn einer oder beide Beteiligten den Preis für tatsächliche Gewalt nicht zahlen wollen. Bei Völkern oder Volksstämmen, die sich nicht leisten können, einander bei Meinungsverschiedenheiten gegenseitig zu verletzen oder zu töten, werden symbolische Formen von Gewalt gewählt, um Aggressionen abzubauen. In unserem Kulturkreis steht für diese Form hauptsächlich der Fußball, der in England entwickelt wurde und bei dem ursprünglich ganze Dörfer mit mehreren hundert Spielern in einer Mannschaft gegeneinander antraten.

Im öffentlichen Bereich trifft man Inszenierungen meist als offen dargestelltes Dominanzgehabe von Einzelnen oder ganzen Gruppen an.

Inszenierungen sind in der Regel ungefährlich, da sie mehr Selbstausdruck als tatsächlicher Angriff sind.

Affektive Gewalt

Affektive Gewalt entsteht spontan und ist nicht vorgeplant. Sie kommt oft wie aus dem Nichts. Die hauptsächlichen Gründe sind Unterforderung und Überforderung (z. B. in Schulen), Frust (Beispiel: Eine um ihr Kind besorgte Mutter kritisiert einen Radfahrer am Fußgängerüberweg, der bei »rot« ein schlechtes Beispiel gab, und wird vom Radfahrer geschlagen), Gesichtsverlust (Beleidigungen im öffentlichen

Bereich), Zwang (eingeschränkte Handlungs- oder Entscheidungsfreiheit) oder Ehrverletzungen (besonders in Schamkulturen).

Affektive Gewalt ist relativ leicht zu deeskalieren, wenn man den Affekt frühzeitig bemerkt und »aussteigt«, d. h. nicht auf die Aggressivität des Gegenübers reagiert. Bemerkt man dagegen nicht, dass der andere am Limit ist und kurz davor steht zuzuschlagen, eskaliert die Situation extrem schnell. Affektive Gewalt ist die häufigste Form von Gewalt an öffentlichen Plätzen oder in Schulen. Und sie findet sich oft bei jugendlichen Gewalttätern zwischen 14 und 25, die in Problembezirken aufwachsen und Gewalt oder Schlägereien aus eigener oder vermittelter Erfahrung kennen. Ihr Selbstbild liegt meist irgendwo zwischen Rambo und »Loser«, und sie sind sehr leicht zu kränken. Manche Gewalttaten, wie das Zusammentreten eines 75-Jährigen, der ein paar Jugendliche wegen Rauchen in der U-Bahn angesprochen und sich beschwert hatte, sind nur so erklärbar.

Dominanzgewalt

Dominanzgewalt ist einer der häufigsten Anlässe für Körperverletzungen. In Dominanzwettbewerben geht es um nichts Greifbares, aber sie gehören zu den tödlichsten Konflikten zwischen Menschen. Dominanzgehabe, das in aller Regel männlich ist, verfolgt im Tierreich und auch bei uns Menschen das Ziel, ohne Kampf zu siegen. Leider erreicht es dieses Ziel relativ selten, weil es beim anderen zu Gesichtsverlust führt.

Bei Dominanzgewalt geht es im Kern um Kontrolle, also darum, wer den höheren Status hat. Wer Kontrolle über jemanden hat, spürt Macht. Er fühlt sich gut und holt sich auf diese Weise Energie beim Opfer. Dominanzgewalt ist ein rein emotionales Phänomen, das nur auf Energieraub und die Erhöhung des eigenen Selbstwertgefühls aus ist. Was dem dominierten Opfer an Status verlorengeht, gewinnt der Täter hinzu. Dominanzgewalt basiert daher auch immer auf einem Mangel an Empathie. Dieser Mangel ist erworben, er ist nicht natürlich. Einer meiner Lehrer sagte einmal: Niemand wird freiwillig ein Arschloch.

Die meisten Dominanztäter haben selbst Gewalt erfahren (beispielsweise als Opfer sexuellen Missbrauchs). Allerdings können auch reine Langeweile, Minderwertigkeitsgefühle und Versagensangst zu Dominanzgewalt führen. Alles, was sich innerlich gut anfühlt und gleichzeitig äußerlich eine Reaktion hervorruft, die eine Form von Anerkennung ist (positiv oder negativ!), kann zu einer Identität werden, die sich besser anfühlt als jene, die durch Misserfolge in der Schule oder schwierige häusliche Verhältnisse entstanden ist.

Strategische Gewalt

Strategische Gewalt ist geplante Gewalt, die zur Erreichung eines bestimmten Ziels eingesetzt wird. Sie ist Mittel zum Zweck, wie zum Beispiel beim Straßenraub (»Abziehen«, Beschaffungskriminalität). Die Taten sind zum Teil akribisch geplant und folgen einer ausgeklügelten Strategie. Zu dieser Gewaltform gehören auch alle sexuellen Übergriffe im öffentlichen Bereich (Exhibitionismus, Nötigung oder Vergewaltigung bzw. deren Versuche).

Strategische Gewalt hat darüber hinaus zwei weitere Merkmale: Die kriminelle Energie der Täter ist hoch, und die Tat hat für sie existentiellen Charakter. Die Täter leben durch das, was sie tun (z. B. finanziert sich ein Junkie durch einen Raubüberfall den nächsten »Schuss«). Und: Die Angst, erkannt zu werden, ist größer als bei den anderen Gewaltformen. Denn wenn die Täter erwischt werden, verlieren sie ihre »Einkünfte« oder »Vorteile«. Die Täter handeln daher meist im Verborgenen, also an Orten, an denen keine Öffentlichkeit herrscht. Wenn sie dennoch überrascht werden, ergreifen sie häufig die Flucht. Bei strategischer Gewalt kann die schnelle Intervention von außen daher hilfreich sein. Andererseits kann die Angst, erkannt zu werden, auch dazu führen, dass der Täter den Intervenierenden heftig angreift, um ihn einzuschüchtern oder mundtot zu machen (Verdeckungsgewalt). Existentielle Not kann zusätzlich Gewalt freisetzen. Bei Sexualdelikten im öffentlichen Raum ist die Intervention leichter, weil jeder Täter weiß, dass »nichts mehr zu holen ist«, sobald Öffentlichkeit hergestellt ist.

Überzeugungsgewalt

Bei Überzeugungsgewalt (z. B. rechte Gewalt) ist der identitätsstiftende Aspekt noch stärker als bei reiner Dominanzgewalt, denn Überzeugungsgewalt lebt vom Glauben an das Gedachte. Was man sich über Jahre hinweg in den Kopf hämmert, erzeugt starke Emotionen, und Emotionen sind der Treibstoff für Handlungen. Jeder Überzeugungstäter »baut« sich, bevor er handelt, zunächst eine unüberwindbar starke Legitimation, der zufolge er selbst das Opfer, die anderen die Täter sind, und die erklärt, warum er gar nicht anders handeln kann. Nicht selten versucht der Täter, diese der Außenwelt zu erläutern. Der norwegische Attentäter Breivik schrieb ein Pamphlet von 1400 Seiten; Hitler schrieb *Mein Kampf*.

Typisch für Überzeugungstäter ist das enorme Ausmaß an Energie und Zwanghaftigkeit, mit dem sie die natürliche Empathie in sich abtöten. Bevor wir jemand anderem Gewalt antun, müssen wir uns selbst Gewalt antun, um uns dann als Opfer sehen zu können. Jede Überzeugungstat verläuft daher in drei Schritten:

1. Ein Anfangsurteil wird gefällt, und eine Legende wird gebildet, die einen selbst zum Opfer stilisiert (die Ehre der Familie ist beschmutzt; die Schule hat meine Zukunft zerstört; die Islamisten übernehmen Europa; Ausländer nehmen uns die Arbeit weg etc.).
2. Man erschafft sich eine Kultur der »Gleichgesinnung« entweder durch Lesen und Recherchieren, durch andere Menschen (z.B. rechte Gewalt) oder durch Gedankenkarussells bzw. durch Scheinidentitäten in einer fiktiven Welt (Computerspiele). Bei Ehrenmorden geschieht dies auch durch Tradition und Regeln, die über Jahrhunderte gefestigt wurden. Durch diese »Traditionen« wird ein unhinterfragter Wert (z.B. Ehre) über das natürliche Mitgefühl gesetzt.
3. Die »Gegenwehr« wird in der Phantasie (im Kopf, auf dem Schießstand oder am Computer) ständig eingeübt und zum Teil idealisiert (ich rette mein Land; ich bin der Einzige, der klarsieht; ich stelle die Ehre meiner Familie wieder her; ich halte unser Volk sauber etc.).

Glaube kann also den gesunden Menschenverstand bzw. unser Mitgefühl ausschalten. Je stärker die Überzeugung eines Menschen ist, desto potentiell gewaltbereiter ist er auch. Es sei denn, seine Überzeugung steht im Dienst des Lebens wie bei Gandhi oder Martin Luther King. Die Überzeugung dieser Menschen ist ausdrücklich durch Gewaltlosigkeit charakterisiert und dadurch, dass sie das Gegenüber nicht ausschließt, wie die Aussage Kings deutlich macht, wenn er sagt: *Eurer Gewalt werden wir unsere leidenschaftliche Liebe so lange entgegenstellen, bis auch ihr beginnt, uns zu lieben.*

Beispiele für Überzeugungsgewalt sind:
- Amokläufe
- Ehrenmorde
- Selbstmordattentate
- Politischer Extremismus
- Wahnhafte Gewalt (aufgrund von Psychosen)

3 WÄHLE DEINE STRATEGIE

Was man selbst tun kann: Das Täterskript stören

Das sogenannte Täterskript ist die Erwartung, die ein Täter hat, wenn er sich vorstellt, wie er eine bestimmte Tat begeht und wie das Opfer auf sie reagiert. Beim klassischen Täterskript rechnet der Täter damit, dass sich sein Opfer defensiv verhält und sein inneres Gleichgewicht verliert. Er geht davon aus, dass es entweder aggressiv wird und angreift oder Zeichen von Unsicherheit und Schwäche zeigt, zum Beispiel indem es versucht, die Flucht zu ergreifen, oder vor Angst erstarrt. Auf diese Reaktionen ist er mental vorbereitet. Vielfach ist er sogar so trainiert, dass er souverän mit ihnen umgehen kann. Womit ein Täter nicht rechnet, ist, dass das Verhalten seines Gegenübers von diesem Skript abweicht. Es passt nicht in seinen Plan und bringt den Täter aus dem Konzept, so dass er nicht mehr in der Lage ist, seine Tat auszuführen.

Die folgenden Strategien dienen dazu, das Täterskript zu stören und den Angreifer zu verblüffen. Sie orientieren sich an der Art, wie wir in alltäglichen Situationen mit Problemen umgehen: Zunächst versuchen wir, die Umstände zu verändern, die zu dem Problem geführt haben. Wenn das nicht funktioniert, versuchen wir, auf Distanz zum Problem zu gehen. Wenn das nicht möglich ist, bleibt uns nichts anderes übrig, als die Dinge so zu akzeptieren, wie sie nun mal sind.

Gewitter reinigen nicht immer die Luft

Als Inge P. morgens mit der U-Bahn zum Arbeitsplatz fährt, stellt sie sich für einen kurzen Moment vor, einer ihrer Kunden zu sein. Jemand, der vor ein paar Wochen seinen Job verloren hat und nun zum ersten Mal zur Bundesagentur für Arbeit fährt. Als sie gegen sieben Uhr aus dem U-Bahn-Schacht tritt, steht sie vor einem Gebäudeblock, der nicht zu verfehlen ist. Die Scheiben sind kupferverspiegelt, die Fenster geschlossen und man ahnt, dass drinnen die Klimaanlagen auf Hochtouren laufen; es ist seit Tagen extrem heiß. Inge P. denkt, dass es den Leuten zurzeit möglicherweise etwas leichter fällt, den tristen, dafür angenehm kühlen Bürokomplex zu betreten und sich in die Schlange am Empfang einzureihen.

Sie ist die Sachbearbeiterin, eine Frau, die gerne hilft, und sie hat einen Riecher dafür, was Leute brauchen und was sie gut können. Durch ihre beharrliche Art erhält sie außerdem gut Zugang zu potentiellen Arbeitgebern. Inge P. ist Anfang 50 und hat drei Kinder großgezogen. Sie ist eine bodenständige Erscheinung und durch ihre offene und zugewandte Art bei den Kollegen beliebt.

Aber auch sie stößt hin und wieder an ihre Grenzen. Seitdem sie vor drei Monaten nach längerem Erziehungsurlaub in ihren Job zurückgekehrt ist, fällt ihr auf, dass viele Kunden frustrierter und aggressiver sind als früher. Das Klima ist rauer geworden, das sagen auch ihre Kollegen. Die Leute sind lauter, schneller auf 180 und teilweise extrem ungeduldig. Was ihr vollkommen gegen den Strich geht, ist, wenn Leute auf der einen Seite fordernd sind und auf der anderen Seite kaum etwas einbringen wollen oder keinen Realitätssinn haben.

Auch merkt Inge P., dass amtliche Autorität nicht mehr die gleiche Bedeutung hat wie früher. Die Rolle eines Arbeitsvermittlers ist mehr und mehr die eines Coachs und Seelsorgers geworden, nicht selten laufen Vermittlungsgespräche wie Motivationstrainings ab. Die menschlichen Qualitäten im direkten Kontakt mit den Kunden werden daher immer wichtiger. Oft kommen Leute ganz ohne Schulbildung und erwarten Jobangebote, die mit ihrer Qualifikation nichts gemein haben. Das musste Inge P. erst letzte Woche wieder erfahren. Da saß ein junger Libanese vor ihr. Sie hatte ihn gefragt, was er beruflich machen wolle, wozu er Lust habe und was seine Fähigkeiten seien. »Egal was, ich will 4000 Euro verdienen, netto!«, hatte der junge Mann mit funkelnden Augen und verschränkten Armen gezischt. Der Grad der Hoffnungslosigkeit und der Mangel an Perspektiven, mit denen manche Kunden herumlaufen, sind so extrem, dass selbst kleinste Frustrationserlebnisse dazu führen, dass sie ausrasten und der Arbeitsvermittler das Gespräch abbrechen muss. Viele Arbeitsagenturen sind deshalb dazu übergegangen, einen Haussicherungsdienst zu beauftragen. Oft ist die Polizei einfach nicht schnell genug da, wenn es brenzlig wird oder das Hausrecht in Anspruch genommen werden muss. Aber selbst das reicht manchmal nicht aus, um Schlimmeres zu verhindern: Im Rhein-Main-Job-Center in Frankfurt kam es im Mai 2011 zu einer tödlichen Auseinandersetzung zwischen einer arbeitslosen Frau und der Polizei. Der Haussicherungsdienst hatte ihr Hausverbot erteilt, die Frau weigerte sich jedoch, das Gebäude zu verlassen. Als die Polizei eintraf, griff die Frau einen der Beamten mit einem Messer an, das sie in ihrer Handtasche mitführte, und verletzte ihn. Die Polizei schoss, die Frau starb an den Schussverletzungen.

Inge P. lässt sich von solchen Meldungen nicht irremachen, trotzdem weiß sie, wie wichtig es ist, entspannt und ausgeglichen zu sein, um mit dem Stress und dem Frust der Kunden umgehen zu können. Wenn sie angespannt ist, sieht sie nur die hässliche Maske aus Destruktivität und Vorwurf oder die extremen Forderungen der Menschen. Dann kann es passieren, dass auch sie in den *roten Bereich* kommt.

An diesem Tag ist Inge P. nicht entspannt. Am Vorabend hatte sie sich mit ihrem Mann gestritten, dazu stehen Termine mit schwierigen Kunden an, unter anderem ein Erstgespräch mit einem ehemaligen Häftling. Als sie auf dem Weg zu ihrem Büro die riesige leere Kundenhalle durchquert und ein Kollege sie mit den Worten »Na, heute mit dem falschen Bein aufgestanden?« begrüßt, beschleicht sie ein mulmiges Gefühl, dass es kein guter Tag werden wird.

Zwei Stunden später sieht Inge P. auf die Uhr über ihrer Bürotür. Es ist 10 nach 10. Für 10 Uhr hatte sie einen Termin mit Alexander K. vereinbart, der vor einigen Wochen aus dem Gefängnis entlassen worden war. An sich ist das kein Problem für Inge P. Sie kennt sich aus mit »brenzligen Fällen« und hat auch schon ehemalige Häftlinge vermittelt. Warum auch nicht? Andererseits kennt sie den Mann, mit dem sie heute einen Termin hat, noch nicht. Deswegen hat sie das Gespräch mit Alexander K. auf einen Tag gelegt, an dem ihr Bürokollege Überstunden abbaut. Sechs Augen können zu viel sein, wenn sie mit jemandem redet, der über zehn Jahre gesessen hat. Da braucht man Zeit und Ruhe, um Vertrauen aufzubauen. Um sich abzusichern, will sie die Bürotür offen stehen lassen. Das muss reichen.

Alexander K. hatte den Termin vor einigen Tagen bestätigt. Allerdings nur knapp per E-mail: »Bin um 10 da.« Keine Begrüßung, keine Unterschrift. Später erzählt sie, dass ihr Bauch sich hier schon gemeldet und ein Warnsignal abgegeben hatte, aber Inge P. war darüber hinweggegangen und hatte sich gesagt: Was soll er groß schreiben und freundlich sein? Ist schließlich schwer genug nach so langer Zeit hinter Gittern.

Inzwischen ist es 12 nach 10 und Inge P. greift sich die nächste Akte, weil sie nicht mehr glaubt, dass Alexander K. noch auftauchen wird. Wer weiß, was passiert ist. Manche Menschen brauchen mehrere Anläufe, um sich dem riesigen Berg von Problemen zu stellen, der nach einer Entlassung vor ihnen liegt. Das ist nichts Ungewöhnliches. Inge P. schaut kurz nach draußen, genießt die Stille im Büro und vertieft sich in den nächsten Fall.

Um 10.15 Uhr wird die Bürotür plötzlich ohne Anklopfen und mit Wucht nach innen aufgestoßen. Inge P. zuckt zusammen und fühlt sich überrumpelt. Sie hat über die Jahre gelernt, bereits das Geräusch des Anklopfens wie eine Visitenkarte zu entschlüsseln. So, wie die Leute an ihre Tür klopfen, geben sie sich auch die ersten Minuten, manchmal das ganze Gespräch lang. Lautes und forsches Klopfen: ein selbstbewusster Kunde, der weiß, was er will. Leises Klopfen: ein schüchterner Kandidat, den man an die Hand nehmen muss. Die ersten Sekunden eines Kundengesprächs, der erste Gruß und der erste Blickkontakt sagen oft mehr als jeder Aktenvermerk.

Der Mann, der jetzt groß und massig im Türrahmen steht, spricht nicht. Keine Begrüßungsworte, keine Entschuldigung für die Verspätung. Noch bevor Inge P. ihn anreden kann, steht er in ihrem Büro, wirft die Tür hinter sich zu, packt sich einen Stuhl und schiebt ihn wie ein störrisches Tier über das Laminat zum Schreibtisch von Inge P. Seine groben Bewegungen sind wie Schläge, seine stumme Gestalt strahlt Macht und Gewalt aus. Dann lässt er sich lässig und mit einem provozierenden Grinsen in den Stuhl fallen, streckt die Beine so weit in Richtung von Inge P., dass sie ihre fast berühren, und verschränkt die Hände hinter dem Kopf. Alles klar, schießt es Inge P. durch den Kopf, *Alexander der Große*. Der Mann gehört nicht zu der Sorte eingeschüchterter Knasties mit Tiefstatuskörpersprache, die Inge P. aus ihrer Arbeit kennt. Er ist eher Marke Alphatier: 1,90 groß, breit, schwer. Er fixiert Inge P. und wendet den Blick nicht ab.

Als wir die Szene im Seminar nachspielen, wird es an dieser Stelle mucksmäuschenstill unter den Teilnehmern, und keiner wünscht sich, in der Haut von Inge P. zu stecken. Wer nicht spricht, aber handelt, und wem die Emotionen seines Gegenübers egal sind, der setzt den anderen unter Druck und gewinnt an Macht. Dazu überschreitet K. mehrere Grenzen: die Tür, die er aufstößt, den Raum, den er »entert« wie ein Pirat, den Stuhl, den er rechts neben den Schreibtisch direkt in das »Territorium« der Sachbearbeiterin stellt.

Die invasive Strategie geht auf. Inge P. bleibt erst einmal die Spucke weg; sie befindet sich in einer Art Schockphase, in der sie nichts sagen kann, weil der Druck, den der Mann in Sekunden aufgebaut hat, nicht nachlässt.

Nachdem Alexander K. Inge P. auf die Pelle gerückt ist, legt der Mann den nächsten Gang ein und poltert los: »Da bin ich. Ich habe sieben Jahre bekommen wegen Vergewaltigung und fünf Jahre wegen Raub. Was hast du denn für mich, Schätzchen?«

Seine Stimme beschreibt Inge P. später im Seminar als »fleischig«. Sie ist laut und bestimmend, und Inge P. kommt es vor, als würde sie auf sie einhämmern wie ein Schmiedehammer, der formt, was vor ihm liegt.

Die Nasenflügel von Inge P. beginnen zu zittern. Sie fühlt sich wie ein verängstigtes kleines Mädchen und scheint auch körperlich kleiner zu werden. Ihr Rücken wird rund, sie zieht die Beine an. Die Zuschreibung »Schätzchen« hat sie völlig aus ihrer professionellen Rolle geworfen. Aus der Akte weiß sie, dass Alexander K. wegen Vergewaltigung gesessen hatte. Das Wissen, dass der Mann zu Gewalt gegen Frauen fähig ist, erzeugt zusätzlich Angst in Inge P. und lässt sie die Situation als gefährlicher wahrnehmen, als sie ist. Sie spürt, wie sie von Alexander K. in eine Opferrolle gedrängt wird. Ihre Gesichtshaut färbt sich rot. An sich ist das ein unmissverständliches Alarmzeichen, sozusagen eine rote Ampel, die von Alexander K. aber offenbar nicht beachtet wird, denn er bleibt ungerührt und grinst weiterhin provozierend.

Okay, das reicht. Inge P. hat die Faxen dicke, und ihre Angst verkehrt sich in Wut. Ihr Blick wird düster, ihre Augenbrauen ziehen sich zusammen. Sie will brüllen, aber irgendetwas hält sie zurück: *Tu das jetzt nicht, du weißt, was dabei herauskommt. Wer brüllt, hat schon verloren!* Doch die Stimme der Vernunft spricht zu leise. Eine andere Stimme in ihrem Kopf sagt ihr, dass sie sich nicht so behandeln lassen muss, von niemandem, und dass sie klar im Recht ist. Wer sich so benimmt wie der Mann vor ihr, muss sich nicht wundern, wenn er nicht klarkommt. Dabei bemerkt Inge P. nicht, dass gerade dieses Denken den Großteil ihrer Wut erzeugt. Sie agiert nicht mehr bewusst, sondern genau wie ihr Gegenüber.

Inge P. steht auf, geht zwei Schritte nach vorn, baut sich vor K. auf, atmet ein und spannt ihre Muskeln an. Ohne es zu merken, stößt sie mit ihren Schuhen an die Füße von K. Auch wenn er es mit einem überlegenen Lächeln zu überspielen versucht, ist ihm die körperliche Nähe von Inge P. eindeutig unangenehm. Sein Kopf weicht zurück, sein Lächeln gefriert, er verschränkt die Arme vor der Brust.

Frau P. stemmt eine Hand in die Hüfte und zeigt mit dem Zeigefinger der anderen Hand verächtlich und wie ein Richter auf ihr Gegenüber, um dann mit lauter, herrischer Stimme zu sagen:

»So, und jetzt HÖREN SIE MIR mal zu, so was wie SIE habe ich hier dreimal die Woche!!! Klar?«

Als wir die Szene nachspielen, sieht jeder, dass es auch ihr nun um Respekt geht, um Wertschätzung. Aber das ist hinter ihrer Maske von Verachtung schwer zu erkennen, vor allem für Alexander K., der sein eigenes Verhalten vermutlich kaum durchschaut. Er bleibt cool und kontert: »Sie? Gar nix haben Sie dreimal die Woche! Sie sitzen hier auf Ihrem fetten Arsch in Ihrem fetten Büro und haben keine Ahnung. Das ist alles.«

Wäre Inge P. bei sich, würde sie erkennen, dass nun auch die Fassade von Alexander K. zu bröckeln beginnt. Seine Mundwinkel zucken, seine Hände betasten seine Oberarme und suchen nach Halt. Er läuft Gefahr, seine Fähigkeit, Selbstwirksamkeit über Angst und Macht aufzubauen, die er sich in den Jahren im Gefängnis antrainiert hat, zu verlieren: *Ich bin in Ordnung, wenn ich mir Respekt verschaffe.* Würde Inge P. genau hinhören und auf K. eingehen, böte sich gerade jetzt eine günstige Gelegenheit, aus der Eskalationsschleife auszusteigen: *Was meinen Sie damit? Heißt das, Sie sehen Ihre Chancen bei null?* Doch ihre wütenden Gedanken rasen weiter und verpassen die Ausfahrt: »RAUS HIER! SOFORT! Sonst hole ich die Haussicherung!«

»Auf die Weihnachtsmänner bin ich ja mal gespannt«, lässt K. die Drohung von Inge P. lässig abtropfen und macht es sich im Stuhl noch ein wenig bequemer, als wolle er sagen: *Dann mach doch! Zeig mir mal deine Mannschaft!*

»RAUS HIER, HABE ICH GESAGT!«, schreit Inge P. nun in voller Lautstärke.

»Geh mir nich' auf den Sack, Tante.«

»Wenn Sie nicht sofort gehen, dann fliegen Sie hier achtkantig raus!«

Damit hat Inge P. eine Drohung ausgesprochen. Ein entscheidender Fehler: Die *Wenn-dann-Falle* schnappt zu. Wenn erst einmal eine Drohung ausgesprochen ist, kann man kaum noch zurück, es sei denn, einer lenkt ein und passt sich an, was in emotional aufgeladenen Situationen wie dieser jedoch nicht zu erwarten ist.

Der Streit eskaliert. Alexander K. verliert nun auch die Kontrolle, beleidigt Inge P. mit Worten wie »Schlampe« und »Hure«, springt auf und brüllt herum. Inge P. greift sich das Telefon, verwählt sich, wählt erneut und muss einige Sekunden warten, bis sie den Sicherungsdienst erreicht und dem Mann am anderen Ende der Leitung erstaunlich kontrolliert und sachlich die Lage erklärt und ihn bittet, sofort in ihr Büro zu kommen. Sie bemerkt nicht, dass ihr diese Kontrolle eine Minute früher enorm dienlich gewesen wäre.

Als der Haussicherungsdienst eintrifft, lässt Alexander K. sich widerstandslos hinausführen. Im Foyer der BAG weigert er sich jedoch, das Gebäude zu verlassen, und will die Sache mit Inge P. klarstellen. Der Sicherungsdienst ruft Frau P. noch einmal an, um zu fragen, ob sie mit dem Mann reden wolle. Er tut dies vor allem aus taktischen Gründen, um den aufgebrachten Alexander K. zu beruhigen. Im Grunde weiß er, dass die Sachbearbeiterin nein sagen wird. Als Inge P. den Anruf aus dem Foyer erhält, ist sie verwirrt und aufgelöst. Sie ist Profi genug, um zu wissen, dass sie überreagiert hat. Trotzdem fühlt sie sich nicht in der Lage, Alexander K. noch einmal gegenüberzutreten. Sie möchte ihn nicht wiedersehen. Da Alexander K. noch immer nicht gehen will, wird die Polizei gerufen, die ihn schließlich abführt. Kurz darauf beginnt es zu gewittern, ohne dass Regen fällt. Inge P. sieht aus dem Fenster und weint. Es ist der Moment, in dem sich endlich ihre Spannung löst.

Doch Gewitter reinigen nicht immer die Luft. Alexander K. erhält Hausverbot, und ihm wird eine andere BAG zugewiesen. Das Gebäude, in dem Inge P. arbeitet, darf er auf richterliche Anordnung nicht mehr betreten. Damit hätte die Sache vorbei sein können. Doch Inge P. erhält noch Monate später Drohungen per Telefon – am Arbeitsplatz und auch zu Hause. Offenbar hat Alexander K. herausgefunden, wo sie wohnt. Als sie eines Morgens im Herbst mit dem Auto zur Arbeit fahren will, sind alle vier Reifen aufgeschlitzt. Die Drohungen per Telefon reißen nicht ab. Sie kommen nun von verschiedenen Männern. Inzwischen hat Inge P. den Wohnort gewechselt und ist in therapeutischer Behandlung.

Halte inne, nicht dagegen

Wer in einem Streit gegen die Meinung, das Verhalten oder die Überzeugung eines anderen geht, der am Limit agiert, spielt das Spiel seines Gegenübers mit und bringt weitere Aggressivität in eine Situation ein. In Grenzsituationen kann das dazu führen, dass ein Konflikt eskaliert. Genau das ist hier geschehen. Alexander K. nutzt eine invasive Druckstrategie, deren Ziel es ist, in Inge P. Angst auszulösen. Sie hält reflexartig dagegen, um sich zu schützen. Doch damit erreicht sie genau das Gegenteil: Wer sich schützen will, wird eher verletzt, weil er das Angriffssystem des anderen akzeptiert. Das tut Inge P. und wird damit Teil des Spiels, dessen Regeln Alexander K. aufgestellt hat. Sie gehören zu seinem »Skript«.

Recht haben und für sein Recht kämpfen ist nicht nur möglich, sondern auch wichtig. Wenn man aber den Verlauf eines Konflikts analysiert, stellt man fest, dass recht behalten wollen oft eine ungünstige Strategie ist, weil niemand im Unrecht sein will. Wenn uns ein Gegenstand wie z. B. ein Schrank im Weg steht, können wir Hand anlegen und ihn wegschieben. Wenn wir die gleiche Strategie jedoch in der Kommunikation mit einem anderen Menschen anwenden, wird er sich in aller Regel dagegen zur Wehr setzen. Die Interessen, die Gefühle oder den Standpunkt eines Menschen, mit dem wir in einer wie auch immer gearteten Beziehung stehen, können wir nicht einfach wegschieben. Wenn wir es versuchen, wird der Widerstand nur stärker und der Standpunkt fester. Auf ein Wort folgt das nächste, und jeder will auf der Statuswippe weiter oben sein als der andere und das letzte Wort bzw. die besten Argumente haben. Die Eskalation ist vorprogrammiert.

Natürlich hat jeder Verständnis für die Reaktion von Inge P. Dennoch heizt sie die Stimmung eher an, weil sie ebenso wie Alexander K. keinen Kontakt zu ihren wirklichen Interessen herstellt. Sie reagiert emotional und fixiert sich darauf, sich gegen Alexander K. zu behaupten. Damit setzt sie den Machtkampf über ihr eigentliches Ziel: ein gutes Vermittlungsgespräch zu führen. Sie lässt sich von Alexander K. dessen Rhythmus aufzwingen, ohne sich die Frage zu stellen, welches Spiel er spielt und warum er es spielt. Er führt, sie folgt.

Und so tut sie genau das, was er tut: Sie verhält sich respektlos und verletzt Grenzen. Sie geht in Alexander K.s Raum, stößt gegen seine Füße, zeigt mit dem Finger auf ihn und droht ihm mit lauter Stimme. Jeder wird sagen: *Aber sie hat doch recht!* Es geht in solchen Situationen jedoch nicht um Rechthaben, sondern um die Anerkennung der Tatsache, dass Gewalt nicht mit Gegengewalt zu bekämpfen ist. Und auch nicht mit Drohungen.

Zudem kann Alexander K. mit Druck und Provokation umgehen. Er kennt das aus seinem Umfeld, und er testet die Leute damit, um zu sehen, wie sie reagieren. Es gehört zu seinem »Skript«. Sein vermutlich tausendfach trainiertes Muster besteht darin, bei anderen Angst auszulösen, um eine Gegenreaktion zu provozieren, gegen die er sich »wehren muss«. Diese Reaktion bestätigt ihn in seinem Weltbild, in dem ihm die Erfüllung seiner Wünsche und Träume langfristig versagt ist. Um dieses Weltbild aufrechtzuerhalten, wird er seine eigenen Anteile an der Eskalation später leugnen und sich nur noch daran erinnern, dass Inge P. ihn provoziert, beleidigt und rausgeworfen hat.

Die größte Macht, die man in solchen Situationen ausüben kann, ist daher nicht die Macht, den anderen zu kontrollieren, sondern die Macht, *nicht* auf ihn zu reagieren. Die Geistesgegenwärtigkeit, die entsteht, wenn man sich selbst und nicht den anderen kontrolliert, kann man nutzen, um sich entweder Klarheit über die eigenen Beweggründe und Ziele zu verschaffen oder über die des Gegenübers. Die Frage ist nicht, wer recht oder unrecht hat. Die Frage ist, worum es beiden eigentlich geht.

Eine Möglichkeit, die Eskalationsschleife zu verlassen, liegt daher darin *innezuhalten*. Aber wie, wenn man unter Strom steht? Wie kann man den inneren Reflex, dem anderen zu zeigen, wo der Hammer hängt, hemmen oder ihn konstruktiv nutzen? Eine sehr einfache, jedoch verblüffend wirksame Möglichkeit ist: Man verlässt den Konfliktkreis (Ortswechsel). Man geht ein paar Schritte, raus aus dem Tunnel, raus aus dem, was einem nicht passt, und atmet durch. Wäre Inge P. zum Fenster getreten, hätte nach draußen gesehen und ihrer Angst und Wut nachgespürt, hätte sie danach vielleicht die

Ruhe gehabt, Alexander K. zu bitten, noch einmal nach draußen zu gehen, weil sie sonst etwas Falsches sagen würde, was sie nicht wolle. Auf diese Weise würde Inge P. ihre Angst nutzen, anstatt sich ihr auszuliefern oder ihr Gegenüber für sie verantwortlich zu machen. Selbstkontrolle geht immer vor Fremdkontrolle.

Eine andere Möglichkeit, aus dem gefährlichen Spiel von Alexander K. auszusteigen, wäre, eine Klärungsfrage zu stellen. Hielte Inge P. inne, würde sie spüren, dass das Verhalten von Alexander K. etwas mit ihr macht: Ihr Puls geht nach oben, ihre Muskeln spannen sich an, ihre Hände beginnen zu schwitzen, Adrenalin wird ausgeschüttet. Sie würde feststellen, dass gerade etwas passiert, was sie in Angst versetzt. Würde sie dazu parallel ihre Gedanken beobachten, würde sie feststellen, dass sie in die »falsche« Richtung gehen und eine Täter-Opfer-Polarität schaffen: *Will K. mich verletzen? Will er mich plattmachen? Will er mich angreifen?* Anstatt diesen Gedanken zu folgen, könnte Inge P. klären, ob dies wirklich seine Motive sind. Zum Beispiel, indem sie fragt: *Ich nehme nicht an, dass Sie hier sind, um mir Angst zu machen, sondern, dass Sie hier etwas erreichen wollen. Was ist das?*

Lösche den Angriff

Eine der ersten Deeskalationsstrategien, die man im Polizeidienst lernt, ist das »Löschen und Verstärken«. Konkret heißt das: Man stellt die Ohren auf Durchzug. Nicht, weil man das Gegenüber nicht hören oder sehen will, sondern um zu signalisieren, dass man locker mit dessen Angriff umgehen kann. Gleichzeitig legt man den Fokus auf ein Ziel, das für beide einen Ausweg aus dem Machtspiel bedeutet. Im Fall von Inge P. könnte das bedeuten, sich nicht auf das zu konzentrieren, was sie nicht will (Nichtanklopfen, Eindringen in ihren Raum, Unverschämtheiten), sondern auf das, was sie will: *Bitte nehmen Sie Ihren Stuhl und setzen Sie sich dorthin, dann können wir besser reden und gleich anfangen. Wollen Sie Kaffee oder Mineralwasser?*

Das Löschen (auf Durchzug schalten) kann auf zweierlei Weise geschehen. Man kann einen inneren Stopp-Satz nutzen *(Stopp, immer mit der Ruhe! Was ist mein Ziel?)*, den man innerlich manchmal mehrfach wiederholen muss, bis er auch die tieferen emotionalen Schichten erreicht. Oder – die Variante für Fortgeschrittene – man atmet durch, nimmt wahr, dass man den anderen am liebsten gegen die Wand klatschen würde (Wahrnehmen und Anerkennen der eigenen Gefühle und Gedanken) und entscheidet sich dann für das eigentliche Ziel.

Im Fall von Inge P. könnte das etwa so klingen:

Alexander K. (laut, einschüchternd, aggressiv): »Ich habe sieben Jahre bekommen wegen Vergewaltigung und fünf Jahre wegen Raub. Was hast du denn für mich, Schätzchen?«

Inge P. (hält inne, spürt ihre Wut und den Frust und nimmt Kontakt zu ihrem Ziel auf, ein konstruktives Vermittlungsgespräch zu führen. Sie reguliert ihre Angst und antwortet in lockerem Ton): »Kommt drauf an, was Sie machen wollen und welche Voraussetzung Sie mitbringen. Was wollen Sie denn machen?«

Damit legt Inge P. den Fokus unmittelbar auf das gemeinsame Ziel und lenkt die aggressive Energie in konstruktive Kanäle um.

Würden ihre Körpersprache und ihre Stimmlage mit ihrer Aussage übereinstimmen, böte Inge P. Alexander K. so eine Möglichkeit, seinen Fokus selbst von Angriff auf Kooperation umzustellen. Jedenfalls nach einer Weile, denn auch er bräuchte Zeit, um ohne Gesichtsverlust von seiner destruktiven Strategie abzulassen. Es könnte sein, dass er seine Herausforderung wiederholt: *Was soll bei dem Blödsinn hier denn herauskommen?* Wieder Löschen und Verstärken: *Das hängt ganz von Ihnen ab! Was sollte denn Ihrer Meinung nach dabei herauskommen?* (Lösungsorientierte Sprache, keine defensive innere Haltung.)

Voraussetzung dafür wäre, dass Inge P. konsequent auf Durchzug schaltet und so tut, als hätte Alexander K. sein Bestes getan, um sie angemessen zu begrüßen. Dazu müsste Sie erkennen, dass das Verhalten von Alexander K. Ausdruck eines Wunsches nach Anerkennung ist, und diesen Wunsch respektieren. Damit brächte sie sich auf Augenhöhe und könnte in der Folge glaubhaft vermitteln, dass es ihr nicht um ein Machtspiel geht, sondern darum, zusammen Ziele zu erreichen und eine Entwicklung in Gang zu bringen.

Konfrontiere wohlwollend

Für manchen ist es nicht möglich, den Konfliktraum zu verlassen und nicht dagegen zu halten. Für wieder andere ist es nicht möglich, den Angriff zu löschen und einfach weiterzumachen. Manche sagen: *Hier muss ich was sagen; das kann ich nicht einfach hinnehmen.* Oder: *Hier muss eine Grenze gezogen werden.* Wer so tickt, für den käme hier die Strategie des »wohlwollenden Konfrontierens« in Frage.

Fatalerweise meinen viele Menschen, ihrem Gegenüber in Konfliktsituationen nachweisen zu müssen, dass er oder sie etwas »falsch« macht. Bewertungen wie *du falsch – ich richtig* führen jedoch oft unmittelbar zur Eskalation. Der amerikanische Psychologe O. J. Harvey konnte nachweisen, dass Menschen, die Bewertungen wie richtig und falsch, gut und böse oder in Ordnung und nicht in Ordnung benutzen, in Konfliktsituationen gewaltbereiter sind als jene, die beschreiben, was ihnen nicht gefällt und warum es ihnen nicht gefällt. Eine bewertende Sprache hilft daher meist nicht weiter, wenn wir unser Gegenüber konfrontieren wollen, denn sie manifestiert ein ungleiches Machtverhältnis: Wer bewertet, stellt sich moralisch höher und zieht eine Mauer zwischen sich und den anderen.

Die Frage lautet daher, wie man eine Grenze ziehen kann, die nicht zur Mauer wird. Das verlangt Mut und Souveränität. Normalerweise ziehen Menschen Grenzen und lassen den anderen an dieser Grenze stehen, ohne ihm ein Angebot zur Kooperation zu machen. Oder sie tappen in die Entweder-oder-Falle: *Entweder Sie gehen jetzt raus, oder ich hole den Haussicherungsdienst!* Solch ein Verhalten stellt den Versuch dar, das Gegenüber in die Knie zu zwingen, ohne auf eine Lösung hinzuwirken oder dem Gegenüber die Chance zu geben, sein Verhalten zu ändern.

Besser ist es, das Gegenüber wohlwollend zu konfrontieren. Das ist möglich, indem man beschreibt, was gerade geschieht, und ausspricht, was man will.

Inge P.: *Verzeihung, aber Sie setzen sich gerade mitten in meinen Arbeitsbereich. Den Raum hier brauche ich, um in Ruhe meinen Job zu machen. Ich bitte Sie, sich mit Ihrem Stuhl da drüben hinzusetzen.*

Dabei sind die Körpersprache und die innere Haltung entscheidend; es darf nicht »schleimig« klingen oder »scheißfreundlich«, sondern, wie man im Verhandlungstraining sagt, vernünftig und geradeheraus. In jedem Fall ist es wichtig, dass nicht der Vorwurf im Vordergrund steht, sondern das, was man braucht und sich wünscht. Ziel ist es, den Vorwurf in ein Interesse zu verwandeln.

Eine andere Variante wäre: *Wollen Sie sich mit mir prügeln* (übertreibendes Konfrontieren: Das Schlimmste vorwegnehmen), *oder wollen Sie einen Job?* Dabei den Blickkontakt halten. Knackig vorgetragen erzeugt diese Variante unter Umständen sogar Heiterkeit und schafft den Konflikt mit einem Schlag aus der Welt.

Eine weitere Möglichkeit wäre die »Anstatt-Strategie«:

Inge P.: *Anstatt mit dem Stuhl hier hinzurollen und mich »Schätzchen« zu nennen, können Sie mir auch sagen, was Sie hier wollen. Sie wollen ja was von mir und nicht umgekehrt.*

Die Strategie des »wohlwollenden Konfrontierens« ist verblüffend wirksam, da sie von der Ebene des Angriffs direkt auf die Ebene der Lösung führt. Anwendbar ist diese Strategie dann besonders gut, wenn auch das Gegenüber einen Nutzen davon hat, dass eine Konfliktlösung erreicht wird und ein zielorientiertes Gespräch zustande kommt.

Chaos im Jugendamt

Der riesige Häuserblock ist terrassenförmig angelegt. Er ist sicher 15 Stockwerke hoch und fällt nach Osten hin ab wie eine Welle aus Beton. Abgesehen von dieser architektonischen Besonderheit ist das gesamte Viertel eine klassische Hochhauskolonie in einem typischen sozialen Randgebiet. In jeder der Betonwellen wohnen über 100 Familien. Die Eingangstür ist aus Drahtglas und lässt sich schon lange nicht mehr schließen. Der Flur ist mit Graffitis verziert, und an der Wand hängen so viele Briefkästen, dass jeder neue Postbote Wochen braucht, um sich einigermaßen zurechtzufinden.

Als die beiden Mitarbeiter des Jugendamts einer norddeutschen Großstadt den Block betreten, wird ihnen klar, wie anders als sie selbst die Menschen hier nach Hause kommen. Bevor sie in ihren eigenen vier Wänden sind, müssen sie lange, neonbeleuchtete Gänge entlanggehen und sich in enge Aufzüge quetschen. Ein Trip durchs Niemandsland. Thomas P. und Katarina B. gehören zum Gefährdungssonderdienst des Jugendamtes, der bei akuter Kindeswohlgefährdung hinzugezogen wird und in die Haushalte geht. Vor ein paar Stunden war der Anruf einer besorgten Nachbarin eingegangen, die das Jugendamt um Hilfe bat. Sie hatte direkt die Hotline gewählt, wollte anonym bleiben und riet den Beamten, dringend in einer bestimmten Wohnung vorbeizuschauen, weil dort ein Kind in Gefahr sei. Thomas P. und Katarina B. nehmen die Treppen, weil der Aufzug von innen aussieht wie eine zerdrückte Coladose. Sie gehen bis zum zehnten Stock und treffen im siebten ein paar Kinder, die unbekümmert und gutgelaunt nach unten unterwegs sind.

Sie finden die Wohnung und klingeln, eine Frau Ende 30 macht ihnen die Tür auf. Sie trägt einen bunten Bademantel, darunter schwarze Leggins und ein hellgrünes T-Shirt. Angesichts der Farbenpracht denkt Thomas P., dass es der Frau einmal besser gegangen sein muss. Jetzt macht sie einen ungepflegten, depressiven Eindruck. Ihre Haare sind strähnig und verschwitzt, ihre Haltung gebeugt, das Gesicht blass. Die Frau sieht sie an, dreht sich um und schlurft wortlos zum Küchentisch zurück, als hätte sie die beiden schon erwartet. Sie lässt sich auf den Stuhl fallen, stützt ihren Kopf in beide Hände und schaut mit leerem Blick zum Fenster hinaus. Sie sagt keinen Ton. Die Luft im Raum ist warm und stickig. Es riecht nach Bratwürstchen. Alle Fenster sind geschlossen.

Thomas P. und Katarina B. betreten die etwa 40 Quadratmeter große Einzimmerwohnung und schauen sich um. Ein großer schwarzer Schnauzer schnüffelt an ihnen herum. Ein älterer, etwa 65 Jahre alter Mann schiebt einen Staubsauger durch die Wohnung. Er ist nicht angeschaltet, das lose Kabel schleift über den Boden. Der Mann brabbelt leise etwas vor sich hin und tut so, als würde er den Teppich saugen. In der Nähe der Spüle im hinteren Teil des Raums steht ein großer Hundekorb auf dem Boden. In dem Korb liegt ein Kissen, das voller Hundehaare ist. Auf dem Kissen liegt ein etwa drei Monate altes Baby, das an einer Milchflasche nuckelt, in der sich klares Wasser befindet.

Die Situation ist gespenstisch. Die beiden Kollegen schauen sich an und vergewissern sich, dass der andere die Situation ähnlich wahrnimmt. Thomas P. schüttelt leicht den Kopf. Katarina B. erwidert die Bewegung und deutet mit den Augen zu der Frau am Tisch und zu dem Baby im Hundekorb. Sie haben entschieden, dass man das Kind erst einmal aus der Familie nehmen muss. Dann fällt Thomas P.s Blick auf den älteren Mann mit dem Staubsauger. Er tut ihm leid. Die Frau am Tisch fängt den Blick auf. Sie deutet mit dem Kopf auf den Mann und sagt: »Er hat seine Pensionierung noch nicht verkraftet; er war im Reinigungsdienst ...«

Thomas P. fragt: »Wohnt hier sonst noch jemand außer Ihnen, dem Kind und dem ...«

Zögerlich erklärt die Frau: »Mein Vater, das ... das ist mein Vater. Mein Mann ist gerade nicht hier ... der geht Bier holen ...«

»Aha ...« Thomas P. ist erschrocken, lässt sich aber nichts anmerken.

Dann setzen sich die beiden Helfer zu der Frau an den Tisch, die immer noch nach draußen blickt und vollkommen leer und ausgebrannt aussieht. Katarina B. legt ihre Hand vorsichtig auf den Unterarm der Frau und beginnt: »Wir sind vom Jugendamt und wollen Sie unterstützen. Ich heiße B., und das ist mein Kollege P. Wie heißen Sie?«

»Andrea Schmidt.«

»Gut, Frau Schmidt, ich verspreche Ihnen, dass wir Ihnen helfen und Sie, so gut wir können, unterstützen werden. Erlauben Sie, dass ich Ihnen zunächst eine Frage stelle: Wie schätzen Sie persönlich die Situation in der Wohnung hier ein?«

Katarina B. passt ihre Stimmlage genau dem Klang der Stimme der Frau an. Diese beginnt zu weinen und hört für die nächsten 20 Minuten nicht mehr auf. Sie erzählt, dass sie das Kind vor drei Monaten bekommen habe und danach nicht wieder richtig auf die Beine gekommen sei. Sie habe keine Kraft und keine Lust, und sie wisse nicht, warum. Thomas P. und Katarina B. erklären ihr, dass sie vermutlich unter einer Nachgeburtsdepression leide und dass dieses Phänomen nicht selten sei. Sie erklären ihr, dass sie zunächst selbst Unterstützung brauche, bevor sie ihr Kind wieder alleine versorgen könne. Deswegen würden die beiden ihr Kind jetzt mitnehmen und vorübergehend in erfahrene Hände geben, wo es ihm gutginge. Schließlich stimmt die Frau dem Plan zu, zusammen mit ihrem Mann zwei Tage später ins Amt zu kommen, um dort gemeinsam die nähere Zukunft zu planen. Die Schwester der Frau, die im Hochhaus gegenüber wohnt, kann telefonisch erreicht werden und erklärt sich bereit, sich für den Rest des Tages um ihre Schwester zu kümmern. Thomas P. und Katarina B. nehmen das Kind aus dem Hundekorb, wickeln es in eine Decke und verlassen die Wohnung.

Zwei Tage später: Matthias B. ist ebenfalls Mitarbeiter des Jugendamtes und hat den Fall vom Gefährdungssonderdienst des

Jugendamtes übernommen. Er mag die herausfordernden Gespräche mit betroffenen Eltern und Familien, weil sie für ihn Sinn machen und Bewegung in festgefahrene Muster bringen. Heute erwartet er Klaus und Andrea S. für ein Hilfeplangespräch. Zwar weiß er, wie problematisch es ist, kleine Kinder – selbst wenn es nur für kurze Zeit ist – aus ihren Familien zu nehmen. Andererseits ist es für alle Beteiligten oft eine gute Erfahrung, einen Schnitt zu machen und gemeinsam zu planen, wie es nun weitergehen soll. Unter dem Berg von Schwierigkeiten, denen sich die Eltern stellen müssen, wenn das Jugendamt sich einschaltet, kommen stets die gleichen einfachen Wünsche zum Vorschein: dass es ihnen und ihren Kindern gutgehen möge. Klare, starke, menschliche Ziele also, mit denen Matthias B. arbeiten kann. Allerdings kennt er bisher weder Klaus noch Andrea S. persönlich. Er hat vom Gefährdungssonderdienst lediglich einen Bericht darüber bekommen, wie die »Herausnahme« zwei Tage zuvor abgelaufen ist und dass der Vater nicht anwesend war.

Die beiden Eltern sind pünktlich. Das vorsichtige Anklopfen zeigt an, dass Leute vor der Tür stehen, die noch nicht hier im Büro waren. Als Matthias B. die Tür öffnet, kommt Andrea S. zuerst herein. Sie grüßt Matthias B. leise und kurz angebunden, schaut dabei zu Boden und gibt den Platz sofort für ihren Mann frei, der hinter ihr ins Büro tritt. Klaus S. ist ein bulliger kleiner Mann mit einem runden Gesicht, einer Glatze und einer breiten Nase. Er ist offensichtlich wütend, hat einen knallroten Kopf und sieht aus, als wolle er sich den Mann, der sein Familienleben durcheinandergebracht hat, erst einmal vorknöpfen.

Als Klaus S. zwei Tage zuvor nach Hause gekommen war, hatte er auf dem Tisch einen Zettel mit der Nachricht vorgefunden: *Bin kurz drüben bei Anja. Das Jugendamt hat Jessica mitgenom-*

men. Müssen übermorgen zum Gespräch aufs Amt. Aus seinem Schwiegervater war wie üblich nichts Gescheites rauszukriegen gewesen. Klaus S. war außer sich. Am nächsten Morgen war Andrea wieder nach Hause gekommen und wurde von ihm wüst beschimpft. Wie sie sich vom Jugendamt einfach so über den Tisch ziehen lassen konnte. Ob sie eigentlich gar nichts mehr hinbekommen würde. Sie hätte das Kind doch unbedingt gewollt. Also sollte sie jetzt nicht rumzicken, sondern sich drum kümmern. Wenn er seinen Job früher mit der Einstellung gemacht hätte, hätte man ihn achtkantig rausgeworfen. Andrea hatte nur geantwortet: »Aber du bist doch arbeitslos.« Ihre Stimme hatte dabei so müde und traurig geklungen, dass Klaus S. von ihr abließ.

Nun, im Büro von Matthias B., ist er wieder auf 180. Doch Matthias B. lässt sich nicht beeindrucken, begrüßt ihn mit Namen und bittet ihn und seine Frau, Platz zu nehmen. Ihm ist klar, dass Klaus S. keine positive Einstellung zum Jugendamt hat. Das hat niemand in seiner Gegend. Jugendamt bedeutet Druck, Einmischung und Nachbarschaftsklatsch, auf den man gut verzichten kann. Die beiden Eltern setzen sich wortlos auf die Stühle vor dem Schreibtisch. Herr B. spürt, dass Klaus S. nur noch auf den richtigen Moment wartet, in die Luft zu gehen.

»Herr S.«, eröffnet er das Gespräch, »uns wäre es wesentlich lieber gewesen, wenn Sie als Vater anwesend gewesen wären, weil wir wissen ...«

Klaus S. unterbricht ihn sofort: »WAS wissen Sie? Hat man bei euch auch schon mal die Tochter entführt oder was?«

Matthias B. beschwichtigt: »Ich hab' selbst Kinder; ich gebe zu, das war nicht optimal ...«

Doch Klaus S. ist nicht mehr aufzuhalten. Er brüllt los: »Optimal? Nix ist optimal. WER SIND SIE DENN, dass Sie in meine Wohnung einbrechen WIE EIN ROLLKOMMANDO? Nur weil irgendein

Arsch uns an den Karren pissen will!? Und kommen Sie mir jetzt nicht mit Ihrem Rumgesülze und Ihren SCHEISS PARAGRAPHEN, DIE KÖNNEN SIE SICH IN DEN ARSCH SCHIEBEN. Ich will mein Kind, und zwar sofort!«

Die Lautstärke und Aggressivität des Ausbruchs sind so heftig, dass sich Kollegen an der Bürotür, die Matthias B. vorsorglich offen gelassen hat, zeigen und mit einem Fragezeichen auf dem Gesicht im Türrahmen stehen bleiben. Aber Matthias B. winkt ab, deutet an, dass alles in Ordnung ist. In den zwei Sekunden, in denen er den Blickkontakt zu Klaus S. unterbricht, atmet er durch und sammelt sich. Als die Kollegen sich zurückziehen, sagte er in neutralem und ruhigem Ton zu Klaus S.: »Herr S., Sie kriegen Ihr Kind zurück. Das ist der Grund für das Gespräch hier. Auf der anderen Seite habe ich ein Problem, wenn Sie brüllen, denn das bedeutet Stress und Unruhe. Ich brauche aber Ruhe für unser Gespräch. Ich bitte Sie daher, leiser zu sprechen, auch wenn ich nachvollziehen kann, dass Sie sauer sind.«

Klaus S. schaut verblüfft bis skeptisch. Dann verschränkt er seine Arme vor der Brust, lehnt sich zurück und sagt mit trotziger Stimme: »Na, dann hoff' ich mal, dass das hier nicht lange dauert.«

Sein Ärger scheint völlig verflogen zu sein. Normalerweise verläuft Wut in Wellen und klingt nicht gleich beim ersten Mal ab. Matthias B. ist selbst überrascht, dass Klaus S. sich so schnell beruhigt. Auch wenn Klaus S. im weiteren Gespräch zunächst nur bissige Kommentare abgibt, dauert es doch nicht lange, bis er mit im Boot sitzt. Sein Fokus schwenkt endgültig auf Kooperation, als Matthias B. ihm die Gelegenheit gibt, die Dinge aus seiner Sicht zu schildern und ihm Respekt dafür zollt, dass er den Vater seiner Frau bei sich aufgenommen hat. Matthias B. erkennt an, dass es in den letzten Monaten extrem schwierig für die Familie gewesen sein muss, sich auf so engem Raum zusammenzuraufen, und zeigt Klaus S. auf diese Weise Wertschätzung.

Die meisten Familien, aus denen man ein Kind herausgenommen hat, gehen davon aus, dass das Amt ihnen Fehler nachweisen und Vorwürfe machen will, dass sie beurteilt und gegängelt werden. Umso überraschter ist das Ehepaar S., dass Matthias B. genau das Gegenteil tut. Er stellt heraus, was die Familie geleistet hat und dass das unter diesen Bedingungen (wenig Raum, wenig Geld, Arbeitslosigkeit) nicht einfach war. Erst danach spricht er klar an, dass für Jessica eine konkrete Gefahr besteht und dass es darum geht, ihr und der Familie so gut wie möglich zu helfen.

Am Ende gelingt es, gemeinsam einen Hilfeplan zu erarbeiten: In den folgenden Monaten bekommt Jessica eine Pflegemutter und Andrea S. kann sie jeden Tag sehen, so lange sie sich nicht überfordert fühlt. Sie erhält zusätzlich eine therapeutische Begleitung, während Klaus S. sich bereit erklärt, in den nächsten sechs Monaten keinen Alkohol mehr in der Wohnung zu trinken. Der Großvater kommt zunächst in die Psychiatrie, wo er eine angemessene medizinische Versorgung erhält, später zieht er in ein nahe gelegenes Seniorenheim. Darüber hinaus wird eine größere Wohnung beantragt. Vier Monate später ist Jessica wieder zu Hause.

Sag' die Dinge, wie sie sind

Matthias B. ist ein erfahrener Deeskalierer und macht vieles richtig. Vor allem jedoch sagt er die Dinge, wie sie sind, indem er sie beschreibt. Ohne groß nachzudenken, wählt er eine Form der gewaltfreien Kommunikation, die man als »beschreibendes Konfrontieren« bezeichnet. Matthias B. erklärt, dass er Stress empfindet (Wirkung), wenn gebrüllt wird (Auslöser). Er stellt Hilfe in Aussicht und bietet an, gemeinsam mit den Eltern einen Plan zu erstellen, so dass Jessica schnellstmöglich in die Familie zurück kann, was eindeutig auch im Interesse von Klaus S. liegt. Dafür benötigt Matthias B. aber Ruhe. Er bittet Klaus S. darum, leiser zu sprechen, ohne dessen Brüllen zu bewerten und ohne eine Drohung auszusprechen. Diese Art des Konfrontierens ist nicht einfach, aber sehr wirkungsvoll. Matthias B. beschreibt, was er wahrnimmt, wie es auf ihn wirkt und warum er darin ein Problem für das gemeinsame Ziel sieht (gemeinsame Planung, gemeinsame Lösung). Dadurch, dass er sein Anliegen als Bitte formuliert, gibt er Klaus S. die Möglichkeit, sein Verhalten ohne Gesichtsverlust anzupassen.

Weniger erfolgversprechend dagegen wäre das »wertende Konfrontieren«. Beispiel: »Herr S., lassen Sie uns vernünftig reden, so geht das GAR nicht. Sie können nicht einfach hier reinmarschieren und rumbrüllen, wie es Ihnen passt. Wenn Sie nicht vernünftig reden, dann …«

Hier würde Matthias B. die Konfrontation mit einer Wertung bzw. einem Urteil vermischen. Die Bedeutung dieses Satzes ist zwar die gleiche: Hinter dem Wort »vernünftig« verbergen sich der Stress und der Wunsch nach Ruhe auf Seiten des Sachbearbeiters. Hinter der Feststellung, »so geht das gar nicht«, steckt die Bitte, Klaus S. möge leiser sprechen, damit das Ziel, das beide haben, erreichbar bleibt. Im Gegensatz zum »beschreibenden Konfrontieren« ist die Wahrscheinlichkeit, dass Klaus S. sein Verhalten ändert, hier jedoch deutlich geringer. Denn damit würde er einräumen, sich nicht »vernünftig« zu verhalten und Dinge zu tun, »die gar nicht gehen«. Der Gesichtsverlust wäre groß. Um ihn zu vermeiden, wird er eher an seinem Verhalten festhalten.

»Beschreibendes Konfrontieren« schafft Augenhöhe und Verantwortung, »Wertendes Konfrontieren« schafft eine moralische Hierarchie und lässt dem anderen nur die Möglichkeit, zu rebellieren oder klein beizugeben.

Stelle eine Beziehung her

Spricht man mit Menschen, die, aus welchen Gründen auch immer, »zum Amt« müssen, so sagen sie oft: »Allein dass du da erscheinen musst, macht Dreck aus dir. Du fühlst dich wie der letzte Mensch.« Eine weitere Möglichkeit, die beschriebene Situation im Jugendamt zu deeskalieren und das Ehepaar S. zu Partnern für eine Problemlösung zu machen, hätte daher darin bestanden, die bürokratische Anonymität der Beziehung zwischen einem übermächtigen Staat und der Familie aus dem Hochhaus auf eine menschliche Ebene herunterzubrechen. Zum Beispiel folgendermaßen: Nachdem Herr S. explodiert ist, macht B. eine kleine Pause, atmet durch, geht zu seinem Schreibtisch und nimmt das Bild seiner Frau mit den zwei Kindern in die Hand. Er geht zu S. hin, setzt sich neben ihn und sagt: »Das hier ist meine Frau Sylvie, das ist Nana, die ist vier, und das ist Pascal, er ist sechs. Ich weiß, wie es ist, Vater zu sein, und ich weiß, dass Sie ihre Tochter beschützen wollen und dass Sie stolz auf sie sind. Lassen Sie uns das hier zusammen machen. Wir kriegen das hin.«

Lisa und der Kidnapper

Es ist Mittag, als Thomas W. den Supermarkt betritt. Draußen sind es 30 Grad und die Luft ist schwül, drinnen herrschen dank Klimaanlage Frühlingstemperaturen, und der weite Mantel von Thomas W. passt so gar nicht in die Jahreszeit. Aber da er kein Geld hat, ist er auf »Stauraum« angewiesen, in dem er Essen und Getränke verschwinden lassen kann. Der Trenchcoat, den er sich gekauft hat, nachdem er den Film *Spiel mir das Lied vom Tod* gesehen hatte, scheint ihm dafür ideal zu sein. So kann er auch seine Tattoos verstecken, nur für den Fall, dass sich später jemand die Aufzeichnungen der Überwachungskameras ansieht, die im Supermarkt gut sichtbar von der Decke hängen.

Thomas W. denkt wahrscheinlich nicht darüber nach, wie auffällig er all den sommerlich gekleideten Menschen erscheinen muss. Und es gibt noch ein paar Dinge, die er bei seiner »Shopping-Tour« vermutlich ausblendet. Zum Beispiel die Tatsache, dass er erst zwei Tage zuvor auf Bewährung aus dem Gefängnis freigelassen worden ist, wo er zweieinhalb Jahre wegen fahrlässiger Tötung abgesessen hat. Für ihn ist das Urteil wegen eines »dummen Unfalls« unter Alkoholeinfluss bis heute nicht nachvollziehbar, und er hält es für ungerecht. Der Richter, der Thomas' Leben als eine »Aneinanderreihung chaotischer und unüberlegter spontaner Entscheidungen« bezeichnet hatte, empfahl ihm eine Therapie, wozu es jedoch bislang nicht gekommen ist.

»Die Preise sind ganz schön gestiegen«, denkt Thomas, als er die langen Gänge zwischen den Inseln aus Flaschen, Gläsern, Verpackungen und Haushaltsgegenständen durchstreift. Obwohl alles fest verschraubt oder eingeschweißt ist, strömen ihm im Waschmittel- und Haushaltsgang völlig andere Düfte in die Nase als dort, wo Nudeln, Gewürze und Kräuter in den Regalen stehen. Ganz anders als im Gefängnis, wo es überall nach der gleichen Mischung aus Schweiß, Putzmitteln und altem PVC roch. »Hier wohnen keine Menschen«, denkt er, »sondern Sachen, die abends eingeschlossen werden«.

Beim Anblick der Masse von Konsumartikeln dürfte ihm einmal mehr klar werden, wie wenig Geld er hat, und dass er auch keine Ahnung hat, wie er an welches kommen soll. Aber er weiß, dass er jetzt, wo er endlich wieder draußen ist, das Leben genießen will. Und dazu benötigt man eben die eine oder andere Kleinigkeit, denkt Thomas und grinst in sich hinein. Plötzlich steht er in einem Gang mit Spielzeug. Wände voll mit Puzzlespielen, Plastikeimern, kleinen Rollern und fahrbereiten Laufrädern. Er stellt sich vor, wie es für ihn als Kind gewesen wäre, mit so einem Rad durch die leeren Gänge zu fegen, sich immer wieder ein anderes zu nehmen und über den glatten, schnellen Boden zu heizen.

Da kommt ein kleines Mädchen, vielleicht sieben Jahre alt, in den Gang, schaut fasziniert in die Regale und träumt vermutlich ihren eigenen Traum, während Thomas W. sich fragt, ob er nicht eins der Räder für die Kleine mitgehen lassen könnte. Doch dann hat er eine bessere Idee. Warum nicht einfach das Mädchen schnappen, rauslaufen und sie ins Auto packen? Und sie dann zu Hause fragen, wie sie heißt und ein bisschen Kohle abziehen von den Eltern? Er tut ihr ja nichts, und nach zwei Tagen ist die Kiste durch. Die Eltern haben das Kind zurück, und er hat ein bisschen Luft, wobei ihm 5000 Euro schon reichen würden.

Schon zieht Thomas W. eine neue Perle auf seine Kette von »chaotischen und unüberlegten spontanen Entscheidungen«. Er schaut einmal nach rechts und einmal nach links. Als er niemanden sieht, geht er auf die Kleine zu und tippt sie an. Sie dreht sich um und sieht Thomas W. an, als habe sie eigentlich ihre Mutter erwartet. Er umfasst sie mit beiden Armen, hebt sie hoch und trägt sie in Richtung des Hauptgangs, der zur Kasse führt. Das Mädchen verschwindet fast unter seinem offenen Trenchcoat. Später wird die Kameraaufnahme einen Mann von hinten zeigen, der offenbar schwer beladen und mit breitem Gang in Richtung Ausgang stolpert und bei dem man auf den ersten Blick sieht, dass er noch nie ein Kind getragen hat. Lisas Beine baumeln zwischen seinen eigenen wie die einer überdimensionalen Puppe, die allerdings plötzlich ein Eigenleben entwickelt. Auf den tonlosen Clips der Überwachungskamera ist zunächst nur Lisas Kopf zu erkennen, der aus dem Mantel hochploppt und den Mund zu markigen Schreien aufreißt. Dann setzt Lisa auch ihre beiden Arme ein und drückt sich vom Oberköper des Mannes weg, so dass ihre Beine und Knie mehr Raum haben. Diesen Raum nutzt sie, um mehrfach zuzutreten, so fest sie kann, und dabei weiter zu schreien wie am Spieß.

Was Thomas W. nicht weiß: Lisa handelt nicht in Panik, sondern sie wendet etwas an, was sie gelernt hat. Genau fünf Tage zuvor hat sie bei der Polizei einen Kurs in Selbstbehauptung mitgemacht. Ihre Mutter hatte stolz und mit dem stillen Wunsch am Rand gesessen, dass ihr Kind das Erlernte nie einsetzen muss und Lisa dabei zugeschaut, wie sie zunächst zögerlich, dann aber mit immer mehr Kraft, Lautstärke und Inbrunst den Trainer angeschrien und seine Schutzweste mit Tritten traktiert hatte. Der Trainer hatte so lange weitergemacht, bis ihr die drei Schritte in Fleisch und Blut übergegangen waren: schreien, so fest wie möglich zutreten und dann weglaufen und es jemandem erzählen, dem man vertraut.

Thomas W. ist baff. Mit diesem plötzlichen Ausbruch unter seinem Mantel hat er nicht gerechnet und schon gar nicht damit, diese kreischende helle Stimme direkt an seinem Ohr zu hören. Er will sich die Ohren zuhalten, aber dafür müsste er Lisa und

»sein Geld« loslassen, und sie würde abhauen. Wehrlos zieht er den Kopf ein. Auch hat er nicht damit gerechnet, dass die Kleine, die auf ihn eintritt wie ein Trommelfeuer, so viel Kraft hat. Obwohl Thomas W. nicht der Hellste ist, ist ihm sofort klar, dass er mit diesem Derwisch unter seinem Mantel niemals durch die Kasse kommt. Er schaltet um auf Flucht. Er stellt die Kleine auf die Füße, dreht sich um und hetzt im Laufschritt durch die Kassenzeile auf den Parkplatz. Seine Hände zittern, und als er endlich seinen Wagen aufschließt und den Motor startet, haben bereits mehrere Zeugen das Kennzeichen notiert.

Lisa schreit noch ein paarmal und verschwindet dann wieder im Spielzeuggang, um von dort, wie an einer Schnur gezogen, zu dem Platz zurückzugehen, an dem sie ihre Mutter zuletzt gesehen hat. Die Mutter hat die Schreie ihrer Tochter gehört, alles stehen und liegen gelassen und rennt, laut »Lisa« rufend, durch das Labyrinth der Gänge in Richtung der Stimme. In einem Quergang laufen sie einander in die Arme. Lisa ist zuerst etwas durcheinander, aber kurze Zeit später zeigt sie sich in einem Interview für einen Fernsehsender stolz und locker, während ihrer Mutter der Schock noch ins Gesicht geschrieben steht und sie ihre Tochter gar nicht mehr loslassen will. Lisa sagt lächelnd in die Kamera: »Ich habe so hart zugetreten, wie ich konnte. Man muss wegrennen und es jemandem erzählen, dem man vertraut.«

Thomas W. wird kurze Zeit später zu Hause angetroffen und festgenommen. Obwohl er behauptet, nie in dem Supermarkt gewesen zu sein, sind die Kameraaufnahmen mehr als eindeutig.

Brich aus

»Brich aus« ist eine Strategie, die intuitiv angewandt werden kann und auch ohne Training relativ oft ihr Ziel erreicht. Sie ist auch unter dem Begriff SAZ-Strategie bekannt und funktioniert in drei Schritten: Schock (S), Ausbrechen (A) und Ziel bilden (Z). Manchmal geschieht auch alles auf einmal, und man bricht mit einem »SAZ« aus der Situation aus.

Die Schockstrategie ist Lisa gut gelungen. Sie hat Schreie und Tritte eingesetzt. Wenn die Tritte nicht kopfgesteuert, sondern aus dem Instinkt kommen, können auch kleine Kinder eine Kraft und Unkontrollierbarkeit entwickeln, die absolut beeindruckend sind und nicht nur *einen* Erwachsenen in die Flucht schlagen können. Es ist die gleiche Kraft, die Kinder vier Stunden lang pausenlos schreien lässt, ohne dass sie heiser werden. Die Tritte tun zudem nicht nur weh, sondern lenken die Aufmerksamkeit des Täters für kurze Momente auf Abwehr oder Grifflockerung. Eine gute Gelegenheit also, die gezielte Flucht anzutreten.

Schreie lassen dazu im Kopf des Täters sofort negative Phantasien des Erkannt- oder Erwischtwerdens entstehen. Gleichzeitig setzen hohe Schreie das Nervensystem unter Stress, und der eigene Plan kann zunächst nicht weiterverfolgt werden – das Täterskript gerät durcheinander. Das war auch im Supermarkt so. Die Schreie führten bei Thomas W. zu einer Aufmerksamkeitsdiffusion, einer leichten Unsicherheit. Als dann die Tritte kamen, stellte er Lisa augenblicklich ab. Dies nutzte sie, um sofort auszubrechen und ein Ziel anzusteuern, dem sie vertraute. In ihrem Fall war das die Mutter. Ein Ziel kann aber auch ein Taxi sein, eine Menschengruppe, eine Kneipe. Bewusste Zielbildung ist wichtig, denn blinde Flucht reizt zu Verfolgung und Rache. Zudem werden planlos Flüchtende häufiger in Verkehrsunfälle mit bisweilen fatalen Folgen verwickelt. Deswegen gilt: Fliehe nicht blind, sondern such dir ein Ziel.

Stärke den inneren Krieger

An dieser Stelle sei hinzugefügt, dass der innerfamiliäre Umgang mit Grenzen für Kinder extrem wichtig ist. Wenn ein Kind nicht lernt, dass es einen Anspruch darauf hat, dass seine eigenen Grenzen respektiert werden, ebenso wie es fremde Grenzen respektieren muss, wird es später als Erwachsener mit großer Wahrscheinlichkeit Schwierigkeiten in Beziehungen und im Umgang mit sich selbst haben.

Erfreulicherweise ist heute immer öfter zu beobachten, dass Kinder in Familien ernster genommen und darin unterstützt werden, selbst über ihren Körper, ihre Gefühle und ihren Raum zu bestimmen. Seit Ende der 60er Jahre beobachten Soziologen, dass sich »Befehlshaushalte« zunehmend in »Verhandlungshaushalte« verwandeln und dass heute viele Menschen angeben, ihre eigenen Kinder genau so erziehen zu wollen, wie sie selbst erzogen wurden – was noch vor 50 oder 60 Jahren meist nicht der Fall war. Damals hieß es eher: Ich will es besser machen als meine Eltern.

Nichtsdestotrotz ist es auch heute noch so, dass Kinder vernachlässigt oder geschlagen werden, dass ihnen Essen in den Mund gestopft wird, dass sie angeschrien werden oder dass ihr Territorium verletzt wird, wann immer Eltern das wollen. Auch haben nicht alle Kinder das Recht, »nein« zu sagen, ohne dass ihr Wille von wohlmeinenden Eltern immer wieder gebrochen wird. Der Mythologe Robert Bly sagt, dass derart »wohlmeinende Eltern« dem inneren Krieger ihrer Kinder auf diese Weise so gründlich den Garaus machen, dass er schon im frühen Kindesalter betäubt ist oder gar stirbt. Später wundern sich solche Eltern dann, wie wenig Biss oder Motivation ihre Kinder als Jugendliche haben und dass sie nicht wissen, was sie wollen.

Lisas Eltern haben anscheinend alles richtig gemacht. Die Leistung der Siebenjährigen, das im Training erlernte Wissen mit einer gesunden Aggression und auch Frechheit im echten Leben umzusetzen, ist die einer wahren Kriegerin.

Entwicklungshilfe an der Copacabana

»Mochila, mochila!«, schreit der Junge und zeigt auf den edlen Lederrucksack von Lars, der am Strand von Rio endlich ein ruhiges Plätzchen gefunden hat, um sich abseits des Rummels ein bisschen auszuruhen. Vor zwei Tagen ist er mit dem Flieger in Brasilien angekommen, um einmal im Leben beim Karneval von Rio dabei zu sein. Jetzt ist es früher Abend, und Lars sitzt im Sand der Copacabana und schaut aufs Meer, während der dunkelhäutige Junge vor ihm hektisch auf ihn einredet. Eins ist klar, der Junge vor ihm bettelt nicht, sondern er will, dass Lars ihm seinen Rucksack aushändigt. »Verzieh dich Mann, sonst gibt's was auf die Ohren!«, sagt Lars barsch auf Deutsch und unterstreicht seine Aufforderung mit einer abfälligen Geste. Damit, hofft er, ist die Sache erledigt. Doch der Junge ruft weiter: »Mochila, mochila!« Er ist halb so alt wie Lars, trägt eine zerrissene Jeans und ein verwaschenes T-Shirt und wiegt höchstens 50 Kilo. »Vermutlich kommt er aus einer der Favelas drüben am Berg«, denkt Lars. »Armes Schwein.« Dann fällt Lars der DIN-A5-Zettel wieder ein, der an alle Flugpassagiere ausgehändigt worden war. Er hatte ihn einmal überflogen, die Augen verdreht und ihn zusammengeknüllt. Darauf hatte gestanden, dass man keine Wertgegenstände wie dicke Uhren, Schmuck oder Gepäckstücke bei sich tragen und außerdem immer 20 bis 30 Dollar in kleinen Scheinen griffbereit in der Hosentasche haben sollte, um sich freizukaufen, falls man überfallen wird. »Die typische Panikmache eben«, hatte Lars gedacht.

Trotzdem wird die Situation langsam ungemütlich. Der Junge starrt Lars aus geweiteten Augen an und zieht plötzlich einen kleinen Trommelrevolver aus dem Bund seiner Jeans. Aber Lars ist immer noch nicht überzeugt, eher belustigt von dem Theater, das der Kleine da aufführt. »Das ist doch bloß irgendein Plastikscheiß oder eine Schreckschusswaffe«, denkt er. Er hat keine Ahnung, dass er in den Lauf einer entsicherten 38er schaut.

Lars glaubt, dass ein 14-Jähriger ihn wohl kaum wegen eines Rucksacks abknallen wird. Doch dann kommt der Typ näher und richtet die Waffe mit abgewinkeltem Ellenbogen auf ihn. Er starrt ihm direkt in die Augen und schreit weiter sein beklopptes »Mochila, mochila!« (Rucksack, Rucksack). In seinem Blick erkennt Lars eine Mischung aus Panik, Entschlossenheit und Hass. Seine Stimme ist nicht nur laut, sondern inzwischen auch ziemlich nervös, denn er weiß, dass die Strände kameraüberwacht sind und er nicht mehr viel Zeit hat, unerkannt mit der Beute zu entkommen. Er streckt seinen linken Arm fordernd in Lars Richtung, während der Revolver in seiner Rechten weiterhin auf Lars' Kopf zielt.

Plötzlich meldet sich Lars' Instinkt, und er weiß mit absoluter Gewissheit, dass die Grenze erreicht ist und der Junge es ernst meint. Er ist sich bewusst, dass er keine Hilfe erwarten kann. Die anderen Menschen auf der Copa sind bestimmt hundert Meter entfernt. Er steht auf, nimmt mit ruhigen Bewegungen den Rucksack vom Rücken und reicht ihn langsam und vorsichtig dem Jungen herüber. Lars lächelt sogar ein wenig dabei. Der Junge macht einen Ausfallschritt, schnappt sich den Rucksack und rennt davon. Gott sei Dank befinden sich nur ein alter Fotoapparat, ein Buch und 50 Dollar fürs Gröbste in dem Rucksack. Ein geringer Preis dafür, dass Lars den DIN-A-5 Zettel nicht ernst genommen hatte.

Passe dich an

Ein Freund, der vor zehn Jahren nach São Paulo ausgewandert ist, erzählte mir kürzlich, dass er bereits dreimal im Auto an der Ampel überfallen worden ist. Beim ersten Mal hätte ihm das ganz schön zu schaffen gemacht, auch weil es gegen seine innere Überzeugung ging, die Forderungen von irgendwelchen Gangstern bedienen zu müssen. Nachdem er mit Bekannten geredet hat, die dort schon lange Zeit wohnen, hat er sich trotzdem dazu entschlossen, »Verhandlungsgeld« mitzuführen, weil er weiß, dass die Täter nicht spaßen, und weil die Zeitungen immer wieder von ernsten Zwischenfällen berichten, wenn sich Autofahrer zur Wehr setzen. Darüber hinaus hat er die Erfahrung gemacht, dass es in den dichten Staus der Großstadt keine andere Möglichkeit gibt, als sich der Bedrohung anzupassen und sich dabei möglichst entspannt zu verhalten, weil es viel zu lange dauern würde, Hilfe zu holen, die in dem dichten Verkehr ohnehin nicht durchkäme.

»Verhandlungsgeld« mitzuführen scheint mir in so einer Situation das einzig Vernünftige. Wenn man jemandem gibt, was er will, und sich dabei nicht hektisch oder unterwürfig verhält, ist das der beste Selbstschutz, wenn es sonst keine Handlungsalternativen mehr gibt. *Was man nicht ändern kann, sollte man akzeptieren, alles andere erzeugt mehr Gewalt und mehr Opfererfahrung.*

Zum anderen fördert entspanntes Handeln ein Aufweichen der Täter-Opfer-Polarität. Der körpersprachlich erzeugte Hochstatus eines entspannten Menschen passt nicht zu dem Bild, das ein Täter sich von seinem Opfer macht. Ein Täter erwartet eher ein verunsichertes Nervenbündel oder aggressiven Widerstand. Wer dagegen innen und außen entspannt ist, signalisiert, dass er sich nicht als Opfer und den anderen nicht als Täter sieht.

Bewusste Akzeptanz beruhigt zudem nicht nur 14-jährige Jungs aus brasilianischen Slums, die mit großkalibrigen Waffen herumfuchteln. Man weiß aus Befragungen von Tätern, dass ihre Bereitschaft, Menschen zu verletzen, sinkt, wenn diese in Grenzsituationen selbstbewusst, entspannt und präsent bleiben. Der Grund dafür liegt wiederum in den Spiegelneuronen, die es uns ermöglichen, den Gefühlszustand eines anderen Menschen »mitzuerleben«. Fahrige oder aggressive Bewegungen machen das Gegenüber nervös und aggressiv. Eine entspannte Haltung und aktive Akzeptanz einer Situation führen dagegen auch beim Täter dazu, dass er sich entspannt, dass sein Alarmpegel fällt und daher seine Bereitschaft, Gewalt anzuwenden, erheblich abnimmt.

Wichtig dabei ist, sich klarzumachen, dass keine Gegenwehr zu leisten eine bewusste und aktive Strategie ist. Sie hat nichts zu tun mit widerwilliger Kapitulation oder Aufgabe des eigenen Raums. Sie ist eher ein taktisches »Mitgehen«, ein Sichanpassen an die Umstände, ein aktives inneres Handeln. Es akzeptiert die gegenwärtigen Machtverhältnisse, ohne sich als Opfer zu begreifen.

Leider fällt uns, die wir in der Regel stark am Eigenen festhalten, die Strategie oft enorm schwer. Ich kenne Geschichten von 80-jährigen Damen, die ihre Handtasche auch dann noch krampfhaft festhielten, wenn sie bereits am Boden lagen, und die dann vom Täter hinter sich hergeschleift wurden.

Kürzlich wurde in der Nähe von Bonn ein Schüler von zwei jungen Männern überfallen, als er aus einer S-Bahn ausgestiegen war. Die Täter stellten ihn in einer Unterführung und verlangten sein Handy. Er sagte, er habe kein Handy (defensive, aber verständliche Haltung). Doch die beiden Täter hatten den Jungen in der Bahn mit seinem iPhone hantieren sehen. Die Täter schlugen den Jungen zu Boden und nahmen nicht nur sein Handy, sondern auch sein Geld. Und weil er sie angelogen hatte, auch noch seinen Hausschlüssel. Natürlich ist *Passe dich an* kein Patentrezept. Aber sobald Schuss- oder Stichwaffen im Spiel sind oder der Gegner übermächtig ist, ist dies im Zweifel immer eine sinnvolle Lösung. Es macht einfach keinen Sinn, für ein 600-Euro-Handy seine Gesundheit oder sein Leben aufs Spiel zu setzen.

Man kann sich vor Überfällen nicht immer und überall schützen. Die Konsequenz daraus könnte lauten, dass man sich genau überlegt, wann und wo man Wertgegenstände auspackt. Eine U- oder S-Bahn um Mitternacht ist vielleicht nicht der richtige Ort, um Kurznachrichten in sein brandneues iPhone zu tippen. Wer aufmerksam für seine Umgebung ist und ein »Gefahrenradar« entwickelt, kann Schwierigkeiten weitgehend vermeiden. Wenn es trotzdem zum Überfall kommt, dann ist *Passe dich an* eine gute Strategie, wenn man sie bewusst wählt, ehe man dazu gezwungen wird. Auch kann man die Zeit, in der man die Beute herausgibt, nutzen, um sich das Äußere der Täter einzuprägen. Nicht zuletzt vermeidet man durch die aktive Haltung eine mögliche Opfererfahrung, denn was einem kein Täter nehmen kann, ist die innere Haltung, die man ihm und dem Geschehen gegenüber einnimmt.

Die Wand mit der Handtasche

Milena ist russischstämmige Deutsche, 26 Jahre alt, blond und auffallend hübsch. Ihre Freunde vergleichen sie manchmal mit der Schauspielerin Scarlett Johansson. Aber außer dem slawischen Gesicht mit den hohen Wangenknochen und den vollen Lippen kann sie selbst keine Gemeinsamkeiten entdecken.

Es ist Frühsommer in München, und Milena ist auf dem Weg zur Arbeit. Seit einiger Zeit bemerkt sie, dass Männer sie häufiger ansehen als früher. Vermutlich ist das so, weil sie mit ihrem Leben zufrieden ist und alles rund läuft, denn genau das strahlt sie auch aus. Sie ist glücklich mit ihrem Partner, und der Vertriebsleiter ihrer Firma gestand ihr im letzten Mitarbeitergespräch auf seine nüchterne Art eine *professionelle Unwiderstehlichkeit* zu – ein Kompliment, das er klugerweise nicht nur weiblichen, sondern auch männlichen Mitarbeitern macht, die exzellent mit Kunden umgehen können. Allerdings fühlt Milena sich manchmal wie eine Kerze, um deren Licht die Motten kreisen. Besonders morgens nervt sie das, weil sie auf dem Weg zur Arbeit meist noch gar nicht richtig wach ist und es zu intim findet, wenn sie angestarrt wird.

Auch heute kriegt sie noch gar nicht richtig die Augen auf, als sie am zentralen Busbahnhof ankommt. Im Halbdunkel stehen wie jeden Morgen ein paar schemenhafte Gestalten mit hochgezogenen Schultern. Ihre dicke Kleidung lässt darauf schließen, dass sie den Winter noch nicht hinter sich gelassen haben, obwohl es fast 20 Grad warm ist. Milena stellt sich auf eine der mittleren Inseln, wo die Linie 618 abfährt, und wird zur Statue, wie die anderen Wartenden. Normalerweise achtet niemand darauf, wie sehr Menschen darauf bedacht sind, in öffentlichen Räumen Abstand zu anderen einzuhalten. Die Verteilung im Raum sieht zufällig aus, ist es aber nicht. Wenn viel Platz zur

Verfügung steht, orientieren wir uns in den freien Raum. Erst wenn der Raum begrenzt ist, werden die Abstände kleiner.

Umso irritierter ist sie, als sich plötzlich ein Mann etwa eineinhalb Meter seitlich von ihr positioniert. Aus den Augenwinkeln kann sie sehen, dass er nicht »Statue« spielt, sondern dass sein Blick fahrig nach rechts und links schweift. Offenbar will er die Lage sondieren – er erinnert sie an einen Mann, der in einer Disco eine Frau zum Tanzen auffordern möchte und sich nicht sicher ist, ob sie alleine oder mit einem Partner vor Ort ist. Milena wundert sich immer wieder über Männer, die einfach nicht verstehen, dass Frauen ihre Absichten spüren können. Blicke sind wie Berührungen, und so ist es auch jetzt. Aber sie macht sich keine Sorgen, weil sie in Bezug auf Anmache eine gute *Stressimpfung* hat. Sie weiß, dass sie mit Ignoranz viel erreichen kann. Sie weiß, dass sie nicht hinsehen und lächeln darf, weil Männer Freundlichkeit meist als direkte Einladung interpretieren weiterzumachen. Daher lässt sie es, wenn sie nicht will.

Was ihr aber bis heute unverständlich geblieben ist, ist die Tatsache, dass manche Männer nicht jedes »Nein« sofort als »Nein« verstehen, wenn es nicht mit klarer Resolutheit ausgesprochen wird und wenn eine Grenze nicht sofort und deutlich gezogen wird.

Außerdem sieht sie, dass in ein paar Metern Entfernung ein paar ältere Frauen stehen. Und auf der Insel gegenüber erkennt sie weitere »Männerstatuen«, die ihre Aktenkoffer auf dem Boden abgestellt haben. Alles in bester Ordnung also. Milena beachtet den Mann nicht weiter.

Aber dann tritt der Mann einen Schritt näher an sie heran und taucht in ihrem Blickfeld auf. Sie verspürt ein leichtes Unbehagen und versucht, Eindrücke über ihn zu sammeln, ohne ihn direkt anzusehen. Der Mann ist über 1,80 m groß, trägt eine dunkle Jacke, eine schwarze Hose und Stiefel. Dazu hat er ein Basecap auf dem Kopf, dessen Schirm nach hinten gedreht ist. Auch er ist noch im Wintermodus. Milena fragt sich, ob er nur von ihr angezogen oder ein Psycho ist. Den Begriff mag sie eigentlich nicht, aber manche Männer verhalten sich schon schräg. Milena schlendert wie zufällig ein paar Schritte nach links. Ein guter Impuls. Sie verlässt den Raum, noch bevor ein Konflikt entstehen kann, jedoch ohne nach außen den Eindruck zu erwecken, sie sei auf der Flucht. Dann sieht sie, wie der Mann nachzieht. Beklommenheit steigt in ihr auf. Vielleicht geht sie lieber direkt rüber zu den Frauen oder zu den Männern auf der anderen Insel? »Mach dich nicht verrückt«, sagt sie sich, »gleich kommt der Bus.« Doch dann steht der Mann plötzlich neben ihr, höchstens eine Armeslänge entfernt. Milena dreht sich zu ihm um und sagt genervt: »Was ist? Kennen wir uns?« Der Typ mit der schwarzen Mütze grinst breit und sagt: »Noch nicht, aber wie sieht's aus, hast du heute Abend schon was vor?«

»Ja, hab ich!«, sagt Milena spöttisch und wendet den Blick von ihm ab, in der Hoffnung, dass er ihre Signale versteht. Das tut er jedoch anscheinend nicht. Im Gegenteil. Er rückt noch näher an sie heran. Milena reagiert blitzschnell und sagt: »Würdest du bitte woanders hingehen?!« Der Mann macht weiter: »Wieso, ich kann doch wohl stehen, wo ich will, das hier ist doch 'ne Bushaltestelle!«

Milena ist zunehmend genervt, bleibt aber mit der Stimme immer noch diplomatisch und mit dem Blick ausweichend: »Ja, du kannst stehen, wo du willst, aber hier ist doch wohl Platz genug, und du musst mich nicht ansprechen, oder?«

Der Mann runzelt die Stirn: »Ich will doch nur nett zu dir sein und dich was fragen …«

»Ich will aber nicht mit dir reden, okay?«, sagt sie und schaut in eine andere Richtung.

Milena merkt nicht, dass sie das längst tut. Sie redet mit dem Mann und sie duzt ihn. Er hat sie »reingezogen« und ist dabei nicht ungeschickt. Auf der einen Seite signalisiert er eine freundliche Haltung: Seine Stimme ist leise, er lächelt, er fasst sie nicht an. Er schleimt eher. Seine Schultern hängen herab, und er ist entspannt. Auf den ersten Blick scheint keinerlei Bedrohung von ihm auszugehen. Zumindest liefert er keinen Anlass, andere zu Hilfe zu rufen oder wegzugehen. Auf der anderen Seite profitiert er von der »Feminitis«, der weiblichen Grundfreundlichkeit und dem Glauben, dass der andere die eigenen Interessen bemerkt und respektiert, solange man diplomatisch oder freundlich bleibt bzw. an die Einsicht des Gegenübers appelliert.

Was Milena nicht weiß, ist, dass der Mann ihre Diplomatie, ihre leise Stimme und das ausweichende Blickverhalten als Schwäche wahrnimmt und dass diese körpersprachlichen Signale wichtiger sind als das, was sie sagt. Der Mann kann diesen Mikrosignalen entnehmen, dass sie ihre Grenzen im Ernstfall nicht verteidigen wird oder sich zumindest mehr gefallen lässt, als sie eigentlich will. Außerdem hat der Mann Glück, denn Milena duzt ihn. Das ist Wasser auf seine Mühlen, denn bei einem »Du« werden die anderen Wartenden denken, dass Milena den Mann kennt, und keinen Anlass sehen, sich einzumischen. In seiner Verblendung sieht der Mann in dem »Du« vielleicht sogar ein Zeichen, dass Milena ihn doch mag. Also macht er weiter: »Wieso willst du nicht mit mir reden? Ich mach doch überhaupt nichts. Ich steh hier einfach nur rum.«

Milena reicht es jetzt: »Ey, weißt du was, laber mich nicht voll, verzieh dich, ich hab keinen Bock auf so'n Scheiß!«

Der verächtliche Tonfall und der deutlich aggressive Blickkontakt bringen den Mann nun seinerseits auf die Palme. Er schaltet sofort um: »Ey, was ist los? Wer bist du denn, häh? Glaubst du, ich lass mich von dir verarschen?«

Während er Milena beschimpft, geht er in ihren Raum und schubst sie von vorn leicht gegen die Schulter. Milena hat plötzlich Panik, ist durch die Berührung geschockt und kommt nicht auf den Gedanken, zu den anderen Leuten zu gehen.

»Jedes Mal das Gleiche mit dir!«, fährt der Mann fort und redet, als würden Milena und er sich jeden Morgen so streiten. »Verdammt, ein Psycho!«, denkt Milena. Der Typ lässt nicht ab: »Du denkst wohl, du kannst alles machen, häh?!« Dann greift er in ihr blondes Haar und zieht an ihrem Kopf, so dass sie fast ihr Gleichgewicht verliert. Milena schreit: »Lass mich in Ruhe, Mann! Verpiss dich!!!« und fasst nach ihren Haaren. Der Mann lässt nicht los. Milena ruft über die Bushaltestelle: »Hilfe, Hilfe, helfen Sie mir!« Der Mann brüllt sofort: »Quatsch, die ist bescheuert, wie immer!« Die Passanten drehen sich zu der Szene um, tun aber nichts. Manche drehen sich gleich wieder weg. Nur drei ältere Frauen, nicht weit weg, tuscheln miteinander.

»Du sollst dich verpissen, hab ich gesagt!«, schreit Milena den Mann an. Er zieht weiter an ihren Haaren, und sie hat alle Hände voll zu tun, sich zu wehren, damit er seinen Griff lockert. Trotzdem ruft sie weiter: »Hallo, Hilfe, Hilfe ...!« Der Mann widerspricht lautstark: »Die ist bescheuert, die sagt immer das Gleiche, jedes Mal! Hör auf so rumzuzicken!!« Und schon zerrt er wieder an ihr. Nach wie vor hilft niemand.

Schließlich fasst sich eine der älteren Frauen ein Herz und kommt herüber. Die beiden anderen Frauen folgen ihr zögernd. Ohne lange zu diskutieren, stellt sich die Frau zwischen Milena, die leicht gebückt steht, und den Mann, der Milenas Haare sofort loslässt, hält ihre Handtasche vor ihre Brust und spielt »Wand«. Sie fragt Milena, ob sie den Mann kenne. Milena, den Tränen nahe, antwortet: »Nein, den kenne ich nicht, helfen Sie mir bitte!«

Für die ältere Frau ist das der entscheidende Satz. Sie steht fest und unverrückbar vor Milena und sagt zu dem Typ: »So, jetzt ist aber Schluss hier!« Sie macht nicht den Fehler, gegen den Mann zu gehen, sondern sie schützt Milena und bleibt vor ihr stehen. Instinktiv hat sie die Strategie der »gewaltfreien Mauer« gewählt. Der Mann ist beeindruckt, auch wenn er noch ein paarmal versucht, die alte Frau einzuschüchtern oder beiseitezuschieben und an Milena ranzukommen. Er baut sich vor der Frau auf, hebt seinen Kopf, um noch größer zu wirken, und kommt bedrohlich nah. Sein Blick ist weiter starr auf Milena gerichtet, die sichtlich eingeschüchtert hinter der Frau verharrt.

»Nein, verschwinden Sie, hier kommen Sie nicht weiter!«, sagt die ältere Frau, die wie ein trotziges Monument stehen bleibt. Nun gesellen sich auch die beiden anderen Frauen hinzu, stellen sich Schulter an Schulter mit der ersten und nehmen Milena hinter sich. Die Frauen sind weit über 60, haben vermutlich Kinder großgezogen und verfügen über eine gesunde Resolutheit. Da ist kein Durchkommen mehr, denn die Entschlossenheit steht den Frauen ins Gesicht geschrieben. Sie haben einen festen Stand und blicken dem Mann gerade und unerschrocken in die Augen, ohne auf ihn loszugehen. Ein solcher Blick, über fünf oder sechs Sekunden gehalten, macht dem Gegenüber eindeutig klar, dass man meint, was man sagt: *Bis hierher und nicht weiter. Wir akzeptieren dein Verhalten nicht!* Dann nehmen die Frauen einen Ortswechsel vor und bugsieren Milena hinüber auf die andere Insel, wo sie zwei Männer mit ins Boot holen und bitten, sie zu unterstützen. Der Mann mit der Mütze macht sich grummelnd davon und wird sich hier vermutlich nicht mehr sehen lassen.

Meide die Gefahr

Aufgrund ihrer wachen Intuition und ihrer Erfahrung ist Milena darin geübt, Situationen richtig einzuschätzen. Schon als sie den Mann zum ersten Mal wahrnimmt, meldet sich ihr inneres Alarmsystem. Dieses direkte körperliche Gefühl ist oft wichtiger und zuverlässiger als die gedankliche Interpretation einer Situation. Der Körper lügt nicht, er ist eine Antenne. Unsere Gedanken sind eine Reaktion auf die Signale, die sie auffängt. Sie trudeln erst mit einer Verzögerung von etwa einer halben Sekunde in unseren Köpfen ein. Der übrige Körper ist also viel schneller als der Kopf. Hätte sich Milena auf ihr körperliches Gefühl verlassen, hätte sie sich die Frage, ob der Mann es gut meint, gar nicht zu stellen brauchen. Sie hätte sich der Situation unmittelbar anpassen können, in dem sie einen Ortswechsel vornimmt und sicheres Terrain aufsucht, da ihr ja ohnehin klar ist, dass sie mit dem Mann nicht in Kontakt treten will. Man sollte daher seiner Intuition vertrauen und die Gefahr meiden. Dieser Tipp gilt nicht nur für Frauen, sondern auch für Männer. Es bedeutet keinen Gesichtsverlust, die Straßenseite zu wechseln oder den Blickkontakt souverän abzuwenden, wenn man auf Leute trifft, die auf Krawall gebürstet sind.

Ziehe klare Grenzen und verfolge ein Ziel

Milena wählt in dieser Situation eine Konfrontationsstrategie, indem sie fragt: »Was ist, kennen wir uns?« und dabei einen ernsten, nicht lächelnden Blickkontakt hält. In den allermeisten Fällen wird das Gegenüber darauf klar reagieren und die Grenze wahrnehmen, insbesondere dann, wenn Milena kurz darauf nochmals signalisiert, dass sie kein Interesse an einem Kontakt hat und sich wegdreht. Bis dahin läuft alles optimal. Milenas »Fehler« besteht darin, dass sie sich kein Ziel gesetzt hat, wie sie vorgeht, wenn der Mann ihre Grenze nicht respektiert. Sie hat keinen Plan B. In jeder Grenzerfahrung sinkt aber der Stress, wenn man Handlungsalternativen hat und sich die Frage stellt: Was tue ich, wenn mein Verhalten keine Wirkung zeigt? Wenn man keine Alternative hat, kann es wie hier sein, dass man sich in einer wirkungslosen Strategie verbohrt und selbst aggressiv wird.

Ihr Ziel hätte sein können, den Raum, in dem ihre Grenzen missachtet werden, sofort zu verlassen und zu den Frauen oder Männern auf den anderen Inseln hinüberzugehen und dort nach der Uhrzeit zu fragen. Wenn sie sich für diese Variante entschieden hätte, dürfte sie diese Entscheidung nicht rückgängig machen und müsste sie entschlossen und ohne Zögern durchführen. Sie müsste den Konfliktraum selbstbewusst und mit lockerem, aufrechtem Gang verlassen, ohne zu flüchten. Frauen denken oft, dass Männer durch Reden und Freundlichkeit zu überzeugen sind. Was Männer aber eher überzeugt und was sie auch stärker wahrnehmen, ist souveränes Handeln. Fazit: Konfrontiere nur, wenn du ein Ziel hast, das dein Gegenüber einschließt (Beispiel: das Ziel der Frauen, den Täter aufzuhalten).

Sei nicht feindselig, sondern beharrlich

Menschen wechseln in Stresssituationen ihren Status relativ übergangslos zwischen freundlich, neutral und aggressiv hin und her. Welche Haltung ist die beste, wenn man sich von seinem Gegenüber bedroht fühlt? Wenn man sich innerlich souverän fühlt, ist es ohne Zweifel hilfreich, dem Gegenüber freundlich und gleichzeitig bestimmt zu begegnen, auch wenn das Gegenüber die eigenen Grenzen »antestet«. Fühlt man sich hingegen unsicher, so wie Milena, ist äußere Freundlichkeit für andere eine Einladung, so weiterzumachen wie bisher. Sich innerlich unsicher zu fühlen und nach außen dennoch zu lächeln, senkt den eigenen Status so sehr, dass man andere zur Grenzverletzung geradezu einlädt. Lächeln auf der Grundlage von Unsicherheit signalisiert dem Gegenüber: *Ich tue dir nichts. Ich bin ungefährlich.*

Allerdings kann auch Unfreundlichkeit leicht zur Eskalation führen, wie Milena erfahren muss: Ihr Gegenüber konzentriert sich nicht mehr auf das, *was* Milena sagt, sondern darauf, *wie* sie es sagt. Ein Nebenkriegsschauplatz entsteht. Der Mann kann nun nicht mehr ohne Gesichtsverlust gehen. Begehren kann sehr schnell in Hass umschlagen, wenn ein Gesichtsverlust droht. Insbesondere dann, wenn das Gegenüber in einem hohen Risikobereich agiert (der Mann spricht eine schöne Frau an – die Gefahr »zu scheitern« ist aus seiner Sicht groß) und ganz offensichtlich über kein sehr positives Selbstbild verfügt, denn sonst würde er Grenzen stärker wahrnehmen und achten.

Wenn man konfrontiert, ist es daher am besten, dies aus einer *neutralen und klaren* Haltung heraus zu tun und möglichst jegliche Gewalt aus der Sprache zu nehmen. Sätze wie »Laber mich nicht an! Ich hab keinen Bock auf den Scheiß!« sind ungünstig, da Herabsetzung in ihnen mitschwingt. Auch sollte man darauf achten, das Gegenüber nicht zu duzen und keine allzu umgangssprachlichen Ausdrücke oder gar Slang zu benutzen (»labern«, »keinen Bock«). Beides vermittelt einen Mangel an Ernsthaftigkeit und Souveränität. (Das gilt nur dann nicht, wenn man aus der gleichen Welt kommt wie der andere. In dem Fall wäre das »Sie« wiederum nicht authentisch.)

Eine bessere Wirkung erzielt man, wenn man einen klaren inneren Standpunkt einnimmt, einen festen Blickkontakt mit dem Gegenüber aufbaut und in neutralem Ton eine Ansprache wählt, die eine Kombination aus einer Bitte und einem Motiv ist. Zum Beispiel:

Milena: »Wie heißen Sie?«

Mann: »Häh?«

Milena: »Wie heißen Sie?«

Mann: »Tom.«

Milena: »Tom, wir kennen uns nicht und ich möchte auch niemanden kennenlernen.« (Motiv) »Ich brauche noch Ruhe vor der Arbeit.« (Primärmotiv) »Sie würden mir sehr helfen, wenn Sie gehen.« (Bitte).

Wichtig: Nicht flehen, sondern die Bitte in einem klaren und neutralen Ton äußern. Keine Bitthaltung, kein Betteln, kein Tiefstatus!

Max: »Aber warum, wir können uns doch kennenlernen?«

Milena: »Tut mir leid, ich habe kein Interesse.« (Motiv) »Sie würden mir wirklich einen großen Gefallen tun, wenn Sie gehen.« (Bitte)

Wer die Bitte mit dem Motiv verbindet, gibt dem anderen die Möglichkeit, seine Verhaltensänderung als Beitrag zu sehen und nicht als Gesichtsverlust oder Niederlage. Ändert das Gegenüber sein Verhalten dennoch nicht, sollte man weiterhin neutral und beharrlich bleiben.

Max: »Aber wenigstens dann heute Abend vielleicht …«

Milena: »Bitte gehen Sie.«

Wenn bereits alles gesagt ist, sollten alle weiteren Sätze so kurz wie möglich sein. Jede weitere Erklärung oder Diskussion signalisiert einen Mangel an Klarheit. Wer diskutiert, signalisiert Unsicherheit und weicht den eigenen Standpunkt auf. Besser ist es, klar, knapp und beharrlich zu bleiben. Beharrlichkeit hat den Vorteil, dass man selbst präsent und handlungsfähig bleibt, während der andere ohne großen Gesichtsverlust »abziehen« kann. Sie ist oft wirksamer als die harte Tour: von oben herab, unfreundlich oder laut werdend. Sie ist auch besser als die weiche Tour: Ignorieren, Diskutieren, Moralpredigten oder falsche Freundlichkeit. Beides kann zu einem Autoritätsverlust und zu einem Mangel an Respekt auf beiden Seiten führen.

Bilde ein taktisches Team

Was kann man tun, wenn man eine Szene wie diese beobachtet? Das, was die alten Damen getan haben: ein taktisches Team bilden, um Milena zu schützen oder sie aus der Situation zu holen. Wichtig ist, sich vorher mit anderen abzusprechen, zumindest locker. Taktische Teams bilden sich in der Regel nur dann, wenn ein Mensch die Initiative ergreift und die anderen persönlich anspricht. Allgemeine Ansprachen wie: »Kann denn hier nicht mal jemand helfen?« funktionieren weniger gut als direkte Ansprachen: »Sie da drüben, können Sie mir bitte helfen und mit nach vorne gehen? Ich will mit den Leuten sprechen, ich glaube die brauchen Hilfe.«

Der Grund: Allgemeine Ansprachen erhöhen den Stress und vermitteln Hilflosigkeit, die sich auf andere überträgt, anstatt sie zur Handlung zu motivieren. Wenn man dagegen zu Menschen hingeht und sie direkt anspricht, wird die eigene Angst in eine konkrete Handlung mit konkreten Zielen umgesetzt und löst in den anderen eine Änderung in der inneren Haltung aus. Auch hier gilt, dass sich die eigene innere

Haltung auf andere überträgt. Selbst kleine Entscheidungen können sich zu mächtigen Handlungsimpulsen entwickeln. In unserer Geschichte ist eine der älteren Frauen vorgegangen und hat damit ein wichtiges Signal für die anderen Wartenden an der Bushaltestelle gegeben, denen es nun leichter fällt hinzuzukommen. Die Atmosphäre am Bahnsteig kippt, und dem Mann wird klar, dass die Schwierigkeiten für ihn zu-, nicht abnehmen.

Es ist für taktische Teams außerdem wichtig zu wissen, wofür sie kämpfen und nicht, gegen wen. Die älteren Damen schützen Milena und gehen nicht gegen den Mann vor. Das ist hier entscheidend. Sie machen ihm keine Vorwürfe, beschimpfen ihn nicht, brüllen ihn nicht an, fassen ihn nicht an, duzen ihn nicht. Stattdessen konzentrieren sie sich voll auf ihr Ziel, Milena aus der Gefahrensituation herauszuholen. Sie lassen sich gar nicht erst auf Gespräche ein, sondern gehen nach einer kurzen anfänglichen Klärung vor wie ein Eingriffsteam der Polizei: bergen und sichern, ohne sich provozieren zu lassen. All das ist wichtig, damit der Mann von seiner Strategie ablassen kann, ohne zu sehr den Eindruck zu haben, das Gesicht zu verlieren und »als Verlierer« den Platz zu verlassen. Dies ist das Prinzip des gewaltfreien Widerstandes.

Was andere tun können: Die Intervention von außen

Im ersten Teil dieses Kapitels ging es darum, was man tun kann, wenn man selbst Opfer eines Angriffs wird. Hier geht es nun um Strategien für nicht direkt Betroffene, Personen, die Zeuge von Grenzsituationen werden. Was können sie tun, um Konflikte zu deeskalieren? In der Szene mit Milena haben wir bereits eine mögliche Strategie kennengelernt: die Bildung einer Schutzwand mit Hilfe eines Teams. Doch es gibt noch weitere.

Marcos Solo

Marco P., ein stämmiger Mann Mitte 30, belächelt jedes Mal wieder die Sorge seiner Mutter, in der Bahn könne ihr »etwas passieren«. Er hat aber nichts dagegen, sie zu begleiten, wenn sie mit der U-Bahn ins Zentrum von München fährt, um zu ihrem Heilpraktiker zu gehen. Die Taxifahrt ist ihr zu teuer, und die Parkplätze in der Innenstadt sind so rar, dass es sie stresst, wenn ihr Sohn stundenlang Kreise dreht, in der Hoffnung, doch noch einen praxisnahen Platz zu ergattern.

Marco P. ist angestellter Schreinermeister in einer großen Schreinerei und lebt mit seinem sechsjährigen Sohn und seiner neuen Partnerin in einer Patchwork-Familie mit insgesamt drei Kindern. Er hat den Gesellen und den Auszubildenden im Betrieb für heute Nachmittag klare Anweisungen gegeben und sich freigenommen. Bei den beiden türkischstämmigen Azubis schindet er mit seiner Fürsorge für die Familie Eindruck. Die deutschen Gesellen und Azubis hingegen necken ihn öfter wegen seiner Mutter, und wenn auf der Baustelle sein Handy klingelt, schallt schon mal ein italienisch intoniertes »Mamma!« durch das Gebäude, weil alle wissen, dass Marcos Mutter italienischer Abstammung ist.

So sitzt er nun also mit seiner Mutter bei sommerlicher Hitze in der Linie U11 Richtung Innenstadt.

Es ist entspannt in der Bahn, nicht so voll wie morgens oder abends. Nur vier oder fünf ältere Leute sitzen verstreut im Waggon. Ein weiterer Beweis, denkt Marco, dass seine Mutter am

Tag ohne Probleme auch allein die Bahn nehmen kann. Dann jedoch bemerkt er ein Stimmengewirr am anderen Ende des Wagens. Es sind ein paar laute und aufgedrehte junge Männer, die keine Rücksicht auf ihre Umgebung zu nehmen scheinen. Warum auch, sie haben freie Bahn. Marco sieht, dass seine Mutter die Jungs bereits bemerkt hat. Er steht auf und setzt sich ihr gegenüber, um die Szene nicht im Rücken, sondern im Blick zu haben. Seine Mutter schüttelt leicht mit dem Kopf und zieht die Mundwinkel nach unten, was so viel heißt wie: Na, was hab ich gesagt? Gleichzeitig betrachtet sie aufmerksam das Gesicht ihres Sohns, um darin abzulesen, wie er die Situation einschätzt.

Marco bleibt ganz entspannt. Dort hinten streiten sich vier junge Männer. Drei von ihnen sind aktiver, der vierte relativ passiv. Nicht weiter ungewöhnlich. Ruppiger Humor unter Jungs ist Marco vertraut, er kennt das von der Baustelle, wenn die Azubis darum konkurrieren, wer wen am besten fertigmachen kann.

Allerdings sehen die Jungs da hinten eher aus wie Junkies, die Marco ab und zu am Hauptbahnhof und oder in der Linie 11 sieht, wenn sie zur »Drobs« fahren, der Drogenberatungsstelle, um an einem Methadonprogramm teilzunehmen. Wäre seine Mutter nicht bei ihm, hätte er an dieser Stelle abgeschaltet, weil das nicht seine Welt ist.

Dann jedoch fällt ihm auf, dass der vierte Junge irgendwie nicht zu den anderen drei passt. Er trägt andere Klamotten, sieht irgendwie geleckter aus. Er trägt eine Schultertasche und scheint zwei bis drei Jahre jünger als die anderen, etwa 17. Auch das kennt Marco von der Baustelle: Die Streber kriegen häufiger ihr Fett weg und brauchen länger, bis sie anerkannt sind. Respekt scheint sich der Junge da hinten allerdings nicht gerade zu verschaffen. Er hat sich in die Ecke des Abteils verkrochen, die Arme verschränkt und die Schultern hochgezogen. Und je länger Marco zu den Jungs rüberschaut, umso mehr gewinnt er den Eindruck, dass der Junge in Schwierigkeiten ist. Der 17-Jährige sieht ängstlich aus und redet leise und abgehackt, während die anderen ihn mit lauter Stimme immer wieder anmachen.

Würde man Marcos Mutter dazu befragen, was ihr Sohn nicht leiden kann, würde sie wie aus der Pistole geschossen sagen: Ungerechtigkeit. Sie würde erzählen, wie er bereits als kleiner Junge Schwächeren beigestanden hat. Gleich, ob in der Schule oder draußen auf der Straße. Und dass Marco ziemlich wütend werden kann, wenn er Unrecht sieht. Genau das geschieht gerade, und das ist ihr gar nicht recht. Daher versucht sie ihn abzulenken und fragt ihn, wie es denn im Betrieb so läuft. Doch Marcos Antworten kommen zäh und einsilbig, und ihr wird klar, dass er kurz davor ist aufzustehen. Sie fordert ihn auf, sich nicht um die Jungs zu kümmern und »nicht da hinzusehen«. Doch auch das fruchtet nichts, weil Marcos Gerechtigkeitssinn längst aktiv geworden ist. Er sagt nur: »Mach dir keine Sorgen« und beobachtet weiter aufmerksam die Szene.

Die »Junkies« haben inzwischen begonnen, tätlich zu werden. Sie verpassen dem Jungen leichte Schläge gegen die Brust, zerren an seiner Jacke und stellen ihm wie in einem Kreuzverhör schnelle, provokative Fragen. Leider kann Marco P. nicht viel von dem verstehen, was gesprochen wird, weil die Fahrgeräusche alles übertönen. Wenn er die Worte verstehen könnte, wäre ihm klar, dass die drei den Jungen *vorbereiten*. Die Tätergruppe befindet sich in der Präparationsphase, d. h., sie behandeln den Jungen so, dass es immer leichter wird, ihn anzugreifen. Sie spielen mit ihm wie eine Katze mit einer noch unverletzten Maus. Es sieht so aus, als sei ihnen langweilig und als suchten sie ein wenig Beschäftigung. Marco versteht die Worte »kleine Schwuchtel« und »halt die Fresse«. Einer der Täter reißt dem Opfer die Tasche von der Schulter. Ihr Inhalt landet auf dem Boden und rutscht durch die Bahn. Als der Junge sich bückt, um die Sachen wieder aufzuheben, wird er geschubst und fällt hin, was bei seinen Peinigern ein dreckiges Lachen hervorruft.

Das reicht Marco. Entschlossen steht er auf und sagt seiner Mutter in ruhigem Ton, sie solle sitzen bleiben, er würde die Jungs mal fragen, was los ist. Dann geht er nach hinten.

»MARCO!«, sagt seine Mutter und legt ein Timbre in ihre Stimme, als hätte sie Italien nie verlassen und als könnte sie damit ihren Sohn stoppen. Aber Marco berührt sie im Vorbeigehen nur beruhigend an der Schulter und schlendert locker nach hinten. Seine jahrelange Erfahrung mit Jugendlichen und jungen Erwachsenen in der Ausbildung hat ihn gelehrt, dass man Probleme klein halten muss. Würde er hektisch oder zügig nach hinten gehen, würde er nur zeigen, dass er mit der Situation nicht umgehen kann und die Führung bereits aus der Hand geben, bevor es überhaupt losgeht. Marco weiß außerdem, dass er nicht mit der Tür ins Haus fallen darf und Vorwürfe nur zu Retourkutschen führen. Die da vorne sind außerdem zu dritt und der 17-Jährige ist so verunsichert, dass er ihm im Ernstfall keine große Hilfe wäre. Kurz spürt er, wie Angst durch seinen Körper schießt, und Marco erinnert sich daran, wie er einmal als kleiner Junge beim Fußball in einem wichtigen Spiel zum Elfmeterpunkt ging und sich vornahm, den Torwart auf keinen Fall merken zu lassen, was für einen Schiss er hatte, das Ding zu versemmeln. Dann spürt er, wie es in seinem Kopf leer wird. Jemand hat die Gedankenmaschine abgeschaltet. Später wird er in einer Befragung sagen: »Ich denke dann irgendwann nicht mehr. Ich handle, wenn es sein muss, auch körperlich.«

Marco lehnt sich lässig und in etwa zwei Meter Abstand zum Abteil der Jungs an einen Handlauf, steckt seine Hände in die Hosentaschen und fragt: »Was iss'n hier los?« Ein knackiger Einstieg, der aber funktioniert, weil Marcos körpersprachlicher Status nicht zu hoch ist und er die Frage so beiläufig stellt, als würde er nach der Uhrzeit fragen.

Die »Junkies« verstummen und lassen von dem Jungen ab. Alle drei schauen in Marcos Richtung und checken ihn ab. Nach ungefähr fünf Sekunden sagt einer, ebenso locker: »Is alles klar, das iss'n Kumpel von uns!« Dass die Gruppe das »Spiel« mit ihrem Opfer nicht sofort wieder aufnimmt, bedeutet, dass sie Marcos klaren Blick, seine stämmige Figur und seine Lockerheit registriert. Marco hat das erste Etappenziel erreicht: Die Gruppe nimmt ihn ernst. Jetzt gibt es für die Jungs noch zwei Möglichkeiten, nicht das Gesicht zu verlieren: *Aggressivität* (gegen Marco) oder *Tricks*. Die Gruppe hat sich für *Tricks* entschieden, denn sie gaukelt Marco vor, dass sie den Jungen kennt – was offensichtlich eine Lüge ist.

»Sieht aber nicht so aus«, erwidert Marco leichthin und hält dabei Blickkontakt. Er hat durch sein souveränes Auftreten bereits den Großteil der Führung über die Situation, und die Jungs schauen drein wie Azubis, die er beim Biertrinken erwischt hat. Marco macht aber nicht den Fehler, sie so zu behandeln. Er nimmt keine Siegerpose an, was wichtig ist, denn die Situation ist noch immer heikel, weil keine Beziehung zwischen ihm und den Jungs besteht.

Wie kann Marco die Jungs dazu bringen, von ihrer Strategie abzulassen, ohne dass sie das Gesicht verlieren? Marco nimmt wahr, dass die Jungs untereinander keinen Kontakt suchen, und wertet das als gutes Zeichen. Denn es bedeutet, dass sie sich nicht gegen ihn solidarisieren. Noch immer bleibt er in einer entspannten Wachsamkeit auf Distanz – wie eine Katze vor dem Mauseloch. Er mischt sich nicht allzu stark ein und betritt auch nicht das Territorium der Gruppe. Alles im grünen Bereich.

»Doch, doch, das ist unser Freund, stimmt's?«, sagt der »Junkie« rechts neben dem 17-Jährigen nun und klopft ihm dabei auf die Schulter.

»Dann habt ihr doch sicher nichts dagegen, wenn ich euren Freund frage?«, erwidert Marco. Ohne eine Antwort abzuwarten, spricht er den 17-Jährigen direkt an: »Sieht so aus, als hätten deine Freunde nichts dagegen, wenn du mitkommst. Willst du mit rüberkommen?« Der Junge, der ziemlich bleich und verängstigt aussieht, nickt. Die Gruppe lacht. Ein dreckiges Lachen. Eine letzte Demütigung für den Jungen, der aufsteht und sich umdreht, um auf dem Boden nachzusehen, ob noch Sachen aus seiner Tasche dort liegen. Als er sich bücken will, um sie aufzuheben, zieht Marco den Jungen in den Gang und sagt: »Komm, lass den Kram.«

Er schiebt den Jungen vor bis zu seiner Mutter und lässt ihn am Fenster Platz nehmen, während er sich in den Gang setzt. Die jungen Männer lachen weiter, sind noch lauter als vorher. An der nächsten Haltestelle steigen sie aus. Sie kommen zum Fenster, an dem der Junge sitzt, drücken die Nase gegen die Scheibe, schielen und tun so, als ob sie die Scheibe ablecken würden. Als der Junge kurz Blickkontakt mit ihnen aufnimmt, schlägt einer der jungen Männer von außen mit der flachen Hand gegen die Scheibe des anfahrenden Zugs. Der Junge zuckt zusammen. Marcos Mutter wird jetzt zum ersten Mal laut und schreit die Jungs vor dem Fenster an: »Seid's ihr deppert oder was?!« Beide Reaktionen werden draußen mit Applaus und heftigem Schenkelklopfen quittiert, und einer der Jungs mimt jodelnd einen Schuhplattler.

Als die U-Bahn im nächsten Tunnel verschwindet, beginnt der Junge zu zittern wie Espenlaub, was ihm sichtlich peinlich ist. Marco klopft ihm auf die Schulter, schaut ihn an und sagt: »Ist völlig normal, das ist das Adrenalin.«

Im Stadtzentrum steigen alle drei aus. Frederik, wie sich der Junge vorgestellt hat, ist mittlerweile etwas lockerer geworden und sagt, dass er, wäre Marco nicht gekommen, bestimmt wütend geworden wäre. »Gott sei Dank nicht«, sagt Marco. Sie gehen in Richtung der Praxis, in der Marcos Mutter ihren Termin hat. Die drei sprechen nicht miteinander. Marco tut der Junge irgendwie leid, will ihm aber keine weiteren Vorschläge machen, was er jetzt tun soll. Nach ein paar hundert Metern wirkt

Frederik wieder einigermaßen gefasst, und Marco merkt, dass es ihm unangenehm ist, stumm neben Fremden herzutrotten. Marco gibt ihm zum Abschied die Hand. Niemand hält es für notwendig, die Polizei einzuschalten.

Gehe zum Opfer, nicht gegen den Täter

Marco geht hier vorbildlich vor. Sein Beispiel zeigt uns, dass man durchaus auch alleine intervenieren kann, wenn man sich an ein paar Regeln hält: Dringe nicht in den Raum der Täter ein. Halte einen Sicherheitsabstand ein. Konfrontiere, ohne zu provozieren. Konzentriere dich auf das Opfer.

Obwohl Marco sieht, dass die drei Männer Frederiks Grenzen überschreiten, macht er den Männern keine Vorwürfe, und er moralisiert auch nicht. Stattdessen deeskaliert er durch seine Präsenz, baut Kontakt auf und stellt eine Klärungsfrage (»Was ist denn hier los?«). Er sorgt für Eigensicherung, indem er so weit weg bleibt, dass ihn auch ein Schlag oder Tritt nicht direkt erreichen kann. Für die Intervention wählt er körpersprachlich die beste Variante: Er senkt seinen äußeren Status, während sein innerer Status hoch ist. Marco ist äußerlich entspannt, innerlich jedoch entschlossen. Zwar gelingt es ihm bei der Klärungsfrage nicht ganz, jeglichen Vorwurf im Unterton zu vermeiden. Trotzdem ist die Frage besser als die Sätze, die ihm durch den Kopf schießen: »Seid ihr noch ganz klar in der Birne? Lasst sofort den Jungen in Ruhe!« Er gibt den Jungs die Chance, ohne Gesichtsverlust aus der Situation rauszukommen. Marcos Typ entsprechend ist seine Sprache eher herausfordernd, aber das macht nichts, da er authentisch ist und signalisiert, dass er mit jungen Leuten umgehen kann. Weder provoziert er durch sein Auftreten, noch zeigt er Schwäche oder Zögerlichkeit. Diese Verhaltensmuster – Provozieren (inklusive Beleidigen und Herabsetzen) und Schwäche zeigen – lösen die meisten gewalttätigen Übergriffe aus, wenn ein Dritter interveniert.

Eine risikoärmere Möglichkeit der Ansprache wäre gewesen: »Kann ich euch irgendwie helfen? Wir sitzen da drüben und kriegen euren Streit mit.« Wichtig ist, dass noch keine physische Gewalt im Gange ist und dass die Frage in einer Tonlage vorgebracht wird, die der Situation und dem eigenen Empfinden entspricht. Marcos Tonfall war ideal: lockerer, offener Hochstatus.

Dann tut Marco, was man ohne Wissen oder Training in der Regel nicht macht: Er spricht das Opfer direkt an und fragt den Jungen, ob er mitkommen will. Sein Ziel ist es, ihn aus dem Gefahrenbereich zu holen und darüber nicht mit den »Junkies« zu diskutieren. Das ist ein heikler Moment, weil die Gruppe in diesem Moment die Macht über ihr Opfer verliert und Marco für diesen Verlust verantwortlich machen könnte. Wären Alkohol oder Drogen im Spiel, die den Angstkreislauf der Täter hemmen, könnte die Situation in diesem Moment gefährlich werden. Gibt es Anzeichen dafür, dass Täter alkoholisiert sind oder unter Drogen stehen, sollte man entweder Teams bilden, aus der Distanz stören (rufen, brüllen, Sachen werfen) oder sich taktisch zurückhalten, dokumentieren und die Polizei rufen bzw. den Alarmknopf oder die Notbremse in der Bahn betätigen. Egal was man tut: Wichtig ist, dass man neben der Strategie, die man gerade anwendet, noch andere Handlungsalternativen in der Hinterhand hat.

Einziger Minuspunkt für Marcos Solo: Es wäre sinnvoll gewesen, wenn er noch zwei andere Menschen in der Bahn angesprochen und gebeten hätte, mit ihm zu kommen, um dann die Führung zu übernehmen. Vermutlich tat er das nicht, weil die Fahrgäste ihm zu alt erschienen oder weil es einfach seine Gewohnheit ist, Dinge direkt anzugehen und ohne Umweg.

Auch Marcos Mutter hätte ihn dadurch unterstützen können, dass sie Präsenz zeigt und sich hinter ihren Sohn stellt. Andererseits hätte sie auch stören können, zum Beispiel, wenn sie während seiner Verhandlung mit der Gruppe versucht hätte, ihn zum Rückzug zu bewegen: »Siehst du, die kennen sich, komm wir gehen!« So etwas passiert häufig, wenn Partner oder Familienmitglieder mit im Verhandlungsteam sind. Da Marco um die Angst seiner Mutter wusste, hat er sich entschieden, ohne sie zu handeln. In diesem Fall war das richtig.

Stelle Öffentlichkeit her und brich das Tabu

Gewalt lebt von Tabuisierung und unterlassener Hilfeleistung. Menschen, die nicht handeln, wenn sie Zeugen von Gewalt werden, schützen indirekt den Gewaltraum. Marco hingegen bricht den Gewaltraum aktiv auf. Es ist aber gar nicht notwendig, dass die Intervention so aktiv vorgenommen wird wie in diesem Fall. Man kann den Gewaltraum auch still aufbrechen, in dem man in die Nähe des Ortes geht und dann genau hinsieht (stille Intervention). Dies kann insbesondere dann sehr wirkungsvoll sein, wenn sich mehrere Menschen zu einer Gruppe zusammenschließen, auf den Gewaltraum zugehen und dabei nicht als Schaulustige auftreten, sondern als »Schau-Unlustige« verdeutlichen, dass sie mit den Vorgängen nicht einverstanden sind.

Eine weitere expansive, aber nicht stille Strategie ist es, eine *laute Horde* zu bilden. Eine Gruppe von Menschen tut aus sicherer Entfernung (etwa fünf oder sechs Meter) lautstark ihren Unmut kund. Oft löst dies einen positiven Schneeballeffekt aus, weil andere plötzlich auch anfangen zu schimpfen oder laut zu werden. *Laute Horden* können sehr einschüchternd sein, in jedem Fall brechen sie das Tabu.

Wer keine invasive Strategie wählt (zum Gewaltraum gehen, in ihn eindringen, die Beteiligten ansprechen), kann also zumindest eine expansive Strategie ausprobieren (Zusammenschluss mit anderen, Teams bilden, laut werden). Wenn Menschen in körperlicher Gefahr sind oder gerade verletzt werden, sollten expansive Strategien möglichst laut und schockierend sein: Zerschmettern Sie Sachen, schlagen Sie mit dem Nothammer die Scheiben der Bahn ein, ziehen Sie die Notbremse, schmeißen Sie Ihren Koffer durch die Bahn, machen Sie Radau! Rasten Sie aus! Erstarren Sie nicht!

Damit stellen Sie Öffentlichkeit her und machen eindrücklich klar, dass Sie nicht einverstanden sind.

Sicher ist anders

Karsten G. legt den Arm um seine Frau Sarah, auch wenn sein Sakko etwas spannt. Sie sitzen mit dem Rücken zur Fahrtrichtung in der Linie U16 in Köln und sind ins Stadtzentrum unterwegs, um einer Einladung zu folgen. Beide stehen im öffentlichen Leben und werden häufiger zu hochrangigen Anlässen eingeladen, Karsten als Staatsanwalt und Sarah als Richterin. Beide haben sich in Schale geworfen und freuen sich auf den Empfang.

Es ist Vormittag, und die U16 ist gähnend leer. Karsten und Sarah sind die einzigen Fahrgäste im gesamten Waggon.

»Würde das Innere des Waggons weniger runtergekommen und verdreckt wirken«, denkt Karsten, »könnte man meinen, wir sitzen in unserem persönlichen Großraumtaxi. Oder noch besser: einer Stretchlimousine.« Obwohl Karsten und Sarah häufig mit Vandalismusdelikten zu tun haben, ist ihnen die Zerstörungswut mancher Leute fremd und nicht nachvollziehbar. Da die Zahl der öffentlichen Sachbeschädigungen in letzter Zeit stark zugenommen hat, werden zum Teil hohe Belohnungen ausgelobt, um Täter zu überführen oder abzuschrecken.

Die Sonne scheint an diesem Sonntagmorgen jedoch so überzeugend und freundlich in die Bahn, dass ihr Blick nach draußen auf den breiten, ruhig dahinströmenden Rhein gelenkt wird, dessen Wasser morgens so glatt sein kann wie die Oberfläche eines ruhigen Sees.

An einer Haltestelle in der Südstadt steigt ein junges Pärchen zu, und die Fahrt geht zu viert weiter. Karsten und Sarah sitzen unmittelbar am Eingang. Das junge Pärchen hat offensichtlich auch keine Lust auf lange Wege und setzt sich, mit Blick in Fahrtrichtung, in die Vierersitzgruppe direkt neben Karsten und Sarah. Vielleicht hätten sich die Jugendlichen woanders hingesetzt, wenn sie geahnt hätten, dass einen Meter von ihnen entfernt Exekutive und Judikative sitzen. So aber nimmt die Sache ihren Lauf.

Karsten wird später sagen, dass die beiden »ganz vernünftig« aussahen. Der Junge ist offenbar türkischer Abstammung und vermutlich 16 oder 17 Jahre alt, das Mädchen der Sprache nach deutsch, etwa 15, blond und hübsch. Ein schönes junges Paar, das sich ausgelassen unterhält. Bis der Junge auf die Idee kommt, ein Kaugummi zu essen, das Alupapier zu zerknüllen und es in das Abteil von Karsten und Sarah zu werfen, genau zwischen die Staatsanwaltschaft und das Gericht. Karsten und Sarah schauen zunächst auf den Boden, dann einander in die Augen, schließlich erstaunt auf den jungen Mann. Anscheinend reicht ein Kaugummi nicht aus, denn er wiederholt den Vorgang. Wieder landet die Verpackung als Kugel zwischen Karsten und Sarahs Beinen und gesellt sich zur ersten.

Der Kommunikationsforscher Paul Watzlawik hat einmal gesagt, man könne nicht nicht kommunizieren. Aber das junge Pärchen bekommt offenbar nicht mit, dass sich auf den Gesichtern von Karsten und Sarah eine Mischung aus Unmut und Ungläubigkeit breitmacht. Karsten ist ein Mann, der nicht lange um den heißen Brei herumredet und gerne Klartext spricht. Er ist bereit, dem Jungen eine Chance zu geben, kommt aber ohne große Umschweife zur Sache: »Soll das da liegen bleiben?«, fragt er locker.

Auch wenn sich Karsten Mühe gibt, freundlich zu wirken, sprechen seine 100 Kilo gut trainierten Körpergewichts und seine Kurzhaarfrisur eine eigene Sprache. In Kombination mit dem klaren Blickkontakt, den er zu dem Jungen herstellt, bleibt die Wirkung nicht aus. Der junge Mann gegenüber, der eben noch lässig auf seinem Sitz fläzte, setzt sich kerzengerade hin und nimmt deutlich Muskelspannung auf. Karsten, der als Staatsanwalt aus vielen Vernehmungen und Gerichtsverhandlungen die Kampfsignale fremder Menschen hervorragend lesen kann, bleibt bewusst locker und entspannt, um nicht auf das Stresssignal des Jungen zu reagieren. Aber sein Einstieg war hoch. Der Junge ist bereits auf Konfrontationskurs: »Was willst du denn von mir?«, fragt er irritiert.

»Ja, gehört der Müll auf den Boden oder kann man den auch da drüben in den Mülleimer werfen?«, fragt Karsten und zeigt auf den Mülleimer in zwei Metern Entfernung. Sein Ton ist noch immer locker, wenn auch ein wenig ungläubig. Seine Frage war jedoch, wie er mir später erzählte, ganz bewusst als Angebot an den Jungen gedacht.

»Da kannst du dich mit meiner Mutter drüber unterhalten, Alter«, entgegnet der Junge schroff und macht damit deutlich, dass er Karsten im sogenannten Eltern-Hochstatus erlebt, auf den er nur mit Anpassung oder Trotz reagieren kann.

»Die ist aber jetzt nicht hier«, sagt Karsten, langsam etwas ungeduldig.

»Dein Problem«, kontert der Junge.

Noch nicht, denkt Karsten und probiert, die Dosis zu erhöhen. Er lehnt sich etwas weiter in den Gang und nimmt Blickkontakt zu der Begleiterin des Jugendlichen auf, die von der Situation peinlich berührt scheint, und sagt zu ihr: »Sag mal, wie ist das eigentlich, mit so einem Asi durch die Gegend zu fahren?«

Im Gesicht des Jungen zuckt es, er wird bleich. Dann erwidert er mit hasserfüllter Stimme: »Ist dir klar, Alter, dass du gerade mit deiner Rente spielst?«

Damit ist eine Grenze erreicht, und die Judikative schaltet sich ein. Sarah legt eine Hand auf den Oberschenkel ihres Mannes, und Karsten wird sich bewusst, dass sich hier gerade eine Statuswippe aufschaukelt. Höchste Zeit, runterzufahren und aus dem Eskalations-Ping-Pong auszusteigen. Karsten unterbricht den Blickkontakt und atmet durch, klinkt sich aus und beachtet den Jungen nicht weiter. Aus dem Augenwinkel sieht er, dass der Jugendliche die Sache nicht so leicht abhaken kann. Der 17-Jährige sagt seiner Freundin, die ihm Koseworte ins Ohr flüstert, barsch, dass sie still sein soll, und tippt mit zittrigen Fingern hektisch Kurznachrichten in sein Smartphone. Als die Bahn an den Kölner Ringen in einer großen Röhre verschwindet und unterirdisch wird, steckt er das Handy wieder ein.

An der U-Bahn-Haltestelle »Zülpicher Platz« gehen die beiden jungen Leute zur Tür und schauen Karsten und Sarah zum Abschied noch einmal verächtlich von oben bis unten an, bevor sie auf den Bahnsteig treten. Dort bleiben sie auf dem dunkelblauen Noppen-PVC stehen. Auf einmal stürmt eine Gruppe von jungen Männern auf den Bahnsteig. Karsten traut seinen Augen kaum: Es sind fünf bis sechs »Jüngelchen«, die sich um den 17-Jährigen scharen und ihm offensichtlich zu Hilfe kommen wollen. Der Junge zeigt mit dem Finger auf Karsten und Sarah, und die Gruppe setzt sich in Bewegung, um in die U-Bahn zu steigen. In diesem Moment schließen sich zischend und klappernd die Türen – keine Sekunde zu früh. Die Jungs springen von außen an der U-Bahn hoch und schlagen aufgebracht gegen die Scheibe, hinter der Karsten und Sarah sitzen. Dann fährt die Bahn an und verschwindet im schwarzen Tunnel.

Als ich mit Karsten ein paar Tage später über die Szene spreche, sagt er nachdenklich: »Den ganzen Tag gingen mir die Gedanken durch den Kopf: Was hätte ich getan, wenn die Gruppe es in den Waggon geschafft hätte? Ich hatte meine Frau dabei, die schlank ist und leicht und sich körperlich kaum wehren kann. Ich hätte sie schon beschützt, klar, aber sicher ist anders.«

Gewalt in der Sprache

Das Ansprechen von Menschen im öffentlichen Raum, um von ihnen eine Änderung ihres Verhaltens zu fordern, gehört zu den schwierigsten Übungen, die es gibt. Von jemandem, den ich nicht kenne, eine Handlung oder Unterlassung zu erbitten oder gar zu erwarten, löst bei dem- oder derjenigen in den meisten Fällen einen Verweigerungsreflex aus. Autonomie ist eines unserer wesentlichsten Bedürfnisse. Wir wollen selbst darüber bestimmen, wie wir handeln – vor allem in unserem Territorium, sei es das eigene Zuhause oder der Raum, den wir in einer U-Bahn beanspruchen. Dabei macht es zunächst keinen Unterschied, ob wir gegen Regeln verstoßen (Rauchen in Nichtraucherzonen, Müll wegwerfen, bei rot über die Ampel fahren etc.) oder uns regelkonform verhalten. Allerdings ist der Gesichtsverlust vor sich oder anderen viel größer, wenn wir bei einem Regelverstoß angesprochen werden.

Situationen, in denen sich jemand in der Öffentlichkeit offensichtlich »falsch« verhält, sind daher besonders konfliktträchtig. Man sollte in solchen Momenten darauf verzichten, dem anderen die Fehlerhaftigkeit seines Verhaltens unter die Nase zu reiben. Aus meiner Erfahrung führen Ansprachen, in denen ein Vorwurf, ein Urteil oder ein Befehlston mitschwingen – ich nenne sie *brennende Worte* –, fast zwangsläufig zu Eskalationen oder Statuswippen. Ein drastisches Beispiel: Eine Frau sagt zu einem Radfahrer, der bei rot über eine Fußgängerampel fährt, kopfschüttelnd und vorwurfsvoll: »Hier sind überall Kinder! Tolles Vorbild!« Der Mann dreht sich um, fährt zu der Frau zurück, schlägt ihr mit der Faust ins Gesicht, so dass sie zu Boden geht, und tritt dann weiter heftig auf sie ein, bis sich aus einer größeren Gruppe von Menschen ein männlicher Helfer einschaltet und den Täter mehrere Meter weg- und gegen einen Zaun schiebt. Der Täter wird zu 3 ½ Jahren Haft verurteilt.

Oft ist es besser, den Kontakt so zu gestalten, dass der andere sein Verhalten ändern kann, ohne dabei sein Gesicht zu verlieren: »Entschuldigung, könnten Sie kurz anhalten? Danke. Mein Name ist Gudrun Weiß, ich wohne da drüben und habe zwei kleine Töchter, die hier oft rübergehen. Wenn ich sehe, dass Sie bei ›rot‹ fahren und mir vorstelle, dass meine beiden das sehen, habe ich Angst, dass sie es nachmachen. Sie würden mir einen Riesengefallen tun, wenn Sie bei ›grün‹ fahren könnten. Was meinen Sie?« (Menschen sind schwerer zu schlagen als Kritiker.) Auch wenn die »Kurzfassung« der Mutter nachvollziehbar ist, sollte man nach dem Prinzip vorgehen: Beziehung geht vor Kritik.

Es geht also nicht darum, was wir sagen, sondern *wie* wir es sagen. Wer der Meinung ist: Das ist mir wurscht, der Junge in der U-Bahn hat falsch gehandelt, und Karsten war im Recht (was er zweifelsohne auch war!), der sollte die folgenden Absätze nicht lesen und sein Glück weiter mit den *brennenden Worten* versuchen. Aber: Sicher ist anders!

Sei der große Bruder, nicht der Vater

Alle Menschen haben Erfahrungen mit Autorität gemacht. Viele von uns eher zwiespältige, denn niemand lässt sich gerne etwas sagen. William Ury, ein amerikanischer Konfliktforscher, hat nach den Gründen gesucht, wann und warum Menschen »nein« sagen. Die häufigsten Gründe sind: *Verlust* (von Rechten, Positionen oder Sachen*), der vorgegebene Weg ist nicht der eigene* und *Gesichtsverlust.*

Wie unschwer zu erraten ist, liegt der Grund für die Verweigerungshaltung des Jungen in der U-Bahn im drohenden Gesichtsverlust vor seiner Freundin. Dass der Junge die eigene Mutter thematisiert, lässt darauf schließen, dass die Art und Weise, wie Karsten ihn anspricht, ihn an sie erinnert und sie sozusagen plötzlich neben ihm sitzt. Gleichzeitig ist da seine Freundin, vor der er damit punkten will, dass er selbst weiß, was richtig und falsch ist, bzw. dass er selbst die Regeln macht und ein echter Kerl ist. Seine Absicht ist es, Autonomie und Stärke zu demonstrieren.

Als ich Karsten fragte, was er mit seiner Vorgehensweise erreichen wollte, sagte er mir, er wollte dem Jungen die Möglichkeit geben, selbst eine andere Entscheidung zu treffen und vor seiner Freundin damit zu punkten, dass er ein Verhalten, das vermutlich auch ihr nicht gefiel, aus eigenen Stücken ändert. Er wollte den Jungen zwar konfrontieren, aber nicht auf dessen Kosten. Seine Absicht war, dass der Junge mit einem Gewinn aus der Situation geht. Daher wählte er zum Einstieg eine Frage statt einer klaren Ansage. An sich ist

Karstens Idee, dem Jungen die Entscheidung zu übergeben, gut. Aber sie funktioniert nicht, weil Karstens Absicht dem Jungen nicht klar wird. Die rhetorische Frage »Soll das da liegen bleiben?« versteht der Junge nicht als Angebot, sondern als Vorwurf. Karstens letzter Satz: »Wie ist das eigentlich, mit so einem Asi zusammen zu sein?«, der eine klare Grenzüberschreitung ist, bestätigt ihn in der Annahme, dass Karsten ihn nicht respektiert. Man kann andere nicht dazu auffordern, Regeln einzuhalten, wenn man sie selbst bricht. Wer Respekt will, muss Respekt geben.

Polizeibeamte kennen dieses Problem. In Verhandlungen mit extrem aggressiven oder in existentiellen Krisen befindlichen Menschen (Geiselnehmern zum Beispiel) gilt daher das Motto: Sei der große Bruder, nicht der Vater!

Im Prinzip wollte Karsten sich an diesen Grundsatz halten, allerdings wirkte er durch seine Wortwahl in Verbindung mit seiner körperlichen Übermacht eher wie ein Vater als ein großer Bruder. Ein großer Bruder ist jemand, der gemeinsam mit dem kleinen Bruder eine Lösung für ein Problem sucht, statt dass er ihn zurechtweist und dann mit der Sache alleinlässt. Und vermutlich hat der Junge in Karstens Stimme eher den Kritiker gehört als den Problemlöser. Wenn ja, ist es für ihn sehr schwierig, mit Karsten auf Augenhöhe zu kommen – eine entscheidende Voraussetzung für Verhaltensanpassung ohne Gesichtsverlust.

Wer Augenhöhe herstellen will, sollte dem anderen das geben, was er selbst von ihm erwartet. Was will Karsten? Karsten will nicht, dass jemand Kugeln aus Alufolie in seinen Raum feuert. Er möchte mit seiner Partnerin vielleicht ein Minimum an Ordnung genießen und nicht gestört werden. Wie kann er mit dem Jungen darüber reden?

Zum Beispiel, indem er ihn zunächst begrüßt und sich vorstellt. Er könnte zur Einleitung etwas Ablenkendes über das Wetter oder die leere Bahn sagen, die ihm wie eine Stretchlimo vorkommt, und dann erst zum eigentlichen Thema übergehen. Vermutlich hätte die Assoziation den Jungen entspannt.

Volker könnte die Gesprächseinleitung auch bewusst formal halten: »Entschuldigung, ich will Ihr Gespräch nicht stören, aber darf ich Sie um etwas bitten? Ich weiß auch, dass man bei dem Zustand der Bahn nicht gerade nach einem Mülleimer sucht. Allerdings stelle ich fest, dass meine Frau, darf ich vorstellen, Sarah, und ich oft ein wenig frustriert sind, wenn hier Müll rumliegt. Würde es Ihnen was ausmachen, den in den Eimer zu werfen?«

Er könnte den Konflikt aber auch deeskalieren, indem er Humor oder andere Nähesignale einsetzt:

»Sie würden mir und meiner Frau einen Gefallen tun, wenn Sie das Papier in den Mülleimer werfen. Das hier ist nämlich *unsere* Bahn!«

»Deine Bahn? Wieso das denn?«

»Ich sag's dir. *Mein* Großraumtaxi! Aber Quatsch beiseite. Ich will euch nicht reinreden, ihr wisst selbst, was ihr tut. Aber für uns ist es so: Wir finden's schade, dass hier Müll rumliegt. Ist ja eigentlich kein Akt – der Mülleimer ist da vorne. Ich kann dich nur bitten, das Papier da reinzuwerfen. Entscheiden musst du natürlich selbst.«

Bei diesen Varianten wohlwollender Konfrontation erhöht sich die Wahrscheinlichkeit, dass beim Jungen ein Umdenken stattfindet. Volker würde klarmachen, was ihm wichtig ist, und sich damit selbst offenbaren. Anders gesagt: Er würde die

Karten auf den Tisch legen und sich ein Stück weit dem anderen ausliefern. Das bietet dem anderen die Gelegenheit zu überlegen, wie er mit der Macht, die ihm der andere freiwillig gibt, umgehen möchte. Je mehr Selbstoffenbarungen im Erstkontakt enthalten sind, desto geringer ist die Gefahr, dass der andere Kritik heraushört und defensiv wird. Das gilt auch für die Absichtserklärung: erst deeskalieren, dann konfrontieren.

Mir ist jedoch völlig klar, dass in bestimmten Situationen (z. B. wenn Alkohol oder Drogen im Spiel sind) oder an bestimmten Orten (im Fußballstadion, nach einer Demonstration, in bestimmten Stadtteilen) so eine Ansprache mit unflätigen Bemerkungen abgetan werden würde, egal wie gut sie formuliert wäre. Daher sollte man immer auch an das »Vier-Augen-Prinzip« denken und an den kulturellen Raum, in dem man sich befindet.

In Schamkulturen geht »Gesicht wahren« vor

Jede Kommunikation verläuft auf zwei Ebenen: auf der inhaltlichen und auf der Beziehungsebene. Die meisten Eskalationen geschehen nicht wegen der Inhalte, um die es geht, sondern wegen der Emotionen, die durch sie ausgelöst werden. Dies gilt auch in der öffentlichen Sphäre, wo die Gesichtswahrung an erster Stelle steht. Insbesondere dann, wenn das Gegenüber aus einer Schamkultur (wie zum Beispiel der islamischen) stammt, in der Gesichtswahrung und öffentliche Anerkennung wesentlich sind. Uns kommt das oft übertrieben vor. Inhaltskulturen wie die deutsche sind dadurch charakterisiert, Konflikte eher sachlich, direkt und ohne Umschweife anzusprechen. Schamkulturen gehen anders vor. In Schamkulturen gilt die Gesichtswahrung als höchstes Gut.

Sie lösen Konflikte entweder über die Hinzuziehung einer »beziehungsorientierten Autorität« (»Das muss mein Vater, mein Bruder, meine Mutter entscheiden«) oder durch indirekte Strategien wie Beziehungsaufbau durch ausführliches, teils ritualisiertes vorbereitendes Reden, bevor man zum eigentlichen Thema kommt. Man möchte zunächst Gemeinsamkeit herstellen und wissen, wer der andere ist, woher er kommt, ob er Herz hat.

Daher sollte man im Konflikt mit Menschen, die einer Schamkultur entstammen, kreativ sein und sich an ihre Strategien etwas anpassen, d. h. eine Beziehung zu seinem Gegenüber aufbauen, bevor man zur Sache kommt, z. B. durch die Vorstellung der eigenen Person, der Frau oder des Mannes an seiner Seite oder der Gruppe, in der man unterwegs ist. Man kann äußere Gegebenheiten wie das Wetter oder andere visuelle Eindrücke mit einbeziehen. Oder man lenkt die Aufmerksamkeit auf einen besonderen Gegenstand: den Hund, den man dabei hat, ein Foto auf dem Handy. In jedem Fall gilt: Blickkontakt aufbauen, Nähe erzeugen und entspannt sprechen. Dadurch wird der Konflikt klein gehalten und die Gefahr des Gesichtsverlustes gebannt.

Ansprechen ist wichtiger, als das Ziel zu erreichen

Sollte man dennoch keinen Erfolg haben, und der andere bleibt defensiv und ändert sein Verhalten nicht, ist es wichtig, dass man, wie Karsten, aussteigt, bevor die Situation eskaliert. Auch wenn es manchmal schmerzlich ist: Es ist besser, die Lage zu akzeptieren und sich anzupassen, als eine Eskalation zu riskieren. Es sei denn, dass man Zeuge von Gewalt gegen Menschen oder von brutaler Sachbeschädigung ist.

Der Akt des Ansprechens ist außerdem wichtiger als das

Erreichen des Ziels, dass der andere sein Verhalten ändert. Wenn man Leute wohlwollend und respektvoll konfrontiert, kann das eine Langzeitwirkung haben, auch wenn in der betreffenden Situation nichts geschieht (und das Papier nicht in den Mülleimer geworfen wird). Vielleicht wird das Gegenüber sein Verhalten später beim Einschlafen überdenken. Man selbst ist zufriedener, wenn man mit sich über die eigene Vorgehensweise im Reinen ist, als sich hinterher zu ärgern: Warum habe ich nichts gesagt? Oder: Warum bin ich nicht ruhiger geblieben und hab mich reinziehen lassen?

Helden in Not

Daniel B. ist mit dem Fahrrad in Bonn unterwegs. Er hat einen Freund im »Regierungsviertel« besucht und ist nun auf dem Weg in die Innenstadt, um dort noch ein paar Bücher in der Unibibliothek zu besorgen.

Es ist früh am Abend, und es dämmert bereits. Der 18-Jährige biegt gerade mit seinem Drahtesel von der B 9 in die Kaiserstraße ein. Die Kaiserstraße ist eine lange Gerade, die parallel zur ICE-Strecke durch die Südstadt verläuft und zum Bonner Hauptbahnhof führt. Sie ist mit wunderschönen Gründerzeithäusern und alten Platanen gesäumt. Umso erstaunter ist Daniel , als er eine Szene sieht, die so gar nicht in die gutsituierte Wohngegend passt.

Rechts neben dem Fahrradweg, der direkt an den Geleisen entlangläuft, hält in etwa 100 Metern Entfernung ein älterer Mercedes-Benz, und zwei Typen steigen aus. Sie fangen Streit mit einem Mann an, der eine zerrissene Jeans und einen Iro trägt. Der Mann war offenbar auf dem Fahrradweg zu Fuß in Richtung Innenstadt unterwegs. Nach einem kurzen, heftigen Wortwechsel schlagen die beiden Männer aus dem Benz auf den »Irokesen« ein und treten ihn, als er zu Boden geht. Das passiert in Sekunden, und der Mann kommt nicht mehr hoch. Die beiden Schläger haben kahlrasierte Schädel, tragen schwarze Bomberjacken, und Daniel denkt sofort: *Das sind rechte Skins!*

Ihm schlägt das Herz bis zum Hals, weil er noch nie in so einer Situation war. Er hält an, nimmt sein Handy aus der Jackentasche und will die Polizei anrufen. Doch der Akku verabschiedet sich, noch bevor jemand abhebt, und Daniel sieht auf dem Display, wie sich die 110 in Luft auflöst. Verdammt. Was jetzt? Er kann nicht einfach nichts tun oder weiterfahren; ihm ist klar, dass er hier nicht wegsehen kann. Weit und breit ist niemand zu sehen, und das heißt, er kommt aus der Nummer nicht raus. Also entscheidet er sich, zunächst einmal näher an die Szene heranzufahren. Was soll schon passieren? Die Skins sind ja beschäftigt, und zwanzig Meter Abstand müssten reichen, um abzuhauen, wenn es brenzlig wird. Die Skins schlagen und treten weiter auf den Mann am Boden ein, der aber noch bei Bewusstsein ist und die Beine anzieht sowie den Kopf zwischen die Arme nimmt.

Als Daniel sich der Szene bis auf zwanzig Meter genähert hat, geschieht, wie er hinterher sagt, plötzlich alles wie im Film. Es kommt ihm vor, als würde er neben sich stehen und sich dabei zusehen, wie er seine Hand mit dem Handy hoch in die Luft hält und brüllt: »Heyyyy, ich hab die Bullen gerufen, die sind schon unterwegs!«

Keine gute Idee. Völlig unbeeindruckt dreht sich einer der Schläger um und nimmt Kurs auf Daniel. Sein nach vorne geschobener Kopf und sein entschlossener Gang lassen keinen Zweifel daran, dass er auch Daniel gegenüber gewaltbereit ist. Immerhin, der andere Mann lässt erst mal von seinem Opfer ab und schaut, was sein Kumpel vorhat.

Zwanzig Meter sind nicht viel, wenn man sich beeilt. Allein der Körpermasse seines Verfolgers ist es zu verdanken, dass Daniel noch die Zeit hat, sich wie ein Cowboy in den Sattel seines Rades zu schwingen und entschlossen in die Pedale zu treten. Da macht es plötzlich »Schräng«, und Daniel tritt ins Nichts.

Die Kette ist gerissen, das Fahrrad rollt aus, und Daniel hat höchstens fünf Meter gewonnen. Keine Chance wegzukommen. Der bullige Typ ist höchstens noch fünf Meter entfernt. Der Mann wird schneller und grinst, weil ihm Daniels Pech in die Hände spielt. Daniel springt aus dem Sattel und lässt den Drahtesel fallen, der ihn nun eher behindert. Wie auf Autopilot wartet er für den Bruchteil einer Sekunde und tritt dann kräftig zu. Der Tritt landet im Solar Plexus des Gegenübers und setzt ihn völlig außer Gefecht. Er kippt um, röchelt und kann kaum noch atmen.

Inzwischen sind endlich Passanten auf die Situation aufmerksam geworden. Auf der anderen Straßenseite taucht, genau im richtigen Moment, ein Türke mit seiner Frau auf, der offenbar Kampfsportler ist. Er bringt den zweiten Täter, der beim Opfer geblieben war, schnell zu Boden und fixiert ihn. Ein paar Minuten später ist die Polizei vor Ort und nimmt die beiden Täter fest. Der Mann mit dem »Iro« wird kurz von einem Notarzt versorgt, will aber nicht ins Krankenhaus gebracht werden, sondern zu seinem Hausarzt. Die Beamten klopfen Daniel auf die Schultern und sagen: »Gut gemacht!« In Daniel bleibt trotzdem ein flaues Gefühl zurück.

Störe, wenn du kannst

In einer Gewaltsituation ist jede Störung von außen hilfreich. Denn sie bewirkt, dass die Aufmerksamkeitsfixierung der Täter auf das Opfer aufgehoben wird. Dies gilt jedenfalls, solange sich der Täter nicht völlig im »Rausch« befindet.

Befragt man Gewalttäter in einer Beschuldigtenvernehmung, sagen sie nicht selten, dass die Pferde mit ihnen durchgegangen seien. Klar ist das oft eine Lüge oder ein Vorwand. Aber nicht immer. Bei einer Gewalttat kann beim Täter eine Art Rauschzustand entstehen. Dieser Rauschzustand kann die ursprüngliche Motivation, jemandem lediglich eine Lektion zu verpassen (»Der Typ da drüben sieht aus wie ein Linker, halt mal an!«) überdecken. Dann wird aus einem Denkzettel schnell eine Gewalttat mit schweren Verletzungen oder gar tödlichen Folgen.

Daher ist es in Situationen, in denen man beobachtet, wie ein oder mehrere Täter ihr Opfer mit Schlägen bearbeiten, entscheidend, sich irgendwie bemerkbar zu machen und ein »Dreieck« aufzubauen, damit die Gruppe eine Möglichkeit hat, ihre Opferfixierung zu lösen. Dabei gilt: Ansprechen und Stören ist zunächst wichtiger als das Erreichen eines bestimmten Ziels wie z. B. der aktive Opferschutz. Man muss nicht unbedingt eingreifen, es reicht, von außen laut zu stören und auf sich aufmerksam zu machen, Beispiel: »Was macht ihr denn da? Da hängen doch überall Kameras!« Das erhöht zumindest die Chance, dass die konstruktiven Kräfte innerhalb der gewalttätigen Gruppe wieder aktiviert werden oder doch zumindest der Angstkreislauf (»Scheiße, werde ich gerade gefilmt?«) in Gang gesetzt wird.

Jetzt wird man natürlich fragen: Welche konstruktiven Kräfte? Aber die gibt es in jeder Gruppe, auch in einer Horde Skins. Manchmal reicht es schon, wenn Beobachter auf der Bildfläche erscheinen und sich ihrerseits nicht gewalttätig verhalten. Klingt theoretisch? Ist es aber nicht. Bei einem Raubüberfall in einem Kölner Bahnhof löste sich einer der Täter aus der Tätergruppe und ging auf Abstand zum Haupttäter, als er bemerkte, dass ungefähr zehn Leute auf dem gegenüberliegenden Bahnsteig ihre Handy-Kameras in Position gebracht hatten. Auch der Haupttäter ließ sofort vom Opfer ab. In unserem Fall hat Daniel seinen Arm hochgerissen und gebrüllt: »Heyyyy, ich hab die Bullen gerufen!« Das hat bereits gereicht, um die beiden Angreifer auseinanderzubringen. Aufmerksamkeitsfixierung auf das Opfer gelöst, Ziel erreicht. Auch der erste Täter kann nun nicht mehr so agieren wie zusammen mit seinem Kollegen. Er steht dem Opfer nun allein gegenüber und ist alleine verantwortlich für das, was er ihm antut. Die Hemmschwelle, weiter zuzuschlagen, wird eventuell höher. Umso mehr, weil durch die Ablenkung Öffentlichkeit hergestellt ist. Und für das Opfer auf dem Boden ist es leichter, sich zu verteidigen oder zu schützen, solange es nur einen Mann vor sich hat.

Außerdem steigt durch die Störung die Wahrscheinlichkeit, dass auch andere auf die Szene aufmerksam werden. Die Situation ist nicht mehr so kompakt, dass jeder denkt: *Da kann ich eh nichts machen.* Der Gewaltraum wird aufgebrochen. Zudem übernimmt der Störende einen Vorbildcharakter, so dass andere leichter den Mut finden, sich einzumischen. Es entsteht Aufmerksamkeit anstelle von Gleichgültigkeit und Wegsehen. Emotional aufgeladene Gedanken und Handlungen können sich wie Wellen auf andere übertragen. Das gilt nicht nur für kollektive Panik, die sich auf öffentlichen Plätzen oft wie ein Lauffeuer verbreitet, sondern auch für kollektive Freude, zum Beispiel bei Konzerten. Wir sind nicht so getrennt voneinander, wie wir denken. Wir haben die Wahl, ob wir Ignoranz oder Aufmerksamkeit in eine Situation einbringen wollen. Was wir fühlen und denken, überträgt sich auch auf andere.

Natürlich ist Stören kein Patentrezept. Aber es ist einen Versuch wert. Es braucht nicht immer große Heldentaten, oft reichen schon kleine Einflüsse aus, um das System zu verändern.

Halte die Fluchtwege offen

Wichtig ist, dass die Fluchtwege offen bleiben. Fluchtwege können schnelle Beine sein, gute Fahrräder oder die gesamte Türklingelleiste eines der Gründerzeithäuser in der Nähe, auf die man vor dem störenden Ruf schnell noch seine Handfläche drückt, so dass ein paar Leute am Fenster und in der Tür erscheinen. Je mehr, desto besser.

Drohe nicht, handle

Handeln ist wirksamer als Drohen. Man muss Gewalttätern die Folgen ihrer Handlung nicht erklären oder ihnen damit drohen. Denken und Reden halten nur vom Handeln ab. Wenn Täter sehen, dass zehn Leute sie per Handy-Kamera filmen (Handlung!), sehen sie sich in ihrer Phantasie bereits auf der Anklagebank sitzen, eben auch, weil sie die Wirkung des Internet aus eigener Erfahrung kennen. Zur »Karriere« vieler junger Täter gehört auch die Legendenbildung über kleine »Mutvideos«, die sich im Netz wie ein Lauffeuer verbreiten lassen.

Die meisten jugendlichen Täter, die man auf den Straßen antrifft, kann man mit Drohen oder Reden nicht erreichen, weil sie gegen »Moralpredigten« oder »leeres Gerede« immunisiert sind. Aktives Handeln kann sie hingegen beeindrucken, weil sie nicht erwischt werden wollen. Eine hochgehaltene Kamera ist noch nicht unbedingt eine Drohung, wie ich aus eigener Erfahrung bei Demonstrationseinsätzen (Doku-Teams der Polizei) weiß. Sobald Gruppierungen eine oder mehrere Kameras sehen, geht ihr Denken mehr in Richtung Abbruch oder Verdeckung der Handlung, es sei denn, sie sind verkleidet oder vermummt. Eine Kamera ist daher eher eine Warnung: »Ihr könnt jetzt noch ablassen, denkt an die Konsequenzen.«

Allerdings braucht eine Warnung gewissermaßen »ausgeglichene Machtverhältnisse«. Man braucht Macht auf seiner Seite, entweder institutionelle Macht oder zahlenmäßige Macht, um eine »Warnung« als Strategie zu wählen. Eine hochgehaltene Kamera wirkt deutlich anders als ein gebrülltes: »Ich habe die Bullen schon gerufen!« Dieser Satz lässt nicht nachdenken, sondern Gegnerschaft entstehen.

Daher Vorsicht mit Drohungen. Wer droht, steigt in den Kampf ein. Zwar hat Daniel eigentlich alles richtig gemacht. Doch die Idee, das Handy in die Luft zu strecken und zu rufen: »Ich hab die Bullen gerufen!«, war eben mehr als eine Drohung (Wenn-Dann-Falle), weil es die beiden Täter vor vollendete Tatsachen stellt, anstatt vor Alternativen. Sie fühlen sich unter Druck gesetzt und nehmen Daniel als Feind wahr. Also gehen sie sofort zum Angriff über.

Wenn man Täter fragt, was sie in einer entsprechenden Situation beeindruckt, sagen sie, dass die Drohung mit der Polizei ihnen keine Angst macht. Im Gegenteil: Sie wirkt eher eskalierend. Täter erzählten mir, dass nicht einmal das Geräusch herannahender Streifenwagen mit Martinshorn sie davon abhalten konnte, ihre Aktion zu Ende zu bringen. Sie wussten, dass ihnen noch sechzig Sekunden blieben.

Machen wir uns also keine Illusionen. Die Drohung ist immer eine Kampfansage, die zudem den Drohenden schwächt. Denn wer droht, signalisiert, dass er nicht handeln wird und die Lösung des Konfliktes in die Zukunft verschiebt. In aller Regel führt die Drohung daher eher zu noch mehr Gewalt. Die Polizei zu rufen ist gut, aber man sollte das nicht an die große Glocke hängen.

Man benützt also besser Strategien, die unmittelbar wirken und die Gewaltsituation stören: Rufen, Fragen, Auffordern, Öffentlichkeit schaffen, Hingehen und Ansprechen (Wichtig: Klären statt Werten), Konfrontieren, Radau machen, Gegenstände werfen. Wer es sich zutraut oder merkt, dass er »einen Draht« zum Täter hat, kann den Täter auch vom Opfer wegziehen. Ansonsten gilt: Störe graduell zunehmend (1. Hinsehen, 2. Rufen & Radau machen, 3. Teams bilden, 4. Hingehen, 5. Ansprechen), um die Eigengefährdung so gering wie möglich zu halten.

Kreative Strategien

Waren die Strategien bislang darauf ausgelegt, den Täter zu stören, zu verwirren oder abzulenken, gehen kreative Strategien noch einen Schritt weiter. Sie dienen dazu, den Täter so stark zu verblüffen oder zu schocken, dass er vergisst, seine Tat zu vollenden. Diese Strategien sind nur für Fortgeschrittene, die keine Angst davor haben, sich lächerlich zu machen oder den Narren zu spielen. Denn sie liegen nicht nur außerhalb des Täterskriptes, sondern oft auch außerhalb der gesellschaftlichen Norm. Gerade das macht sie so wirkungsvoll.

Der Verrückte mit dem Maulesel

Als Tom S. am Stuttgarter Hauptbahnhof zum Bahnsteig des ICE nach Bonn geht, ist er froh, bald wieder zu Hause zu sein. Tom hat eine harte Woche hinter sich. Er ist Trainer und coacht Führungskräfte im Management großer und mittelständischer Unternehmen. Der Job bringt es mit sich, oft auf Reisen zu sein. Auch diese ganze Woche war er wieder unterwegs, zunächst in der Schweiz, dann in Süddeutschland und nun in Stuttgart.

Sein ICE steht schon auf Gleis 10 des Kopfbahnhofs bereit. Tom muss ganz nach vorne zur ersten Klasse. Unwillkürlich beschleunigt er seine Schritte, wie immer, wenn er an einem wartenden ICE entlanggeht. Tom blickt auf die Uhr am Bahnsteig und entspannt sich: Der Zug fährt erst in etwa zehn Minuten ab.

Schließlich ist er bei den Wagen der ersten Klasse angekommen und steigt in den Zug. Seine beiden Koffer wuchtet er in die Gepäckbox am Einstieg des Waggons. Als er ihr enormes Gewicht spürt, geht ihm durch den Sinn, dass er in den letzten Jahren immer mehr anstatt weniger Dinge mit auf Reisen nimmt. Es wird ihm immer wichtiger, sich in den anonymen Zimmern großer Hotelketten wenigstens ein bisschen wie zu Hause zu fühlen. Also nimmt er einen Teil seines Zuhauses mit: Bücher, Handtücher, Tee und Kaffee, eine kleine Musikanlage, ein Meditationskissen und eine Laufmontur für das tägliche Joggen. Aus diesem Grund hat er bei den Koffern nicht gespart und sich die dunkelbraune Sonderedition einer Spitzenmarke zugelegt. Die war zwar extrem teuer, ist dafür aber auch hervorragend zu handhaben, und die Koffer gehen nicht aus der Form, egal wie voll man sie packt.

Nachdem Tom seine beiden Maulesel, wie er die Koffer liebevoll nennt, versorgt und seinen Fensterplatz im Abteil gefunden hat, genießt er die angenehm kühlen Glattledersitze der ersten

Klasse. Dazu hat er sich eine kleine Flasche Rotwein und eine Tageszeitung aus dem Speisewagen besorgt. Nun rollt er seine Krawatte zusammen, hängt das Sakko auf und freut sich darauf, die Woche ausklingen zu lassen.

Versonnen blickt er aus dem Fenster auf den Bahnsteig, um die Leute zu beobachten. Einige von ihnen scheinen sich in den verspiegelten Fenstern des ICE selbst anzuschauen und bewegen sich dabei so natürlich, als stünden sie bei sich im Badezimmer. Andere wiederum scheinen ganz bewusst ein »öffentliches Gesicht« aufzusetzen und schauen ernst und unnahbar. So wie der Typ Mitte 20, der gerade an seinem Fenster vorbeihastet und sich hektisch umsieht. Ungestüm und ein wenig ungeschickt zieht er einen großen Rollkoffer hinter sich her. »Die gleiche Marke wie meine«, stellt Tom fachmännisch fest. Und offenbar auch die Sonderedition. Tom kann sich nicht erinnern, sie überhaupt schon mal bei jemand anderem gesehen zu haben. Die dunkelbraunen 104-Liter-Koffer sind sehr selten. Der Mann scheint sich mit dem Koffer nicht auszukennen, denn er zieht ihn auf zwei Rädern hinter sich her, obwohl der Koffer vier Räder hat und so auf glattem Untergrund viel leichter zu schieben ist. Auch kann sich Tom nicht erinnern, schon einmal einen Mann gesehen zu haben, der es derart eilig hatte, sich von einem wartenden Zug zu entfernen, der leer ins Gleis gestellt wurde.

Als sein Kopf endlich begreift, was vor sich geht, hat sein Bauch längst Alarm geschlagen: Da brennt jemand mit seinem Maulesel durch. »Hey!«, schreit Tom, schnellt aus seinem Sitz hoch und klebt mit der Nase an der Scheibe, als könnte der junge Mann ihn hören. »Hey!«, antwortet die junge Frau aus der Sitzreihe gegenüber erschrocken, als müsse sie das Gleiche tun wie der Wahnsinnige vor ihr, um ihn zu beruhigen. Als Tom sie ansieht, lächelt sie: »Was ist los?«

»Scheiße!«, schreit Tom und ruft der Frau zu: »Bitte passen Sie einen Moment auf meine Sachen auf, da hat einer meinen Koffer geklaut!« Dann rast er Richtung Ausgang, wird aber schnell von einem Pulk von zusteigenden Fahrgästen gestoppt. Er rennt in die andere Richtung, um den hinteren Ausgang zu nehmen. Als er ein zweites Mal an der Frau vorbeikommt, verdreht sie amüsiert die Augen.

Als Tom schließlich auf den Bahnsteig springt, erkennt er, dass der Mann mit seinem »Maulesel« erst ca. 60 Meter weit gekommen ist. Tom ist Anfang 40 und joggt fast jeden Tag, so dass ihm die Verfolgung leichtfällt. Das nötige Adrenalin und der Schreck geben ihm zusätzlich Energie. Mit seinen weitaufgerissenen Augen und seinem runden, großen und kurzgeschorenen Schädel sieht er aus wie eine Mischung aus Dr. House und Hannibal Lecter. Die Leute starren ihn an, einige erschrecken sogar vor ihm. Gut so, denkt er, weil Zweifel an seiner Entschlossenheit offenbar nicht aufkommen.

Tom sieht, wie der Mann mit seinem Koffer in der großen Bahnhofshalle verschwindet und verliert ihn aus den Augen. Als er schließlich außer Atem in der Haupthalle anlangt, kann er den Mann nirgends sehen. Er läuft ein paar Meter nach rechts, dann wieder zurück nach links, während ihm die Leute bereitwillig ausweichen. »Scheiße!«, flucht er noch einmal. Einem Instinkt folgend läuft er weiter Richtung Westeingang, wo es zur S-Bahn geht. Tom kommt an ein paar Telefonzellen vorbei. Er traut seinen Augen kaum, als er den Kofferdieb in einer von ihnen entdeckt. Die Tür der Zelle steht offen, da der Koffer zu groß ist. Der Mann hat den Hörer in der Hand und scheint zu telefonieren. Tom bleibt stehen und sieht sich den Mann genauer an. Weiße Turnschuhe, schwarze Gürteltasche, blauer Kapuzenpulli. Tom atmet ein paarmal tief durch und denkt: Wie kann man nur so bescheuert sein, in so einer Situation zu telefonieren? Dann spürt er, wie ihm Angst durch die Glieder fährt. Vielleicht ist der Mann unberechenbar? Vielleicht hat er ein Messer und setzt sich zur Wehr? Vielleicht ist er verrückt? Und genau bei diesem Stichwort ist Tom klar, was er tun wird. Er wird dem Typen einen Schrecken einjagen, den der so schnell nicht vergessen wird. Wie von selbst aktiviert sich sein Sinn für schrägen Humor.

Der Mann, der Tom den Rücken zudreht und seinen Koffer an der Teleskopstange festhält, als könne ihm der Esel davonlaufen, schaut, während er entspannt und wie im Plauderton in die Muschel spricht, durch die rechte Scheibe der Zelle hinaus. Genau diese Seite sucht sich Tom aus. Er bewegt sich blitzartig ganz nah heran, haut mit beiden Handflächen heftig gegen die Glasscheibe und stößt mit herausgestreckter Zunge und weitaufgerissenen Augen einen markerschütternden Schrei aus. Dann fängt er an, seine Stirn wie ein Verrückter gegen die Scheibe zu schlagen. Der Mann in der Zelle schreckt zurück, als hätte ihn der Blitz getroffen, lässt den Hörer fallen und prallt an die gegenüberliegende Scheibe, während er mit angstgeweiteten Augen in das Gesicht eines Wahnsinnigen sieht. Toms Show ist aus einem Guss. Der Kofferdieb stürmt panikartig aus der Zelle und flüchtet quer durch die Halle nach draußen auf den Bahnhofsvorplatz – ohne Koffer. Tom brüllt ihm nach: »Hau ab!« und lässt ihn entkommen.

Erst jetzt merkt Tom, dass er zittert. Aber trotzdem muss er grinsen. Der Typ hat ihm die Nummer voll abgenommen.

Tom greift sich seinen Koffer und schiebt ihn zum Bahnsteig zurück. Durch das viele Adrenalin, das sein Körper produziert hat, kommt ihm der Koffer beim Einsteigen nur noch halb so schwer vor wie vorher. Seit er den Zug zum ersten Mal betreten hat, sind gut fünf Minuten vergangen. Müde ist er jetzt nicht mehr, nur ein wenig verschwitzt. Er lacht, als er der Frau im Abteil erklärt, dass alles wieder in Ordnung sei. Sie fragt nicht, was los war, sondern lächelt ihn einfach an. Tom lehnt sich zurück, öffnet seine Rotweinflasche und denkt: Die Frau ist eigentlich ganz hübsch. Könnte eine nette Fahrt werden.

Spiel verrückt

Fast jeder kennt die Szene aus dem Film *Harry & Sally*, in der die beiden Hauptdarsteller Meg Ryan und Billy Crystal in einem vollbesetzten Restaurant in Streit darüber geraten, ob eine Frau einem Mann glaubhaft einen Orgasmus vortäuschen kann. Harry ist sich sicher, dass er den Schwindel bemerken würde. Sally tritt den Gegenbeweis an und beginnt, während sie das Essen nicht einmal wirklich unterbricht, Harry einen leidenschaftlichen Orgasmus vorzuspielen. Das Restaurant hält den Atem an und verfolgt gebannt, wie Meg Ryan unter wilden und ohrenbetäubenden Lustschreien »zum Höhepunkt kommt«. Als der Kellner anschließend eine Frau am Nebentisch fragt, ob sie noch etwas bestellen möchte, sagt sie: »Ich nehme das, was die junge Dame dort drüben hatte.« Und Harry weiß, dass er an diese Frau verloren ist.

Am Stuttgarter Bahnhof geschieht etwas Ähnliches. Es wird etwas inszeniert, womit niemand rechnet. Tom spielt verrückt, indem er die Technik der maßlosen Übertreibung einsetzt. Mit dem Unterschied, dass er damit bei seinem Gegenüber nicht Begehren, sondern Schrecken auslöst. Für das Gelingen dieser Strategie ist entscheidend, dass die Übertreibung so maßlos ist, dass sie das Gegenüber schockt. Nur dann hat die Inszenierung die Macht, Denk- und Handlungsmuster zu durchbrechen und instinktive Reaktionen auszulösen. Wer verrückt spielt, muss es ganz oder gar nicht tun.

Ansonsten wird das Ganze schnell zum Rohrkrepierer, wie ich aus misslungenen Schauspielübungen weiß. Nicht jeder ist dazu in der Lage, schon gar nicht jederzeit. Als ich mit Tom über die Situation sprach, sagte er, dass er die Wahl, verrückt zu spielen, bewusst getroffen hätte, weil er vom Bauch her spürte: Das geht! Mach!

Es gibt zwei Formen von Verrücktspielen: selbstbezügliches Verrücktspielen (Harry & Sally) und fremdbezügliches Verrücktspielen (Tom). Bei der ersten Variante dreht man selbst durch, lässt jedoch alle anderen in Ruhe. Bei der zweiten bezieht man jemand anderen in seine Show mit ein. Man geht in seinen Raum, spricht ihn an oder berührt ihn.

Zum selbstbezüglichen Verrücktspielen gehört auch die Variante, jemanden »zuzutexten«. Beispiel: Ein junger Mann, der Teil einer Gruppe ist, provoziert einen Fahrgast in der U-Bahn: »Hey, was glotzt du so blöd?«

Fahrgast (hier: Tiefstatus): »Scheiße, jetzt fällt das auch schon auf. Ich war gestern beim Augenarzt und der sagt, ich hätte minus 9,5 Dioptrin rechts und links, und ehrlich gesagt kann ich euch auch kaum sehen. Dann hab ich so ein paar Brillengestelle ausprobiert, und die sehen aus wie Klobrillen auf der Nase. Da hab ich gesagt: Guter Mann, wenn Sie mir so ein Ding verpassen wollen, dann suchen Sie sich jemand anderen. Seid ihr noch da?«

Schweigen.

»Ok, das war jetzt ein Witz, so schlimm ist es nicht, aber viel sehe ich echt nicht mehr. Und das ist der Grund, warum ich so blöd gucke. Zum Beispiel die Tür da vorne; steht da jetzt wer oder nicht? Die Farben hab ich noch drauf, aber ich kann nicht sehen, ob das jetzt ein Sitz ist oder ob da einer drauf sitzt. Hat jemand von euch vielleicht eine Brille?«

Eddy Murphy (in der Hochstatusvariante) oder Woody Allen (im Tiefstatus) nutzen dieses »Texten« des öfteren, um andere zu überwältigen oder zu beeindrucken, und man kann ziemlich nervös werden, wenn man ihnen zuhört.

Selbstbezügliches Verrücktspielen ist relativ ungefährlich, weil es den eigenen Status senkt, wobei die verbale Variante schwieriger ist und ein wenig Übung braucht.

Fremdbezügliches Verrücktspielen lässt den eigenen Status schlagartig steigen und birgt damit eine gewisse Gefahr. Je nach Tätertyp können wirre Gesten oder Schreie bei gleichzeitiger Annäherung beim Gegenüber Wut auslösen und einen Gegenangriff provozieren. Daher ist es bei dieser Variante wichtig, dass Öffentlichkeit besteht oder eine räumliche Barriere gegeben ist. In Toms Fall: die Scheibe der Telefonzelle.

Man sollte daher nie schablonenartig vorgehen, sondern wie Tom auf sein Bauchgefühl hören. Tom hat sich auf seinen Instinkt verlassen und mit seiner Wahl des fremdbezüglichen Verrücktspielens eine gute Entscheidung getroffen. Er hätte aber auch aus der Distanz auf den Mann einbrüllen können. In der Regel sind die Täter nicht so gut trainiert, souverän zu kontern: »Mensch Klaus, hör doch auf mit dem Mist. Leute, das macht der *jedes* Mal, wenn ich ihn vom Bahnhof abhole.«

Straßentheater in Münster

Barbara arbeitet im Zentrum von Münster. Ihr Büro befindet sich in einem Haus aus der Gründerzeit, die Parkplätze im Hinterhof sind Mangelware. »Münster ist eine Fahrradstadt«, antwortete ihr Chef lapidar, als sie das Problem schilderte, das sie jeden Morgen hat. Auch heute muss sich Barbara einen Parkplatz in der weiteren Umgebung ihres Arbeitsplatzes suchen, weil der Hof morgens schon zugestellt ist. Nach zehn Minuten wird sie fündig, parkt ihren Wagen und geht ins Büro. Als sie das Büro gegen 17 Uhr wieder verlässt, ist es bereits dunkel. Es ist Spätherbst, und die Tage werden immer kürzer. Geschafft von ihrem Arbeitstag, geht sie wie automatisch erst einmal in den Hinterhof, bevor sie sich erinnert, dass ihr Auto zwei Straßen weiter steht. Oder drei? Kopf einschalten!, ermahnt sie sich und macht sich in den dunklen Seitenstraßen auf die Suche. Barbara nimmt bewusst wahr, dass die energiesparenden Straßenlaternen wenig Helligkeit verbreiten und dass die vielen belaubten Bäume die Straßen noch dunkler machen. Ihr Auto kann sie nirgends entdecken. Auch in der zweiten Querstraße hat sie kein Glück. Als sie das Schild entdeckt, das Anwohnerparkausweise fordert, denkt sie: Hoffentlich haben sie die Karre nicht abgeschleppt. Die nächste Querstraße ist ihre letzte Chance. Wenn sie dort nichts findet, wird sie die Polizei anrufen und wahrscheinlich genau wie vor zwei Jahren 250 Euro zahlen müssen, um ihr Auto vom Sicherstellungsgelände abholen zu dürfen. Barbara biegt in die Querstraße ein. Wieder keine Spur von ihrem Auto. Ist der Wagen vielleicht geklaut worden? Aber wer klaut schon einen gasbetriebenen Opel Astra? Barbara dreht sich abrupt um und geht zur Hauptstraße zurück, um in der nächsten Querstraße einen allerletzten Versuch zu unternehmen. Im Umdrehen nimmt sie auf ihrer Straßenseite eine Bewegung wahr. Oder war es eine Täuschung? Sie bleibt stehen, schaut konzentriert in das Dunkel und tut dabei so, als würde sie etwas in ihrer Jackentasche suchen. Doch nichts tut sich. Barbara schaut sich um und sieht hellerleuchtete Fenster im Hochparterre. Entspann dich. Hier kann nichts passieren. Nicht im Zentrum, denkt sie. Trotzdem wechselt sie vorsichtshalber die Straßenseite, um – wem auch immer – zu zeigen, dass sie nicht blöd ist. Außerdem beginnt sie ihren Gang deutlich zu verändern.

Im milchigen Licht der Straßenleuchten latscht sie quer über die Straße, als hätte sie Schuhgröße 48, zieht die Schultern hoch, macht einen krummen Rücken und gibt sich alle Mühe, schlecht gelaunt auszusehen. Zwischendurch zieht sie geräuschvoll die Nase hoch und spuckt aus. Sie hat die Taktik im Training gelernt, weil sie sich auf diese Weise »robust« und wehrhaft fühlt und weil sie weiß, dass sie Täter damit beeindrucken kann. Also spielt sie »hässlich«.

Was die schlanke und alles andere als hässliche Barbara noch nicht weiß, ist, dass der Mann hinter dem Baum dort drüben es gar nicht auf ihren Körper abgesehen hat. Als Barbara die gegenüberliegende Straßenseite erreicht, sieht sie aus dem Augenwinkel, wie ein kleiner geduckter Mann über die Straße in ihre Richtung huscht und zwei Sekunden später dicht vor ihr steht. Er hat ein Messer in der rechten Hand und zischt mit hasserfüllter Stimme: »Gib mir Geld, sonst mach ich dich platt!« Barbara spürt, dass der Mann unter großer Anspannung steht und dass sie ihn deshalb auf keinen Fall provozieren darf. Er ist zu nah, bräuchte nur seine Hand ausstrecken und das Messer träfe. Also sagt sie mit bewusst unsicherer Stimme: »Oh, Moment. Ich hab aber nur 20 Euro«, und spielt dabei Tiefstatus.

»Laber keinen Scheiß, gib her!«, faucht der Mann. Dabei duckt er sich, wie um zu verhindern, von unerwarteten Zuschauern gesehen zu werden.

Langsam und suchend greift Barbara in ihre rechte Jackentasche, zieht einen 20-Euro-Schein hervor und streckt ihn dem

Mann hin, der sofort zugreifen will. Doch Barbara lässt den Schein mit einem »Oh, sorry!« fallen. Der Mann bückt sich reflexartig. Genau darauf hat Barbara gesetzt und startet durch. Blitzschnell rennt sie zu dem Haus, wo im Parterre die Lampen brennen, klingelt Sturm und schaut sich um, ob der Mann ihr folgt. Er tut es nicht. Barbara kann ihn nirgends entdecken. Er ist abgehauen. Zehn Sekunden später ist sie in der Wohnung, die Polizei wird gerufen und der Spuk endet mit einer Nahbereichsfahndung. Barbara muss mit auf die Wache kommen, wo sie Anzeige wegen räuberischer Erpressung erstattet und später nach ihren Angaben ein Phantombild angefertigt wird.

Täusche, wenn du kannst

Die fast perfekte Vorstellung, die Barbara hier abgeliefert hat, kann man nicht einfach aus dem Ärmel schütteln, insbesondere nicht in Stresssituationen. Das verlangt Training und Erfahrung. Barbara besitzt diese Erfahrung, da sie regelmäßig einen speziellen Selbstverteidigungskurs besucht hat, in dem unter Stress dieses Verhalten geprobt wird.

Viele Frauen fühlen sich wohler, wenn sie wissen, wie sie über ihre Körpersprache nicht nur Abwehr, sondern je nach Lage auch Durchsetzungsfähigkeit oder Dominanz signalisieren können bzw. mit ihrem Status so spielen lernen, dass sie einen Täter – wie hier – in falscher Sicherheit wiegen (Wechsel vom Tiefstatus zum Hochstatus) und dann kraftvoll handeln. Das gilt übrigens auch für Männer, die statusunerfahren sind und eher kleinlaut durch die Welt gehen.

Dennoch sind es meist Frauen, die darauf »trainiert« sind, zurückhaltend und freundlich zu sein und körpersprachlich ihren Status eher zu senken. Sie beanspruchen in der Regel weniger Raum als Männer, machen kleinere Schritte und spannen ihre Muskeln mehr an, weil sie sich gerader halten.

Nichtsdestotrotz kann jede Frau (aber auch jeder Mann) in unliebsamen Situationen den Spieß umdrehen, indem sie das typische Rollenbild gerade nicht bedient. Auf die Straße zu rotzen, sich »hässlich zu machen« oder den Gang von grazil auf »breitbeinig« umzustellen wird Männer, mit denen man nichts zu tun haben möchte, auf Distanz halten.

Oder man tut so als ob, um dann im passenden Moment umzuschalten. Das hat Barbara getan: Indem sie der Aufforderung des Täters sofort nachkam und dann den Schein fallen ließ, signalisierte sie Wehrlosigkeit und Unsicherheit – klassischen Tiefstatus also. Dann jedoch schaltete sie blitzschnell in den Hochstatus um, um aktiv aus der Situation auszubrechen.

Die Strategie mit dem Geld hat sie übrigens in einem Krav-Maga-Training gelernt, das in fast allen großen Städten angeboten wird. Krav-Maga ist eine israelische Kampfsport- und Selbstverteidigungsmethode, die ein komplexes System von Techniken und Strategien unter Stress trainiert, um nicht in eine Opferhaltung zu geraten – getreu dem Krav-Maga-Motto: *Jeder kann kämpfen*. Dabei verwendet Krav-Maga nicht nur körperliche Strategien, sondern auch taktische wie den Trick mit dem 20-Euro-Schein. Seitdem Barbara das Training mitgemacht hat, hat sie daher immer »Verhandlungsgeld« bei sich, das sie außerhalb ihrer Geldbörse griffbereit hält, um es als Ablenkung anzubieten und bei der Übergabe wie zufällig fallen zu lassen. Wenn sich das Gegenüber reflexartig danach bückt, hat sie die Gelegenheit, auszubrechen und ein sicheres Ziel anzusteuern.

Auch wenn man kein Verhandlungsgeld dabei hat oder sich die Geldbörse in der Handtasche befindet, sollte man versuchen, in der Situation die Führung zu übernehmen und ohne zu zögern einen passablen Betrag anbieten, um zu verhindern, dass sich der Täter die Handtasche schnappt oder seinerseits anfängt zu »suchen«. Bei dieser Variante bietet es sich außerdem an, den eigenen Status zu senken, indem man so tut, als sei man tolpatschig und unsicher (Columbo-Technik). Die entschlossene Flucht ist dann umso überraschender.

Flüchte nicht blind, sondern gezielt

Wie bereits erwähnt, sollte man nie blind, sondern zielstrebig flüchten und möglichst schnell Anschluss an die Öffentlichkeit finden. Vor dem Täter weglaufen erhöht seinen Jagdtrieb. Hinlaufen zur eigenen Herde stoppt ihn. Man sollte auf keinen Fall in Tunnels, unbeleuchtete Eingänge oder Schaufensterbereiche flüchten. In Geschäfts- und Schaufensterbereichen können erhebliche Verletzungen entstehen, wenn man in die Verglasung geschubst wird. Tunnels, Unterführungen oder Hauseingänge können sich als Sackgassen entpuppen.

Meide die Gefahr

Barbaras Intuition hatte ihr eigentlich schon früh signalisiert, dass Gefahr droht. Das Problem geschulter Menschen ist es manchmal, dass sie sich in Situationen begeben, vor denen andere zurückschrecken. In dieser Situation wäre es besser gewesen, Barbara hätte bereits geklingelt, als sie vermutete, dass ihr jemand auflauert. Sie hätte ihre Sorge kommunizieren und jemanden bitten sollen, mit ihr zum Auto zu gehen.

Meide die Gefahr gilt grundsätzlich immer, aber vor allem dann, wenn man sich nicht wohl fühlt oder alkoholisiert ist.

Im Nachtexpress

Es ist ein regnerischer, grauer Montagmorgen. Ich steige am Essener Hauptbahnhof aus dem IC, gehe die Treppen vom Bahnsteig hinunter in die frisch renovierte Bahnhofshalle mit ihren neuen Geschäften, Reisebüros, Dönershops und Bäckereien und bestelle mir erst mal ein Brötchen und einen Kaffee. Den Kaffee storniere ich aber gleich wieder, weil mir einfällt, dass ich ihn in dem Bus, mit dem ich gleich zum Betriebshof der Busgesellschaft fahren werde, nicht trinken kann. Seitdem ich eingeladen wurde, mit Busfahrern zu arbeiten, kenne ich die Regeln.

Vorletztes Wochenende bin ich eine Nacht lang in einem der Busse mitgefahren und konnte hautnah miterleben, womit es die Nachtbusfahrer regelmäßig zu tun haben. Wochenende für Wochenende müssen sie sich mit Gruppen von zugedröhnten, alkoholisierten oder auch nichtalkoholisierten Jugendlichen auseinandersetzen, die sich aggressiv im Bus breitmachen und ihn binnen Sekunden in eine Müllhalde verwandeln.

Betriebshof Essen-Mitte schallt es durch den Bus. Ich steige aus, überquere die Straße und gehe durch ein großes Gittertor auf den riesigen Betriebshof, in den sowohl Straßenbahnen als auch Busse ein- und ausfahren und in übergroßen Werkhallen verschwinden.

Im Erdgeschoss des Bürogebäudes werde ich von Günther S. empfangen, dem engagierten und quirligen Betriebshofleiter, der seit Jahren versucht, den Busfahrern dabei zu helfen, den schwierigen Spagat zwischen Kundenfreundlichkeit und konsequentem Einschreiten bei Regelverstößen zu meistern. Dass die Fahrer dabei Unterstützung brauchen und auch bekommen, ist für ihn eine klare Sache. Viele seiner Busfahrer müssen zusehen, wie aufgeputschte Jugendliche ihren Bus vandalisieren, und werden beim Versuch, für Ordnung zu sorgen, bespuckt und angepöbelt.

Im Erstgespräch hatte Günther S. mir erklärt, wie schwer es für die Fahrer ist, damit umzugehen. Sie erleben Ohnmacht und Hilflosigkeit, zum Teil auch Angst und Wut, weil sie nicht zu den Jugendlichen durchdringen. Deswegen bat er mich, mit den Fahrern Kontaktstrategien, Beziehungsaufbau, Deeskalation und Beharrlichkeit zu üben und sie dazu zu ermutigen, als letzte Konsequenz ein Hausverbot durchzusetzen oder die Polizei bzw. den Sicherheitsdienst einzuschalten.

Der Mann mit dem runden Gesicht, den wachen Augen und dem kurzen Haar, der immer erreichbar ist, hat sich durch die schwierige Arbeit nicht unterkriegen lassen und strahlt einen gesunden Optimismus aus. Nachdem wir uns ein paar Minuten ausgetauscht haben und ich doch noch zu einem Kaffee gekommen bin, kann das Training beginnen.

Als ich den Seminarraum im ersten Stock betrete, sitzen dort acht Männer und vier Frauen. Sie alle sind Nachtexpress-Busfahrer, aber ganz unterschiedliche Persönlichkeiten. Darunter sind zwei schlaksige und eher ruhige Typen, deren Stärke ihre Gelassenheit ist. Zwei Türken und ein Marokkaner, die ihre Pappenheimer kennen, setzen eher auf Direktheit. Und dann ist da Josh, der mit hochrotem Kopf und verschränkten Armen im Kreis sitzt und eigentlich gar nicht mitmachen wollte. Aber inzwischen hat er für sich ein Ziel formuliert: Er will seine Wut und seinen inneren Ulli Hoeneß in den Griff kriegen. Denn seine Strategie, mit Volldampf durch den Bus zu preschen und »Kippen aus oder raus!« zu brüllen, hat beim ersten Training nur dazu geführt, dass alle in Gelächter ausgebrochen sind. Das passiert im Bus nicht.

Die vier Frauen sind ebenfalls nicht zimperlich. Karina und Jessica haben etwas von dem Typ Krankenschwester, der Haare auf den Zähnen hat und sich die Butter nicht vom Brot nehmen lässt. Güllay, die Türkin, punktet mit toughem Auftreten und einer klaren, lauten Stimme. Susanne ist eher ruhiger, dafür aber gut strukturiert, und wenn gar nichts mehr geht, ruft sie halt mal die Leitstelle an. Alle haben gelernt, sich nicht auf der Nase rumtanzen zu lassen. Trotzdem überlegen einige, den Job hinzuschmeißen, weil er ihnen einfach zu nah geht und sie merken, dass sie schon mit Bauchschmerzen zur Arbeit gehen.

Einige Wochen zuvor hatte ich mit den Busfahrern bereits über das Thema *Kontaktaufnahme mit aggressiven Gruppen und Deeskalation* gesprochen. Es ging darum, wie die Busfahrer mit einer Gruppe, die alkoholisiert ist und sich danebenbenimmt, konstruktiv Kontakt aufnehmen können. Eine herausfordernde Aufgabe, die Mut, Selbstkontrolle und Beharrlichkeit erfordert. Meist braucht man dazu mehrere Anläufe, und man muss lernen, teils enorme Spannungen minutenlang auszuhalten, ohne sein Ziel aufzugeben oder die Kontrolle über die eigenen Emotionen zu verlieren. In Rollenspielen haben wir versucht, die Situationen zu simulieren. Einige der Busfahrer spielten aggressive Jugendliche, die im Bus rauchten, den Busfahrer beschimpften oder andere Fahrgäste belästigten – was ihnen hervorragend gelang, da sie Hunderte Beispiele im Kopf hatten. Dann ging es um konkrete Fragen: Wie nähert man sich solchen Gruppen an? Welche Sätze sagt man? Welchen Status strahlt man aus? Wie ist der Blickkontakt? Wie macht man eine Gruppenstrukturanalyse, um festzustellen, wer der Anführer der Gruppe, wer nur Mitläufer ist? Das Training hatte den Busfahrern Spaß gemacht. Manche gaben hinterher an, sie könnten vieles davon für sich mitnehmen. Einige fanden eine andere Einstellung den Jugendlichen gegenüber: »Die meinen gar nicht mich, die tun das bei jedem!«

Andere hinterfragten ihr Blickverhalten oder beschlossen für sich, in Zukunft mehr auf Gelassenheit und Beharrlichkeit zu setzen, anstatt zu ungestüm Druck auszuüben. Aber es blieben auch Vorbehalte, dass die reale Situation nachts im Bus doch etwas anderes sei als ein Rollenspiel. Am Ende war klar: Was man im Rollenspiel nicht drauf hat, kann man in einer realen Stresssituation erst recht nicht abrufen.

Heute ist die Stimmung in dem schmucklosen Raum mit den großen Fenstern augenscheinlich bestens. Weil ich neugierig bin und weil die Stimmung so merklich anders ist als bei der ersten Begegnung, erkundige ich mich nach dem Grund. Schließlich erzählt Josh, dass er nach den ersten Erfolgen noch etwas »für Fortgeschrittene« ausprobiert hätte. So wie er strahlt, scheint es funktioniert zu haben. Ich will mehr wissen. Schließlich erzählt er die ganze Geschichte, die im Team schon die Runde gemacht hat:

Es ist ungefähr ein Uhr morgens, als eine Gruppe von acht jungen Männern am Essener Hauptbahnhof in den ansonsten leeren Bus von Josh steigt. Die Jungs schieben sich unter Gelächter an Josh vorbei nach hinten, ohne von ihm Notiz zu nehmen. Sie sind laut, impulsiv, und Josh riecht ihre Fahnen.

Dann hört er das Schnippen von Benzinfeuerzeugen. Kurz darauf riecht er Zigarettenrauch und hört, wie Bierdosen geöffnet werden. Obwohl Josh verdammt gerne so tun würde, als wären die Jungs nicht da, weiß er, dass er das nicht kann. Dies ist sein Bus, sein Raum, sein Territorium. Und da gibt es Regeln, und es gibt andere Fahrgäste, die erwarten, dass sie eingehalten werden. Er ist derjenige, der dafür zu sorgen hat.

Josh spürt, wie Wut in ihm hochsteigt. Doch diesmal bleibt er bewusst ruhig und atmet durch. Er setzt sich ein klares Ziel, verzichtet auf eine Ansage über das Bord-Mikro, klappt die Tür seiner Box auf und geht nach hinten. Die Jugendlichen sitzen ganz hinten auf den letzten beiden Bänken. Sie warten auf die Abfahrt, rauchen lässig Zigaretten und trinken aus ihren Dosen. Josh sieht, dass es sich nicht um Bierdosen handelt, sondern um Mixgetränke aus Wodka mit Lemon, Soda und Orange. Harter Alkohol. Als sie Josh kommen sehen, verstecken sie die Dosen nicht etwa oder löschen ihre Zigaretten, sondern rauchen und trinken noch demonstrativer. Die Jungs wollen keine Missverständnisse aufkommen lassen, wer hier das Sagen hat. Sie würden die Dosen und Zigaretten nicht einmal verstecken, wenn Arnold Schwarzenegger, Bushido und der Papst gleichzeitig nach hinten kommen würden. Denn dann würden sie voreinander das Gesicht verlieren.

Für Josh bedeutet das, dass die Art und Weise der Kontaktaufnahme entscheidend ist. Sie bestimmt über den weiteren Verlauf der Situation. Er denkt kurz an das Training zurück und an die Stopp-Sätze, die er für sich erarbeitet hat: Nimm es nicht persönlich. Bleib ein Profi. Egal, was sie dir gleich sagen, sie sagen es »für sich« und um sich selbst besser zu fühlen. Sie würden es bei jedem anderen genau so machen. Sieh dich wie einen Schauspieler in einer Rolle. Das hier ist deine Bühne.

Josh spürt, wie er sich entspannt. Fast ist er ein bisschen neugierig, was gleich geschehen wird. Auch bemerkt er, dass der Zigarettenrauch bei ihm die Lust geweckt hat, selber eine zu rauchen. Das kommt ihm gerade recht.

Josh achtet auf einen lässigen Status, er geht locker nach hinten, weil er weiß, dass die Jugendlichen hervorragende Antennen für »ernste Leute« haben, die sie aus den luftigen Höhen moralischer Autorität auf den Boden der Tatsachen holen können. Die Gruppe beobachtet aufmerksam, wie Josh auf sie zukommt. Sie befindet sich in der Testphase und fragt sich: Was will der von uns? Und: Kann er uns was?

Josh setzt sich auf eine der Sitzbänke in der Nähe der Gruppe, legt einen Arm über die Rückenlehne und fragt entspannt und extrem locker: »Hat jemand 'ne Zigarette für mich?«

Die Jugendlichen sind baff. Sie sehen einander verstohlen an. Einige grinsen. Dann zückt einer ein Softpack und reicht Josh eine Zigarette. Der Junge grinst, offenbar wittert er eine Riesengelegenheit, den Busfahrer hochzunehmen, und freut sich auf ein paar spannende Minuten und einen Freifahrschein zum Rauchen für die nächsten Jahrzehnte. Auch die anderen schauen gespannt, während sie qualmen und trinken, was das Zeug hält. Diesen Film will keiner verpassen.

Josh hat Glück: Die Jungs nehmen die Deeskalation an, was längst nicht immer der Fall ist. Die Antwort »Kauf dir selbst welche, Alter!« wäre ebenso gut möglich gewesen, und dann hätte Josh cool bleiben und direkt auf den Punkt kommen müssen. Aber er spielt gut und locker, und die Jugendlichen haben ihren Nervenkitzel.

Josh lässt sich Feuer geben, lehnt sich zurück und nimmt ein paar tiefe Züge.

Die Jungs starren ihn an. Sie können nicht fassen, dass der Fahrer gegen die eigenen Regeln verstößt. Das Ganze muss entweder ein Witz sein, oder der Busfahrer ist ein extrem schräger Typ, obwohl er mit seiner blauen Uniform und den kurzen Haaren nicht so aussieht. Während Josh still und genüsslich raucht, trinken die Jungs provokativ weiter. Einer leert seine Dose in einem Zug und zerquetscht sie vor den Augen des Fahrers zu einer kleinen Kugel. Dabei sieht er Josh direkt in die Augen, wie um ihm zu signalisieren: Das könntest auch du sein.

Doch Josh bleibt gelassen. Wenn er inzwischen eins gelernt hat, ist es das, nicht jedes Kampfangebot anzunehmen. Er hat einen Plan, während die Jungs keinen haben. Wenn der Typ die Dose jetzt durch den Bus pfeffert, muss ich was machen, denkt er. Aber die Dose fliegt nicht. Die Jungs sind noch immer zu gespannt herauszubekommen, was hier gespielt wird. Die Spannung steigt.

Josh bleibt cool und tut so, als säße er bei sich zu Hause auf der Couch. Er legt ein Bein hoch und stößt einen kräftigen Zug in die Luft. Er signalisiert demonstrative Gleichgültigkeit und beweist dabei großes schauspielerisches Talent. Gott sei Dank ist er Raucher – ein Hustenanfall hätte die gesamte Inszenierung zunichte gemacht.

Zwei lange Minuten vergehen. Die offizielle Abfahrtszeit ist jetzt überschritten. Josh macht keine Anstalten, sich zu erheben. Da außer den Jungs keine Fahrgäste im Bus sind, kann er gelassen bleiben. Weitere Minuten verstreichen. Drei, vier, fünf. Die Zigarette ist schon fast runtergebrannt. Die Jugendlichen beginnen, unruhig zu werden. Sie wollen endlich in die Disco und rutschen auf ihren Sitzen hin und her. Dann endlich bricht einer der Jungs das Schweigen und stellt die erlösende Frage: »Wer fährt eigentlich den Bus?«

Das war der Moment, auf den Josh gewartet hat. Mit entspannter Stimme antwortet er: »Solange hier geraucht und getrunken wird, keiner!«

Das war's, die Bombe ist geplatzt. Aber mit diesem Inhalt hat niemand gerechnet. Einige Jugendliche verziehen das Gesicht und rufen: »Na super, Alter!«

Josh spürt, dass nun der Zeitpunkt gekommen ist, an dem er behutsam die Führung übernehmen kann. Er steht auf und sagt in lockerem Ton: »Leute, ich rauche selbst, und ich trinke auch gerne mal einen, aber ich bitte euch, das hier drin nicht zu tun. Die Leute, die noch zusteigen, kriegen einen Affen, wenn sie das sehen. Und mein Chef sowieso. Bitte macht die Kippen aus und bringt die Dosen raus, damit wir starten können.«

Anstandslos tun die jungen Männer, wie geheißen.

Diese Begebenheit ist jetzt schon eine Weile her. Mittlerweile sind in vielen Städten nachts Sicherheitsdienste mit an Bord von Bussen, die zwischen Discos, sozialen Brennpunkten und dem Hauptbahnhof pendeln. Nichtsdestotrotz sind Nachtbusfahrer noch immer regelmäßig Übergriffen ausgesetzt. Sie verdienen Respekt und Unterstützung.

Verblüffe den Täter

Der Trumpf, auf den Josh erfolgreich gesetzt hat, lautet Verblüffung. Die Strategie *Verblüffe den Täter* beruht darauf, das System des Täters oder der Täter auf der einen Seite nicht zu bedienen und auf der anderen Seite etwas zu tun, womit sie nicht rechnen. In unserem Fall verzichtet Josh darauf, sich gegen die Jugendlichen zur Wehr zu setzen und sie zu maßregeln – also nach hinten zu gehen, auf die Nichtraucherzeichen und Trinkverbote zu zeigen und zu sagen: »Könnt ihr nicht lesen?« Das wäre genau die Art von Verhalten, mit dem die jungen Männer rechnen, mit dem sie umgehen können, und das sie womöglich provozieren möchten, um ein Machtspiel in Gang zu setzen, in dem sie sich voreinander beweisen können.

Das Verhalten von Josh jedoch verwirrt sie und bewirkt, dass ihre Fixierung auf ihre »Störer-Rolle« gebrochen wird. Es bringt die Jungs dazu, sich zu fragen, was hier eigentlich gerade geschieht, und bietet damit eine gute Gelegenheit für einen Systemwechsel: Die Störer können ohne Gesichtsverlust aufhören, Störer zu sein. Und das Opfer ist nicht mehr

Opfer, sondern ein Mensch, der etwas tut, womit er einverstanden ist.

Voraussetzung für diese Strategie ist, Distanz zum Geschehen zu wahren (*Nimm es nicht persönlich*) und die Sachlage voll und ganz zu akzeptieren (*Okay, die rauchen in meinem Bus. Nicht schön, aber auch kein Weltuntergang. Damit komm ich schon klar*). Emotionen wie Angst oder Wut muss man herunterdimmen können und ein klares Ziel haben, sonst funktioniert diese Strategie nicht. Nur wer innerlich wach und entspannt ist, bringt die spielerische Grundhaltung und Experimentierfreude mit, die notwendig ist, um überzeugend zu sein. Oft ist es hilfreich, sich die Situation als Bühne vorzustellen und sich selbst als Schauspieler in einer Rolle. Bevor man die Bühne betritt, sollte man wissen, was man tut.

Hier ein paar Beispiele dafür, wie erfolgreich diese Strategie sein kann:

Eine Schauspielgruppe aus New York wird von einer Bande Jugendlicher mit Schusswaffen überfallen, die Geld wollen. Eine Frau aus der Gruppe, die auch Musicalsängerin ist, beginnt, ein Lied aus der *West Side Story* zu singen. Laut, leidenschaftlich, ergreifend. Die Täter halten inne, hören zu, applaudieren und verschwinden, ohne die Tat zu vollenden.

Ein Polizeibeamter, der mit einer kleinen Gruppe von Kollegen während der WM 2006 an einem großen Public-Viewing-Standort eingesetzt wird, sieht, wie in einiger Entfernung eine Massenschlägerei stattfindet. Seine Einsatzgruppe ist zu klein, um die Lage in den Griff zu bekommen. Verstärkung anzufordern würde bei den Menschenmassen auf den Straßen zu lange dauern. Also setzt der Mann seine Mütze ab, geht zu den sich am Boden wälzenden und aufeinander einschlagenden Männern und tippt sie mit spitzem Finger immer wieder an. Als einer der Schläger schließlich verdutzt aufschaut, sagt er mit ruhiger Leichtigkeit und fast im Flüsterton: »Wir sind jetzt da.« Sofort lässt der Mann von seinem Gegner ab.

Während einer Geiselnahme in den 1970er Jahren in Holland hatten Angehörige einer ethnischen Minderheit aus Indonesien einen Intercity gekapert und drohten nach stundenlangen Verhandlungen damit, eine Geisel zu erschießen, um ihre Entschlossenheit zu demonstrieren. Die Geiselnehmer suchten sich für diese »Demonstration« einen Mann Mitte 50 aus, der in den ersten Wagen geholt wurde. Hier sollte er erschossen und aus dem Zug geworfen werden. Der Mann wurde von den Geiselnehmern darüber informiert, was ihn erwartete. Daraufhin bat der Mann darum, mit dem Zugtelefon seine Frau noch einmal anrufen zu dürfen, um sich zu verabschieden, was ihm die Geiselnehmer gestatteten. Allerdings blieben sie während des Telefonats neben ihm stehen. Der Mann erreichte seine Frau tatsächlich und sagte ihr, was ihm bevorstehe und dass es ihm leid tue, dass er ein so schlechter Ehemann gewesen sei, dass er sie viel mehr geliebt habe, als er es habe zeigen können, dass er vieles besser hätte machen wollen und dass ihm erst jetzt klar werde, dass ihm die Liebe zu ihr wichtiger sei als alles andere. Dann bat er sie um Vergebung. Er bezog auch seine Kinder mit ein und sagte seiner Frau, wie gerne er mehr Zeit mit ihnen verbracht hätte, anstatt sich im Hamsterrad seines Berufes aufzureiben, und dass er auch sie um Vergebung bitte. Schließlich gab er seiner Frau ganz bestimmte Abschiedsworte für jedes seiner Kinder mit auf den Weg. Nach ein paar Minuten beendete er das Gespräch, verabschiedete sich von seiner Frau und sagte ihr noch einmal, wie dankbar er dafür sei, dass er so lange an ihrer Seite habe leben dürfen. Dann legte er auf, atmete einmal tief durch und drehte sich zu den Geiselnehmern mit den Worten um: »Jetzt bin ich bereit.« Doch die Geiselnehmer, die dem gesamten Gespräch zugehört hatten, waren nicht mehr in der Lage, den Mann zu erschießen, und verzichteten auf ihre »Demonstration«.

Auch wenn dieses letzte Beispiel nicht die bewusste Anwendung einer Strategie darstellt, zeigt es doch, dass die völlige Akzeptanz der Situation dazu führen kann, das Opfer-Täter-System aufzulösen.

Fazit: Kreative Strategien, die wie im letzten Fall auch sehr emotional sein können, verblüffen den Täter oder Provokateur. Man kann sie im Hochstatus anwenden, wie Tom am Bahnhof in Stuttgart, oder wie Barbara im Tiefstatus (»Verpeilt spielen« und Geld fallen lassen) und dann in den Hochstatus wechseln (aktive Flucht). Man kann sie aus einer distanzierten Haltung heraus anwenden wie Josh, der sich einfach zurücklehnt und die Jungs schmoren lässt, oder aus einer übergroßen Nähe, wenn man dem Täter z. B. das Foto der eigenen Familie zeigt.

Oder man tut so, als sei man extrem schwer von Begriff und verstehe den Ernst der Lage nicht, indem man das Gegenüber »zutextet« oder unerwartete Beziehungsangebote macht: »Hallo, ich heiße übrigens ... Nett, Sie kennenzulernen!«

Ein Standardrezept für die beste kreative Strategie gibt es nicht. Der Narr ist per Definition unberechenbar. Einzige Empfehlung: Will man kreativ werden, geht es in erster Linie darum, die inneren Blockaden und Ängste nicht so ernst zu nehmen. Nur dann kann Raum für Kreativität entstehen. Innerer Druck führt zwar zu Höchstleistungen wie z. B. Kraftanwendung für eine Flucht, nicht aber zu Kreativität und Handlungsalternativen.

4 SEXUELLE GEWALT

Als Lukas die riesige Rutsche zum letzten Mal kopfüber hinunterschießt, sind seine Lippen schon blau und er schlottert vor Kälte. Lukas ist 12 Jahre alt. Er ist blond, sportlich und hat Spaß an Bewegung. Nach einigen Tauchgängen und Rutschbahnfahrten, die er heute ohne seinen Kumpel Mario unternommen hat, weil der schon mit seinen Eltern in den Urlaub unterwegs ist, ist ihm so kalt, dass er beschließt, sich in einem der über 30 Grad heißen Whirlpools ein wenig aufzuwärmen. Da Urlaubszeit ist, findet er eine leere »Badewanne« ganz für sich. Er streckt die Beine aus und legt den Hinterkopf auf den Rand des Pools. Lukas denkt an Mario. Er wäre gerne mit seinem Freund an den Atlantik gefahren und hat ihm in den letzten Tagen neidisch dabei zugesehen, wie er sein Surfboard für den Wellenreitkurs gewachst hat. Da kann die Wellenanlage im Schwimmbad noch so gut sein – mit dem Atlantik ist es bestimmt nicht zu vergleichen. Und mit den Abenteuern, die er dort erleben könnte, schon gar nicht. Aber seine Eltern haben ihm nicht erlaubt, mit Mario mitzufahren: »Wellen zu groß, Lukas zu klein«, lautete ihre Ansage. Jetzt muss er mit ihnen stattdessen nach Kroatien an die beschauliche Adria fahren – »ins Kinderbecken mit Plastikentchen«, wie Lukas in einem Streit vorgestern wütend gesagt hat.

Nach ein paar Minuten »Blubbern« werden seine Phantasien vom Wellenreiten mit seinem Kumpel und dem Streit mit den

Eltern von einem lauten Platschen unterbrochen. Ein untersetzter Mann um die 40 setzt sich zu Lukas in den Pool. Er platziert sich schräg gegenüber und schaut Lukas freundlich an. Der Mann ist uralt, wie Lukas später sagt, und er meint damit, dass er noch älter aussieht als sein Vater. Lukas schließt die Augen wieder. Er will zurück an seinen inneren Atlantik. Doch etwas ist jetzt anders. Lukas spürt den Blick des Fremden auf sich, öffnet kurz die Augen und schließt sie dann wieder. Ein leichtes Unbehagen steigt in ihm auf, das ihn nervös macht. Daher öffnet er die Augen wieder, um den Mann im Blick zu behalten. Er ist viel dicker als Papa, denkt Lukas. Der Mann hat dunkelblonde, kurze Haare, trägt eine schwarze Plastikarmbanduhr, die man zum Laufen benutzt, und erinnert Lukas an »Bronski«, seinen langweiligen Chemielehrer …

Der Mann rutscht nun langsam und wie zufällig etwas näher an Lukas heran, so, als wolle er sich einen besseren Platz im Pool verschaffen, um nach draußen ins Grüne schauen zu können. Lukas fühlt sich immer unwohler. Sein Körper signalisiert Alarm, sein Atem wird flacher, und er schafft es nicht mehr, seinen Kopf am Rand des Pools abzulegen. Warum, weiß er nicht. Er kommt sich plötzlich angreifbar vor. Lukas' Instinkte erkennen die Absicht des Mannes, lange bevor sein Gehirn die Situation versteht. Der Mann rutscht noch näher. Er ist vielleicht noch einen knappen Meter von Lukas entfernt. Lukas wirft einen Blick nach rechts und tut, was ihm beigebracht wurde: Informationen sammeln; hinsehen, statt ausweichen. Er schaut hin zu dem Mann, um sich zu vergewissern, dass sein Körpergefühl ihn nicht trügt. Dann schaut er sofort wieder weg, weil er gelernt hat, dass ein Blickkontakt, der über eine Sekunde anhält, dem Mann Kommunikationsbereitschaft signalisieren würde. Und das ist nicht, was Lukas will. Er spürt, wie sich seine Muskeln immer stärker anspannen. Lukas hat seine Beine bereits angezogen, die Arme nun nah am Körper; er rutscht in eine gerade Haltung und mobilisiert sich für Phase 2. Er spannt seinen Körper an, signalisiert Hochstatus und zeigt an, dass er kein leichtes Opfer ist.

Der Mann rechts neben ihm beachtet seinen Blick nicht, er schaut weiter unbeteiligt geradeaus. Plötzlich zweifelt Lukas: *Meint der Mann wirklich mich? Vielleicht will er gar nichts von mir und schaut nur nach draußen?* Doch dann denkt er wieder an den Trainer von der Polizei, der gesagt hatte, dass einige Täter so tun, als seien sie ungefährlich und ganz lieb. Er hatte sie *Schleimer* genannt.

Plötzlich spürt Lukas das haarige Bein des Mannes an seiner Haut und ist geschockt. Lukas konnte in dem blubbernden Wasser und abgelenkt durch seine Gedanken nicht sehen, dass sich ihm unter der Oberfläche etwas nähert. Doch sein Schock hält nur eine Sekunde an. *Also doch ein Schleimer!*, denkt Lukas. Er schnellt nach oben, stößt beide Hände in einer abwehrenden Haltung nach vorn, starrt den Mann fest an und schreit, so laut er kann, »STOPP!«.

Der Trainer einer Gewaltpräventionsstelle der Polizei hatte diese einfache Stopp-Übung immer wieder mit Lukas und den anderen Schülern aus seiner Klasse trainiert. Die Schüler hatten einen Kreis um ihn gebildet, und er hatte sie herausgefordert. Er war auf sie zugegangen, hatte sie angebrüllt, angefasst, war ihnen auf die Pelle gerückt, hat sie in die Enge getrieben oder versucht sie aufzuhalten, wenn sie versuchen wollten wegzulaufen. Er hatte ihnen beigebracht, wie man laut und deutlich NEIN sagt und schreit, was das Zeug hält. Mit fester Körperspannung und geradem Blick, so als wolle man ihnen ihr liebstes Spielzeug wegnehmen, sollten sie Flagge zeigen und für sich kämpfen, anstatt klein beizugeben. Er hatte sie auch angeleitet, wie man andere um Hilfe bittet. Wie man sich ein konkretes Ziel sucht, wenn man davonläuft. Am Anfang hatten er und seine Mitschüler sich ein wenig geschämt, weil das Rumgebrülle einfach nicht cool war, aber mit der Zeit hatte es Spaß gemacht, und alle wollten noch lauter und noch stärker sein.

Der Schrei von Lukas geht im Blubbern der Whirlpools und dem Stimmengewirr aus dem Wellenbad unter. Niemand scheint ihn zu hören. Dennoch verfehlen die klare Geste und der laute Schrei ihre Wirkung auf den Mann nicht. Einen Moment lang scheint er tatsächlich Angst zu haben. Das unsichere Lächeln auf seinem Gesicht zeigt jedenfalls, dass er damit nicht gerechnet hat.

Lukas nutzt den Moment, um in ein anderes Becken zu gehen. Dort sitzt eine Frau, die einen freundlichen Eindruck macht. Lukas ist überzeugt, dass ihm der Mann nicht folgen wird. Aber er täuscht sich. Der Mann hat sich schnell gefangen und folgt ihm tatsächlich. Seine Fixierung auf Lukas ist so stark, dass sie die Angst vor dem Erwischtwerden überdeckt. Er glaubt, dass Lukas verängstigt ist und nichts gegen ihn unternehmen wird. Wie viele tatsächliche oder potentielle Sexualtäter glaubt er, dass nichts Schlimmes daran sei, Nähe zu einem Kind zu suchen, ja, dass das Kind dies sogar wolle. Auch glaubt er nicht, dass der Junge die Frau in die Beziehung zwischen ihm und sich einbeziehen wird.

Aber Lukas ist in seinem Entschluss nur noch fester als zuvor und nun absolut sicher, dass er sich nicht geirrt hat. Im zweiten Pool spielt sich das Szenario in Anwesenheit der Frau ein zweites Mal ab: »Stopp!«, brüllt Lukas, als der Mann sich dicht neben ihn setzen will. Lukas fühlt sich stärker und sicherer als beim ersten Mal und geht zu der älteren Frau hinüber, die auf der anderen Seite des Pools sitzt. »Können Sie mir bitte helfen? Der Mann da folgt mir und berührt mich, und ich kenne ihn nicht.« Als der Mann die Worte hört, steht er blitzartig auf und verlässt den Whirlpoolbereich mit schnellen Schritten. Die Frau ist alarmiert. Sie nimmt Lukas an die Hand und geht mit ihm zur Schwimmhallenaufsicht, die sofort das Personal am Einlass und weitere Helfer informiert und warnt. Der Mann wird noch in der Umkleidekabine gestellt. Einige Minuten später trifft die Polizei ein und übernimmt den Mann.

Stärke das Kind (Prävention)

Seit Bekanntwerden von Missbrauchsfällen in Einrichtungen der katholischen Kirche und in Internaten steht sexuelle Gewalt gegen Kinder wieder stärker im Fokus der öffentlichen Aufmerksamkeit. Das ist gut so, denn das Thema Kindesmissbrauch ist stark tabuisiert.

Auf der anderen Seite birgt die mediale Aufmerksamkeit die Gefahr, das Problem an wenigen »kranken Einzeltätern« in Institutionen fernab der eigenen Lebenswelt festzumachen. Die überwältigende Mehrzahl sexueller Übergriffe gegen Kinder findet jedoch in den Familien oder im engen sozialen Umfeld der Kinder statt.

Ebenso falsch ist es zu glauben, sexueller Missbrauch sei zwingend ein Ausdruck von Pädophilie. Nur ein geringer Anteil der Übergriffe werden von Menschen begangen, die eine solche Fixierung erleben. Die Mehrzahl der Täter sind Menschen, die Erwachsene begehren, aufgrund der leichteren Verfügbarkeit jedoch Kinder zur Befriedigung sexueller Bedürfnisse missbrauchen – oft über einen langen Zeitraum.

Die Anzahl von Kindern, die Opfer von sexuellem Missbrauch werden, ist seit 1970 stetig gesunken. Ebenso ist die allgemeine Bereitschaft, Fälle sexuellen Missbrauchs zur Anzeige zu bringen, statt sie hinzunehmen oder totzuschweigen, signifikant gestiegen. Dies ist im Wesentlichen den Initiativen zur Aufklärung in Schulen, den Jugendämtern und der Polizei zu verdanken.

Nichtsdestotrotz sind Kinder auch heute sexuellen Übergriffen ausgesetzt, und nicht immer gehen sie so glimpflich aus wie hier. Es ist allein dem mutigen Verhalten von Lukas geschuldet, dass nicht Schlimmeres geschehen ist. Die Basis dafür sind ein positives Selbstwertgefühl und eine stabile Bindung in seiner Familie, die durch das Gewaltpräventionstraining noch gestärkt wurden.

Man sollte seinem Kind von Anfang an größtmögliche Selbstsicherheit, Vertrauen und Geborgenheit vermitteln und ihm das Recht zubilligen, »nein« sagen zu dürfen und über den eigenen Körper und Berührungen selbst zu entscheiden. Gleichzeitig sollte man sein Kind nicht in fremde Hände geben (Schule, Sport, Freizeit), ohne genauere Kenntnis der Umstände oder der Menschen, die sich dort um das Kind kümmern.

Die beste Prävention ist die, gar nicht erst in eine ausweglose Situation hineinzugeraten. Präventionsdienststellen der Polizei bieten spezielle Trainings für Kinder an, die oft auch an Schulen durchgeführt werden. Diese Trainings bringen den Kindern oft mehr als das Reden mit den Eltern, da sie in professionell angeleiteten Rollenspielen Automatismen erlernen, die sie in Gefahrensituationen abrufen können. Handeln ist für Kinder viel wichtiger als reden!

Die Gefahren, denen Kinder in der eigenen Familie ausgesetzt sind, sind jedoch viel schwieriger zu bannen, da Kinder bis zum Alter von etwa 12 Jahren dazu neigen, »den Täter zu schützen«, weil sie ihn auf eine unbedingte Art lieben, irritiert sind (Dissoziation, auffälliges Verhalten) oder hoffen, dass der Horror von alleine aufhört. Hier sind die Jugendämter, die Lehrer an Schulen und Freunde gefragt, genauer hinzusehen, wenn sich das Verhalten eines Kindes auffallend verändert

Ob ein Kind Hilfe braucht, können Eltern nach Auskunft des Psychologen und Trauma-Experten Mark Novy an folgenden Symptomen erkennen: Schlafstörungen, Albträume, Nachtschweiß, Konzentrationsschwierigkeiten, Lustlosigkeit, besondere Auffälligkeiten wie schlechtere Schulnoten, Bettnässen, Schlägereien, übersexualisiertes Verhalten (unangemessenes Flirten, Lolita-Effekt, Herumrutschen auf dem Schoß von Erwachsenen), Aggressivität, Stehlen und starkes Aufmerksamkeitsbedürfnis (Klassenclown spielen), die ungewöhnlich sind, weil man das Kind so nicht kennt.

Sag »Stopp!«

Die Stopp-Übung wird sicher nicht jeden Täter davon abhalten, die Tat zu vollziehen. Ich halte sie dennoch für einen wichtigen Selbstbestimmungsimpuls. Bei Lukas ist sie der Anfang eines positiven Handlungsmusters: Schocken, Weggehen, Hilfe suchen. Und das ist allemal besser, als vor Scham zu erstarren, was viele Kinder in Lukas' Alter tun, wenn sie von fremden oder auch ihnen bekannten Erwachsenen angefasst werden. Bei Letzteren sind Scham und Sprachlosigkeit eher noch größer.

Nachsorge

Auch wenn in Lukas' Fall alles noch glimpflich abgelaufen ist, kann die versuchte Tat negative Auswirkungen auf ihn haben. Trotz seines gesunden Selbstbewusstseins könnte Lukas in den folgenden Wochen Ängste oder Misstrauen entwickeln. Deswegen sind Nachsorge und besondere Aufmerksamkeit für Kinder, die sexuellen Übergriffen ausgesetzt waren, unbedingt notwendig. Eltern oder Angehörige, die von dem Vorfall erfahren, sollten in der Folgezeit zunächst beobachten, ob sich bei dem Kind auffällige Verhaltensänderungen wie Rückzug, Schweigsamkeit, Unlust, Freunde zu treffen, oder körperliche Erkrankungen einstellen und gegebenenfalls professionelle Hilfe suchen. Es ist möglich, dass die Befürchtung, Freunde oder Bekannte könnten erfahren, was vorgefallen ist, dazu führt, dass sich das Kind von seiner Außenwelt zurückzieht, anfängt zu »somatisieren« (Bauchschmerzen, Kopfschmerzen, Bettnässen etc.) oder sein Leid in Aggression umsetzt (Schlägereien, Störungen in der Schule).

Man sollte das Kind nicht unter Druck setzen, über das Vorgefallene zu sprechen, sondern ihm Gesprächsangebote machen, Geborgenheit und Vertrauen vermitteln und in engem Kontakt mit dem Kind bleiben. Sucht ein Kind das Gespräch mit den Eltern, sollte man genau und gut zuhören und ihm helfen, die faktischen Wahrnehmungen von den irrationalen zu entkoppeln. Kinder, die Opfer sexueller Übergriffe wurden, gelangen manchmal zu dem Schluss, dass sie schuld seien an dem, was geschehen ist. Womöglich setzt sich in ihnen die Überzeugung fest, so »auszusehen«, dass sie den Mann »angezogen haben«. Oder sie glauben, nicht alles dafür getan zu haben, um die Situation zu einem besseren Ausgang zu bringen. Womöglich denken sie, sie hätten dem Mann, der jetzt hinter Gittern sitzt, Unrecht getan und seien für sein Schicksal verantwortlich. Diese Tendenz ist bei Mädchen noch stärker ausgeprägt als bei Jungen.

Sollte das der Fall sein, ist es wichtig, eine differenzierte Rückmeldung von außen zu geben. Ein Satz wie: »Mach dir keine Sorgen, es ist alles okay« reicht dann nicht aus. Besser ist es, dem Kind die Fakten zu erläutern und sein Selbstbewusstsein zu stärken. In Lukas' Fall: »Du hast einen guten Instinkt und hast es früh gemerkt. Du kannst dich also auf dich verlassen. Dann hast du gewartet und genau beobachtet, was der Mann macht. Das war umsichtig und cool. Danach hast du Schutz gesucht und dich in Sicherheit begeben. Dass der Mann noch einmal zu dir gekommen ist, liegt nicht an dir, sondern an ihm. Du nimmst deine Grenzen gut wahr; der Mann nimmt seine Grenzen nicht wahr, und er hätte es bei jedem Jungen so gemacht. Es hat nichts mit dir zu tun. Auch beim zweiten Stopp hast du dich verhalten wie ein Krieger, weil du die Barriere erhöht und klargemacht hast, was du willst. Du warst super.«

Verzichten Sie darauf, Fragen zu stellen, in denen Kritik mitschwingt: *Warum bist du denn nicht gleich weggegangen? Warum hast du dich nicht an den Bademeister gewendet? Warum bist du nicht gleich nach dem Schwimmen nach Hause gegangen? Ich habe dir doch gesagt, dass du nicht zu Fremden in den Pool gehen sollst.*

Solche Fragen suggerieren eine eigene Beteiligung an der Tat und erzeugen Schuldgefühle beim Kind. Sie sind Ausdruck der Angst und des Schreckens der Eltern. Sie haben mehr mit deren Sicherheitsbedürfnis zu tun als mit dem des Kindes. In diesem Fall brauchen die Eltern mehr Hilfe als das Kind.

Zuletzt sei gesagt, dass Nachgespräche wichtig, aber nicht absolut notwendig sind. Niemand sollte zum Reden gezwungen werden. Die heute allgemein anerkannte wissenschaftliche Erkenntnis ist, dass ein Drittel der Menschen Dinge mit sich selbst ausmacht, ein Drittel mit Freunden und Bekannten oder der Familie redet und ein Drittel professionelle Hilfe braucht. Bei Kindern werden heute eher indirekte Formen der Nachbehandlung angewandt (Urlaub machen, Spiele, Tapetenwechsel in der Geborgenheit der Familie).

Was guckst du?

Franziska ist 17 Jahre alt und wohnt seit einigen Jahren in Berlin. Sie geht auf eine Gesamtschule, bereitet sich gerade aufs Abi vor, und ihre große Leidenschaft ist das Rudern. Sie lebt mit ihren Eltern in Steglitz-Zehlendorf und liebt ihren Ruderclub an einem der Ausläufer des Wannsees.

Nicht alle von Franzis Freundinnen sind so sportlich wie sie, aber sie mag auch die »Couch-Girls«, mit denen sie manchmal am Wochenende tanzen geht. Mit den Eltern ist abgemacht, wann sie wieder zu Hause sein muss, dass sie nur zusammen mit den Freundinnen S-Bahn fährt und dass sie keinen Alkohol trinkt.

Heute Abend aber ist alles anders. Sie sind im »Tonlos«, einer ziemlich lauten Cocktail-Bar im Zentrum, und ihre Freundinnen Carla, Sophie und Esther haben sich Alkopops reingezogen und sind schon ziemlich albern drauf. Franzi ist das irgendwie unangenehm. Sie kann die drei nicht dazu bewegen, mit dem Trinken aufzuhören, und da sie die erlaubte Ausgehzeit schon überschritten haben, entscheidet sie sich, alleine die U-Bahn zu nehmen. Es ist Samstagabend, sommerlich warm, und es bleibt lange hell. Fast so, als würde es gar nicht mehr dunkel werden. Franzi denkt an die Vereinbarung mit ihren Eltern, sich auf keinen Fall alleine auf den Heimweg zu machen und wenn doch, die Eltern lieber anzurufen oder ein Taxi zu nehmen. Aber sie hat keinen Bock auf Diskussionen und will kein Geld für ein Taxi ausgeben. Sie spart für ein neues Boot. Außerdem will sie ihre Freundinnen nicht verpfeifen. Ihre Eltern und die ihrer Freundinnen kennen sich einfach zu gut und würden nicht dichthalten, wenn sie plappert. Also geht sie zur U-Bahn am Hansaplatz und steigt in die U9 nach Steglitz.

Auch ein Mann steigt in die U9 ein. Er ist 25 Jahre alt, trägt eine dunkle Jogginghose mit roten Streifen an der Seite, Turnschuhe und eine Jeansjacke mit Kapuze, in der er für die neuen 360-Grad-Kameras in der U-Bahn nicht gut erkennbar ist und aus der er das Futter rausgerissen hat, weil das im Sommer viel zu heiß ist. Seinen Kopf hat er unter einem roten Basecap versteckt. Der Mann ist auf der Jagd.

Er weiß, dass er keine Chance bei Mädels hat. Hatte er nie. Er ist ein Niemand ohne Geschichte, denkt er von sich. Der unauffällige Typ. Einer, der nirgendwo positiv aufgefallen ist, weder beim Sport noch in der Schule oder der Ausbildung. Aber auch wenn er ein unauffälliger Typ ist, hat er immer noch die gleichen Bedürfnisse wie alle anderen. Er will Erfolg, er will wirken und er will jemand sein, den die Mädels mögen. Deswegen bleibt ihm nichts anderes übrig, als sich eine Parallelwelt zu bauen, in der er genau das ist. Er zieht sich Pornos rein, die ihm Phantasien in den Kopf setzen, die immer wieder vor seinem inneren Auge ablaufen und ihn nicht mehr loslassen. In ihnen trifft er ein Mädchen, das ihn akzeptiert und das sich in ihn verliebt.

In der U9 ist heute nicht viel los. Der Mann geht durch die leeren Wagen und sieht ein paar verstreute Typen und Frauen, die ihm nicht gefallen. Dann entdeckt er Franzi. Sie sitzt in einer Vierersitzgruppe an genau der richtigen Stelle, und mit ihren langen, glatten, braunen Haaren ist sie genau sein Typ. Der

Mann kann schon aus ein paar Metern Entfernung sagen, ob ihm ein Mädchen gefällt. Es sind die Bewegungen des Kopfes, wie sie nach draußen sieht und dann wieder vor sich hin. Diese kleinen Bewegungen sind entweder schön oder hässlich. Und die hier sind schön. Franzi ist kein Niemand, sie hat eine Geschichte, das sieht der Mann an der Bewegung. Er sieht auch, dass sie unzufrieden ist und etwas zusammengesunken dasitzt. Er weiß, dass sie schon auf ihn wartet und ziemlich nervös ist, obwohl sie weiß, dass er kommt. Es wird ihm nicht schwerfallen, sie anzulabern, sie einzuschüchtern und sie anzupacken. Sie sieht so brav aus, so wohlbehütet und nicht von der Straße. Er geht zu Franzi, zieht sich den Rucksack vom Rücken, pfeffert ihn in die Ecke am Fenster und setzt sich ihr gegenüber. Franzi zuckt zusammen. Der Mann spielt Hochstatus und glotzt das Mädchen ununterbrochen an, ohne ein Wort zu sagen. Es funktioniert. Das Mädchen wird unsicher und schaut aus dem Fenster, ihre Finger verkrampfen sich ineinander und sie rutscht auf ihrem Sitz hin und her.

»STOPP. Was ist los? ...«, unterbreche ich die Szene und nehme das Basecap ab.

»Nichts.«

»Aber deine Körpersprache sagt was anderes. Du rutschst hin und her und drehst den Blick weg.«

»Ja, aber du machst ja nichts.«

»Ich mache nichts? Ehrlich? Wie fühlst du dich denn?«

»Scheiße.«

»Warum?«

»Weil du so blöd guckst.«

Die ganze Klasse lacht. Die U9 Richtung Steglitz ist eine große Turnhalle in einer Gesamtschule. Hier sitzen 30 Schüler und Schülerinnen und schauen gebannt auf die Szene, die wir mit Stühlen und Kästen zusammen aufgebaut haben. Die Übung soll die automatischen Muster *Flucht* (wegschauen und nichts sagen), *Erstarrung* (aus Angst nicht handeln) und *Angriff* (gegen den Mann gehen) demonstrieren und Alternativen aufzeigen.

»Merkst du, dass du sauer bist?«

»Ja.«

»Dein Gefühl ist wie eine Ampel. Es sagt dir was Wichtiges. Was ist das?«

»Dass du ein Arsch bist.«

Alle lachen.

»Danke.«

Alle lachen noch mal.

»Hilft dir das?«

»Nö.«

»Du bist sauer und spürst Aggressionen in dir. Wenn du die nur zu Gedanken machst, passiert nichts, du musst sie in Handlung umsetzen. Wenn du nur Urteile hast, wie »der Arsch«, bist du nicht wach und flexibel. Anstatt zu denken und nichts zu tun, ist die Frage: Was willst du tun? Was sind deine Alternativen? Was ist deine Aktion?«

Ich frage die Klasse: »Darf sie was tun?«

»Jaaaaaa!!!«

»Was denn?«

Da meldet sich Jessica aus der ersten Reihe, ein Mädchen mit blonden kurzen Haaren und einem runden Gesicht. Ich danke Franzi für den Mut, den Anfang gemacht zu haben, und schon sitzt Jessica grinsend und mit blitzenden Augen in der »U9«. Die Szene beginnt von vorne, ich setze mich, pfeffere den Rucksack in die Ecke, und Jessica platzt, noch bevor ich beginne, sie anzustarren.

»GLOTZ NICHT SO BLÖD, DU DÄMLICHER WICHSER; GEH PORNO DU SCHWUCHTEL, VERPISS DICH!«

Die Worte kommen wie aus der Pistole geschossen. Ungefähr so schnell, wie man Jugendliche manchmal SMS tippen sieht.

Die Klasse johlt. Riesenbeifall. Dann sage ich »Stopp« und spiele eine Zeitlupenszene. Ich gehe zu Jessica rüber, packe sie am Arm und schlage ihr mit der Faust ins Gesicht. Mehrfach. Wir könnten die Szene auf dem Boden weiterspielen mit Tritten gegen den Kopf. Jessica macht mit und zieht die Arme über den Kopf, weil ich ihr zugeblinzelt habe. Dann frage ich die Klasse:

»Wer glaubt, dass das passieren kann?«

Viele heben den Arm.

»Warum?«

»Weil der Typ wirklich ein Wichser ist, aber man das nicht sagen darf.«

So viel wissen sie bereits. Angriff ist nur dann sinnvoll, wenn er strategisch eingesetzt wird, um eine Lücke zur Flucht zu schaffen und nicht wie hier bei Jessica als Retourkutsche.

»Richtig. Ihr dürft einen Täter niemals persönlich beleidigen oder herabsetzen, denn dann macht ihr das Gleiche wie er, und er kann das besser. Bezieht euch auf sein Verhalten, aber nicht auf seine Person. Sagt, was euch an seinem Verhalten nicht passt, aber greift ihn nicht als Mensch an. Wenn ihr ihn zum Feind macht, wird er euer Gegner sein und ihr könnt ihn nicht mehr als Mensch erreichen.«

Meide die Gefahr

Es gibt kaum einen Ort für eine Frau oder ein Mädchen, der bei Nacht unsicherer ist als Bahnhöfe und U- oder S-Bahnen. Sie sind anonym, und man kann nur schwer aus ihnen ausbrechen. Nachtbusse sind in der Regel sicherer. Trotz aller Argumente, die Franzi ins Feld führt, um ihre Fahrt mit der U9 zu rechtfertigen, sollte ihr die eigene Haut so wichtig sein, dass sie sich an die Abmachungen hält und Gefahr meidet.

Wenn man daheim anruft, um sich abholen zu lassen, sind in solchen Situationen manchmal auch Notlügen gerechtfertigt: *Ich wusste nicht, dass die anderen heute länger dürfen.* Wenn Franzi aber doch in die U9 einsteigt, dann wenigstens so nahe wie möglich beim Fahrer und in direktem Kontakt zu anderen Fahrgästen.

Eine Frau bzw. ein Mädchen, die zu später Stunde alleine unterwegs ist, sollte zudem überprüfen, in welchem inneren Zustand sie sich befindet. Wer innerlich nicht präsent ist, traurig, extrem müde, fahrig, unzufrieden oder alkoholisiert, macht nicht nur schneller Unfälle, sondern zieht Ungemach an wie eine offene Flamme die Motten. Das gilt natürlich auch für Männer.

Bleibe bewusst

Wenn man sich in der Präparationsphase befindet, in der Phase also, in der ein Mensch einen anderen als Opfer vorbereiten will, zum Beispiel durch langes Anstarren, ist das Umschalten auf *bewusstes Agieren* von größter Wichtigkeit. Man muss aktiv und wach bleiben. Das bedeutet nicht, dass man keine Angst hat, sondern dass die Angst nicht zur Erstarrung führt und ihre Energie auf konkrete Ziele gelenkt wird.

Manche rechnen nicht mit Übergriffen und sind vollkommen baff, wenn es geschieht. Oder sie haben Angst, verletzt zu werden, und denken, sie seien nicht stark genug, sich zu wehren. Hier geht es aber nicht um Stärke, sondern um Entschlossenheit und darum, die eigenen Ziele nicht aufzugeben, auch wenn man unter Druck gesetzt wird.

Besonders Mädchen machen sich oft etwas vor, indem sie die Situation vor sich selbst herunterspielen oder hoffen, dass der andere von selbst aufhört: Ist ja noch gar nichts passiert. Ich kann doch jetzt nicht einfach laut werden. Der merkt schon, wann es genug ist. Diese Hoffnung ist eine Art »Übertragung« auf den Täter. Man kann dieses Muster gedanklich leicht umkehren: Ich sollte aufhören, passiv zu sein, und stattdessen handeln.

Spätestens dann, wenn ein Täter in den Körperkontakt geht, den Arm um das Mädchen legt, sie (oder sich vor ihr) anfasst, ist die SAZ-Strategie angesagt: Schock, Ausbruch und Ziel. »Hey, was soll das, warum fassen Sie mich an? Hauen Sie ab! Fassen Sie mich nicht an!!!« Und dann raus aus der Situation. Dabei ist das Siezen sehr wichtig, um nach außen ein klares soziales Signal an andere zu senden.

Gehe in die Offensive

Eine relativ einfache Art, sich während der Präparationsphase zu schützen, ist die Konfrontation ohne Angriff. Sie kommt in Frage, wenn man Zeugen hat und sich gut und selbstbewusst fühlt. In der Szene in der U9 könnte das folgendermaßen aussehen:

Der Mann starrt Franzi an. »Entschuldigung, kennen wir uns?«, fragt sie gerade heraus und mit aufgerichteter, selbstbewusster Körpersprache. Der Mann ist leicht verblüfft und zuckt mit den Schultern. Er weicht nun selbst für Bruchteile von Sekunden dem festen Blick des Mädchens aus, das den Blick ernst und ohne Lächeln mindestens 5 Sekunden hält (Hochstatus).

»Keine Ahnung. Wieso?«

»Weil Sie mich so lange ansehen und mir das unangenehm ist. Können Sie das verstehen?«

»Kann ich ja nicht wissen. Steht ja nicht auf deiner Stirn.«

»Da haben Sie recht. Danke.«

Für die Anmache von schüchternen Männern, pubertierenden Jungs oder »unsicheren Tätertypen« reicht das meist. Wenn die Offensive klar und unmissverständlich geschieht, weiß das Gegenüber, dass es Schwierigkeiten geben wird, wenn es auf den Gedanken kommen sollte, das Mädchen anzufassen oder in die Enge zu drängen. Es kann sein, dass die Situation an dieser Stelle schon beendet ist. Es kann aber auch sein, dass die Grenzziehung mehrmals vorgenommen werden muss.

»Na und, ich kann doch hinsehen, wohin ich will.«

»Sie haben recht, ich will Ihnen keine Vorschriften machen, aber mir ist das unangenehm. Sie würden mir echt einen Gefallen tun, wenn Sie mich in Ruhe lassen.«

»Ich mach doch gar nichts! Bist du psycho oder was?«

»Nein, ich will hier einfach nur sitzen und meine Ruhe haben. Das kennen Sie doch sicher auch.«

»Pfff, iss mir latte, ne Psycho-Braut mitten in der Bahn.«

Ergebnis: Der Täter ist, je nach Typ, genervt, desillusioniert oder gewarnt. Hat man den Eindruck, dass das Gegenüber ein *Psycho* ist: ignorieren und woanders hingehen.

Sei »dreckig«

Eine kreative Variante, sich gegen Übergriffe im öffentlichen Bereich zu wehren, würde darin bestehen, dass Franzi ihr Handy zückt und entweder tatsächlich oder vorgetäuscht jemanden anruft und dabei laut, unattraktiv und »dreckig« redet oder flucht. Das baut Distanz auf und macht unattraktiv. Man kann auch den Sitzplatz wechseln oder die Nähe eines anderen Menschen suchen und dabei gleichzeitig im Hochstatus sein: »Hi Kalle, du auch hier, gibt's ja gar nicht! Ich dachte, du bist auf Malle, Wodka-Cola vernichten!« Danach kann man ihn leise um Hilfe bitten: »Bitte helfen Sie mir, der Typ da drüben will was von mir, und ich kenne ihn nicht.« Dabei muss man das Schauspielern rechtzeitig zurücknehmen, da der um Hilfe Angesprochene ansonsten die »Schutzperson« für verrückt halten und die Flucht antreten könnte.

Sei wehrhaft

Für den Fall, dass der Täter trotz allem nicht aufhört, ist aggressive Gegenwehr von Seiten der Mädchen oder der Frauen im öffentlichen (U-Bahn, Straßen, Plätze) und halböffentlichen Bereich (Disco, Party, Camping, Aufzüge, Schwimmbad, Sportverein) die erfolgversprechendste Methode, sich gegen sexuelle Übergriffe zu wehren. Denn das Täterskript sieht in der Regel vor, dass der Täter die Oberhand hat und sein Gegenüber die Rolle des Schwachen. Die Phantasie von der Frau, die aus Angst nachgibt, heizt in vielen Fällen die Lust des Täters an. Der Lustpegel fällt jedoch deutlich ab, wenn die Frau dieses Muster nicht bedient, sondern sich zur Wehr setzt und auch dann beharrlich bleibt, wenn der Täter »ungemütlich« wird und droht. Dabei muss die Gegenwehr nicht direkt gegen den Mann gerichtet sein, sondern kann auch expansiv sein, zum Beispiel indem man ganz plötzlich explodiert (überraschender Statuswechsel), laut schreit, läuft, den Täter anbrüllt (Achtung: keine Beleidigungen!) oder Sachen zerstört. Manchen Frauen fällt es schwer, körperlich aggressiv zu werden, vielleicht fällt ihnen dafür Aggression gegen Gegenstände leichter. *Schlage mit dem Nothammer die Fenstern der Bahn ein, ziehe die Notbremse, und lass dich nicht einschüchtern.* Gerade diese Variante schlägt Täter häufig in die Flucht.

Per Anhalter durch die Hölle*

Katja hat Semesterferien. Seit zwei Jahren studiert sie in ihrer Heimatstadt. Sie wohnt noch bei ihren Eltern, aber manchmal überlegt sie, in die Altstadt zu ziehen, um endlich eine »echte Studentin« zu sein. Wenn sie sich allerdings mit ihrer Freundin unterhält, die zwei-, dreimal die Woche in einer der Studentenkneipen in der Altstadt kellnert, wird sie sich wieder bewusst, dass »Hotel Mama« nicht so schlecht ist. Die Wäsche wird gewaschen, im Kühlschrank ist immer was zu essen, und ihre Eltern sind eher locker drauf und machen ihr keine Vorschriften. Außerdem hat sie ein riesiges Zimmer mit Balkon und einer tollen Aussicht. Der einzige Nachteil ist, dass sie mit dem Bus über eine halbe Stunde ins Zentrum braucht.

Heute Morgen hat Katja mit zwei Kommilitoninnen gefrühstückt und ist dann in die Unibibliothek gegangen, um sich zwei Bücher für eine Hausarbeit auszuleihen. Nun ist es früher Nachmittag, und in der Stadt ist ordentlich was los. Eine Demo, die schon seit Wochen angekündigt ist, zieht sich quer durch die Stadt. An der Bushaltestelle am zentralen Omnibusbahnhof wartet Katja umsonst. Offenbar ist der Verkehr auf dem Ring durch die Demo völlig lahmgelegt. Also packt sie ihren Rucksack auf den Rücken, überlegt noch einmal, ob sie mit dem Rad nach Hause fahren soll, entscheidet sich dann aber, zu Fuß in die Südstadt am zu gehen, um von dort den Bus zu erwischen. Wenn sie dort angekommen ist, wird der Bus schon kommen. Die Demo dauert ja nicht ewig. 25 Minuten später steht sie an der Haltestelle, aber nach wie vor kein Bus in Sicht. Die Verkehrsbetriebe geben weitere Verzögerungen durch.

* Empfehlung: Wer in den letzten 12 Monaten Opfer einer Vergewaltigung oder eines anderen belastenden sexuellen Übergriffs war, sollte die folgende Geschichte nicht lesen und direkt zu den Strategien vorblättern.

Schließlich entschließt sie sich, es per Anhalter zu versuchen. Sie hat Erfahrung mit dem Autostopp, vor zwei Jahren hat sie mit zwei Freundinnen den »Retro«-Test gemacht und ist mit ihnen von Deutschland bis Portugal getrampt.

Direkt hinter der Haltestelle beginnt die Ausfallstraße nach Osten, und es müsste doch mit dem Teufel zugehen, wenn sie hier nicht jemanden erwischt, der stadtauswärts fährt. Also platziert sie sich ein Stück hinter der leeren Bushaltestelle. In ihren Jeans, dem T-Shirt, dem alten Leinenrucksack und den Flipflops sieht sie aus wie die typische Studentin. Deswegen glaubt sie, dass sie nicht lange wird warten müssen. Tatsächlich dauert es keine fünf Minuten, bis ein dunkelblauer alter VW Passat neben ihr hält. Katja geht zur Beifahrertür. Der junge Mann im Auto hat sich schon über den Beifahrersitz gelehnt, von innen die Tür geöffnet und fragt: »Wo willst du denn hin?«

»Fährst du Richtung Landwirtschaftskammer?«

Da der Typ in einem verstaubten Passat unterwegs ist und wie sie Jeans und T-Shirt trägt, geht Katja dazu über, den Mann zu duzen. Alles andere würde ihr uncool vorkommen.

»Ja, ist o.k., da fahr ich hoch. Steig ein; ist allerdings ein bisschen chaotisch hier drin«, sagt der Mann und beginnt hektisch den Sitz frei zu räumen und eine paar Zeitungen, Hefte und Dosen auf die Rückbank zu werfen.

»Macht nichts. Das ist ja super; ist nämlich Demo in der Stadt, und hier läuft gar nichts mehr.«

»Hab ich schon gemerkt, bin kaum aus der Stadt rausgekommen.«

Katja steigt ein, und der Wagen fährt an. Später wird sie sich wundern, warum sie von ihrem Prinzip abgerückt ist, auf das Kennzeichen zu schauen und den Fahrer zuerst zu fragen, wo er hinfährt, bevor sie ihm ihr Ziel verrät.

Der Mann fährt ruhig und sicher. Er ist nur ein paar Jahre älter als sie, vielleicht Mitte bis Ende 20, dunkelblond und eher »einfach strukturiert«, wie Katja und ihre Freundinnen Männer nennen, die sie für eher unauffällige Typen halten.

Katja denkt darüber nach, worüber sie sich mit dem Mann unterhalten könnte. Sie möchte einerseits nicht unfreundlich sein, andererseits nicht den Eindruck erwecken, sie sei an ihm interessiert. Normalerweise ist sie kommunikativ und gut im Kontakt mit Fremden. Aber aus irgendeinem Grund fällt ihr diesmal nichts ein. Dem Mann ist es egal, dass Katja schweigsam ist. Er denkt an etwas anderes. An einen Ort mitten im Wald, den er schon kennt.

So reden beide auf den ersten Kilometern kaum. Doch die Stille ist nicht unangenehm, das Radio ist an und füllt das Wageninnere mit Musik, Werbung und Verkehrsdurchsagen. Als im Radio eine Blitzer-Mitteilung kommt, findet Katja endlich einen Einstieg in ein neutrales Gespräch.

»Hier stehen die auch häufiger, da vorne an der Einfahrt zur Reitschule.«

Der Typ sieht weiter nach vorne und sagt: »Da ist aber nichts; die Autos von denen riechen doch 10 km gegen den Wind.«

Die Unterhaltung gerät wieder ins Stocken. Inzwischen haben sie die Bundesstraße verlassen und fahren über eine Kreisstraße durch eine eher ländliche Gegend und kleine Ortschaften. Katja macht einen neuen Versuch: »Du kannst mich unten an der Kreuzung rauslassen, da, wo es weiter geradeaus Richtung Autobahnauffahrt geht. An der Ampel, weißt du?«

»Ach so, da wo es nur noch links und rechts geht?«

Katja ist erleichtert. Endlich scheint eine Unterhaltung in Gang zu kommen. Im Zweifel redet man eben am besten über die offensichtlichsten Dinge.

»Ja genau, den Rest geh ich dann zu Fuß.«

»Okay. Und da wohnst du?«, fragt der junge Mann interessiert. Offenbar passt für ihn Katjas Studentenoutfit nicht so richtig zu der biederen Umgebung.

»Ja, da wohnen meine Eltern, und die Entfernung ist eigentlich nicht sooo heftig; jedenfalls wenn die Busse fahren ... Wohnst du denn auch hier in der Nähe?«, fragt Katja in bewusst neutralem Tonfall, so dass der Mann ihre Gegenfrage als reinen Smalltalk verstehen muss.

»Nee, nee, ich wohne in ... Frankfurt und besuch hier nur einen Kumpel«, sagt der Mann konzentriert. Vor dem Namen seines Wohnorts hat er eine seltsame Pause gemacht, so, als ob er erst überlegen müsste, wo sein Zuhause ist.

Katja wundert sich etwas, hält den Mann aber einfach für schüchtern.

Nachdem sie ein waldiges Gebiet durchfahren haben und die ersten Häuser sichtbar werden, sagt Katja: »Da vorne an der Kreuzung kannst du mich rauslassen.«

Die Stimme des Mannes hat plötzlich einen gestressten Unterton, als er antwortet: »Ich fahr noch über die Ampel rüber und lass dich dahinter raus. Die steht immer so lange auf Rot.«

Während Katja noch über die Blödheit des Arguments nachdenkt, gibt der Mann plötzlich Gas und heizt über die Kreuzung, an der Ampel vorbei und biegt nach rechts ab. Später wird Katja auf die Frage der Polizei, ob sie sich gegen die Weiterfahrt gewehrt habe, antworten: »Nicht sofort. Ich habe nicht begriffen, was der Mann tat, und habe geglaubt, dass er eine günstige Möglichkeit suchte, rechts am Straßenrand anzuhalten.«

Jetzt sagt Katja, wie um dem Mann zu helfen: »Du kannst mich hier rauslassen; ich wohn da vorne.« Aber der Typ ignoriert sie, fährt weiter und beschleunigt den Wagen auf der schmalen Landstraße noch weiter. Katja schaltet von Hilfe auf Gegenwehr um: »Ey, ich will aussteigen! Wir sind da!«

Der Typ sagt nur: »Das geht jetzt nicht!«

»Ey, was ist los? Lass mich aussteigen, sofort!«

Der Typ hinter dem Lenker wirkt jetzt wie unter Strom, seine

Hände greifen fester um den Lenker und seine ganze Körpermuskulatur spannt sich an. Er wird das jetzt durchziehen, denkt er. Das, was er in seiner Phantasie und in Pornofilmen schon so oft gesehen hat. Katja krampft es den Magen zusammen. Der Mann schaut bewusst nicht in ihre Richtung. Katja überfällt ein Gefühl von Angst und Ohnmacht, das sie zu unterdrücken versucht. Aber die hohe Geschwindigkeit des Wagens und die Tatsache, dass der Mann nicht mehr mit ihr redet, verstärken es noch.

»Hey, ich will raus, sofort!«, ruft Katja und greift an den Türöffner.

»Lass das, du kannst hier nicht raus!«, faucht der Mann drohend. Katja versucht trotzdem, locker zu bleiben und dem Mann eine Chance zu geben:

»Meine Eltern wissen, wo ich bin und die warten auf mich. Die werden in 20 Minuten die Polizei rufen. Die wissen genau, dass ich jetzt nach Hause komme. Mach keinen Scheiß.«

Doch der Mann bleibt völlig ungerührt und hält die Geschwindigkeit konstant auf 70 km/h. Panik kommt in Katja auf, und sie überlegt fieberhaft, was sie tun kann, wo die nächsten Ortschaften sind und wo sie aussteigen könnte. Dann wird Katja lauter und versucht es mit Wut: »Ich will raus, verdammt nochmal, halt an!«

»DU KANNST NICHT RAUS, HAB ICH GESAGT!«

Plötzlich wird der Mann laut und aggressiv, und Katja weiß, dass sie gegen den sicher über 80 kg schweren Mann körperlich keine Chance hat. Also versucht sie es anders: »Warum machst du das?«

Keine Antwort.

»Warum machst du das?«

»Sei ruhig, verdammt!«

Als der Wagen am nächsten Ortseingang etwas abbremsen muss, wittert Katja eine Chance. Als sie den belebten Kirchplatz der kleinen Stadt passieren, reißt sie mit einer schnellen Bewegung die Beifahrertür auf und schreit aus dem Auto heraus laut um Hilfe. Doch der junge Mann lehnt sich blitzschnell über ihre Beine, greift nach dem Innengriff der Beifahrertür und knallt sie mit voller Kraft zu. Katja sieht, wie einige der Menschen am Platz dem Wagen verwundert hinterherschauen. Andere winken ihr zu. In den späteren Ermittlungen wird festgestellt, dass kein Notruf einging, weder mit noch ohne Kennzeichen.

Der Mann fährt weiter und sieht Katja aus funkelnden Augen an: »Mach das nicht noch mal!«

Katja schweigt. Sie weiß, dass ihre letzte Chance nun darin besteht, aus dem Wagen zu springen. Aber sie ist angeschnallt und hat bei ihrem letzten Versuch gemerkt, dass der Typ nicht nur schnell ist, sondern inzwischen auch extrem gestresst. Das macht ihr zusätzlich Angst, und ihr Kopf »versorgt« sie mit Bildern aus Zeitungen und Nachrichten, die sie jetzt gar nicht brauchen kann.

Der Mann lenkt den Wagen aus dem Ort hinaus und in ein großes Waldgebiet. Katja versucht, den Mann zu beruhigen und auf ihn einzureden, ohne ihn so unter Druck zu setzen, dass er ausflippt. Doch der Mann lässt sich auf kein Gespräch ein. Nach wenigen Kilometern erreichen sie eine Gegend, die dünn besiedelt ist und wo es nur noch ein paar kleine Dörfer gibt. Von einer Kreisstraße biegt der Passat in einen Waldweg ein, fährt an ein paar Kuhwiesen vorbei und in einen Buchenwald. Wieder denkt Katja an Flucht. Wenn der Wagen anhält, wird sie rennen, notfalls auch ohne Rucksack. Dann fällt ihr ein, dass sie diese doofen Schlappen an den Füßen hat. Der Typ dreht sich zu Katja um und sagt mit kalter Stimme und starrem Blick: »Ich schwör dir, ich mach dich platt, wenn du wegrennst! Du kommst hier nicht lebend raus, hast du das kapiert? Ob du das kapiert hast, will ich wissen?«

Katja hat Todesangst und wundert sich später, wie klar diese Angst sie im Gegensatz zu der früheren Panik macht. Katja entscheidet sich, vollkommen bewusst, unter allen Umständen ihr Leben zu retten und zu tun, was dafür nötig ist. Sie sagt mit weicher Stimme: »Ja. Aber wir können uns doch auch kennenlernen. Ich hab keinen Freund.«

Der Mann reagiert mit einem prüfenden Seitenblick und fährt langsam weiter den Waldweg entlang. Als die Kreisstraße, wo ohnehin kaum Autos fahren, nicht mehr zu sehen ist, stoppt er den Wagen. Er schaltet den Motor aus, dreht die Seitenscheibe nach unten, um die Geräusche von draußen besser hören zu können, wartet ein paar Minuten und fordert Katja dann auf, ihn anzufassen. Katja berührt ihn in einer Mischung aus Angst und Ekel. Dann lehnt sie sich an ihn und flüstert: »Aber lass mir noch Zeit, wir kennen uns doch gar nicht. Lass mir noch etwas Zeit. Wir können uns doch wiedersehen.«

Katja lehnt sich noch dichter an ihn. Der Mann schaut geradeaus, wird aber etwas weicher. Kein Blickkontakt. Doch Katja glaubt zu spüren, wie er sich entspannt. Sie schöpft Hoffnung, dass sie auf dem richtigen Weg ist. Doch der Mann will mehr. Er hat eine feste Vorstellung im Kopf, ein Drehbuch, von dem er offenbar nicht abweichen kann. Nach kurzem Schweigen fordert er sie mit etwas freundlicherer Stimme als zuvor auf, mit ihm auszusteigen. Katja folgt dem Mann ein Stück in den Wald. Etwas in ihr beginnt zu verkrampfen. Sie unterdrückt den Impuls zu wimmern und spricht sich unhörbar Mut zu: »Ich komme hier raus, glaub mir.«

Der Mann bleibt stehen und fordert sie auf, ihn mit dem Mund zu befriedigen. Katja tut es. Nach einer Weile verlangt er, dass sie sich die Hose herunterstreift und sich herumdreht. Katja merkt, dass sie in der Lage ist, ihren Unterkörper zu betäuben, so als würde sie ihr ganzes Leben von dort zurückziehen. Sie unterdrückt den Ekel, der jetzt in Wellen kommt, und versucht sich darauf zu konzentrieren, diese Situation irgendwie durchzustehen. Dann spürt sie, wie der Mann sie grob von hinten packt und versucht, mit Gewalt in sie einzudringen.

»Mach bitte langsam, tu mir nicht weh, mach langsamer.« Der Mann wird vorsichtiger, und Katja wird klar, dass sie Einfluss auf ihn hat. Das macht sie etwas ruhiger. Sie bleibt passiv und lässt die Bewegungen des Mannes geschehen. Die 15 Minuten im Wald kommen ihr vor wie eine Ewigkeit. Doch sie spürt, dass sie jetzt konsequent bleiben muss. Mehrmals wiederholt sie den Satz: »Wir können uns doch wiedersehen.«

Als es vorbei ist und der Mann sie nicht ansieht, geht sie zu ihm und fasst ihn am Arm. Er lässt es zu, und sie sagt noch einmal: »Du kannst mich nach Hause fahren, und ich zeig dir, wo ich wohne.«

Katja spürt, dass der Mann nachdenkt und offenbar einverstanden ist. Sie kann nicht fassen, wie leicht er auf ihr Angebot eingeht.

Sie steigen wieder ins Auto ein und fahren aus dem Wald hinaus auf die Straße und zurück in Richtung ihres Wohnorts. Auf dem Weg sagt der Mann zu Katja:

»Ich will wissen, wo du wohnst. Wenn du irgendeinem was sagst, komm ich zu dir. Ich finde dich und mache dich kalt, klar?«

»Nein, ich sag niemand was. Ich zeig dir, wo ich wohne und dann geb' ich dir meine Handynummer und du kannst mich anrufen, wenn du möchtest. Wir können uns doch besser kennenlernen und wiedersehen. Wie heißt du eigentlich? Ich heiße Katja und du?«

»Alex.«

Der Name kommt wie aus der Pistole geschossen, und Katja weiß, dass es sein wirklicher Name ist. Nach einiger Zeit erreichen sie ihren Heimatort, und der Mann bringt sie bis in ihre Straße, will aber nicht vor das Haus fahren. Es reicht ihm, es zu sehen. Sie tauschen ihre Handynummern aus, Katja nimmt ihren Rucksack, verabschiedet sich, winkt und merkt sich das Kennzeichen des abfahrenden Wagens. Sie schließt die Haustür auf, tritt ein und verschließt sie von innen. Sie holt Zettel und Stift und notiert sich das Kennzeichen. Dann bricht sie in Tränen aus, und ihr ganzer Körper zittert unkontrolliert. Sie ruft ihre Mutter an und erzählt ihr, was geschehen ist. Die Mutter kommt sofort und fährt mit Katja zur Polizei, wo sie Anzeige erstattet.

Der Täter wird am nächsten Tag an seiner Arbeitsstelle festgenommen, erkennungsdienstlich behandelt und legt nach anfänglichen Ausreden ein Geständnis ab. Er wird wegen Vergewaltigung verurteilt und bekommt eine mehrjährige Freiheitsstrafe.

Fakten zum Thema Vergewaltigung

60 Prozent aller Vergewaltigungen finden in den eigenen vier Wänden statt, etwa 20 Prozent im halböffentlichen Bereich (Auto, Campingplatz, Party, Disco) und etwa 20 Prozent im öffentlichen Bereich (Straßen, Wege, Plätze). Über 80 Prozent der Delikte sind Beziehungsdelikte, und in nur 17 Prozent der Fälle sind sich die Beteiligten fremd. Lediglich 4 Prozent der Vergewaltigungen finden überfallartig statt. Vergewaltigungen kommen in allen Altersgruppen vor, das Opferrisiko ist für Frauen zwischen 14 und 20 Jahren jedoch am höchsten. Knapp 80 Prozent der Täter sind wegen einer Gewalttat oder einer Tat gegen die persönliche Freiheit eines anderen vorbestraft.

Faktoren, die eine Sexualstraftat begünstigen, sind: die Anonymität eines abgelegenen Ortes, hohe Attraktivität des potentiellen Opfers bei gleichzeitigem Tiefstatusverhalten, fehlende frühzeitige Grenzziehung (nein sagen), ein Mangel an innerer Präsenz und Wachsamkeit, z. B. durch negative

Gefühle, Erschöpfung oder Alkoholisierung oder zu großes Vertrauen in das Gegenüber.

Schwere physische Verletzungen sind bei Vergewaltigungen selten, mittel- und langfristige Traumatisierungen häufig. Tötungsdelikte in Folge einer Vergewaltigung sind extrem selten. Etwa 60 Prozent aller Frauen leisten dem Täter physisch Widerstand, häufig mit Erfolg.

Nur etwa 50 Prozent der vergewaltigten Frauen zeigen die Tat bis zum Folgetag an. Als Motiv für die Nichtanzeige wird am häufigsten Prozessangst und Angst vor Folgegewalt durch den Täter angegeben. Aber auch Scham, Verwirrung und ein allgemeines Misstrauen oder Ekel. Lediglich 16 Prozent der angezeigten Vergewaltigungen führen zur Verurteilung des angezeigten Täters. Der Grund dafür sind die oft mangelhafte Beweislage, Widersprüche in den Aussagen der Betroffenen, starke Alkoholisierung oder Drogeneinfluss (auf beiden Seiten) zum Tatzeitpunkt oder wenn Aussage gegen Aussage steht und der Körper der Frau keine Verletzungen aufweist.

Die Wahrscheinlichkeit für die Verurteilung des Täters ist am höchsten bei nachweislichen körperlichen Verletzungen bei den betroffenen Frauen, wenn der Täter vorverurteilt ist und wenn er im Gegensatz zu der betroffenen Frau zur Tatzeit alkoholisiert war.

Meide die Gefahr

Katjas grausame Erfahrung zeigt: Man sollte sich als Frau genau überlegen, ob man eine Gefahr dieser Art riskiert. Alleine mitfahren oder alleine trampen ist gefährlich, auch am Tag. Allerdings geschehen die meisten Vergewaltigungsdelikte im öffentlichen und halböffentlichen Bereich an Samstagen zwischen Mitternacht und 6.00 Uhr.

Wenn eine Frau trotz allem per Anhalter fährt oder sonst eine Gelegenheit nutzt, per Mitfahrt nach Hause zu kommen, sollte sie auf bestimmte Dinge achten. Sie sollte im Erstkontakt mit dem Fahrer die Gesprächsführung suchen und beibehalten. Sie sollte nicht im Tiefstatus agieren und übermäßig freundlich sein, sondern klar und direkt. Sie behält die Führung beispielsweise dadurch, dass sie den Fahrer fragt, wohin er fährt, bevor sie ihr eigenes Ziel preisgibt. Sie sollte sich die Option, die Mitfahrt abzulehnen und auf die nächste Gelegenheit zu warten, vor und während des Gesprächs mit dem Fahrer bewusst offenhalten. Sobald sie auch nur das leiseste Unbehagen oder den leisesten Zweifel bei den Antworten des Mannes, seinem Auftreten oder dem Eindruck, den der Innenraum des Wagens vermittelt, empfindet, sollte sie nicht einsteigen – egal, ob diese Gefühle begründet oder unbegründet, stark oder schwach, verständlich oder unverständlich sind.

Manche Frauen bringen es nicht übers Herz, nein zu sagen, weil sie in die Reziprozitätsfalle tappen. Sie denken, der Mann ist durch das Anhalten bereits in Vorleistung getreten und hat etwas »gegeben« – da kann man nicht einfach nein sagen und einen vielleicht ja doch ganz netten und normalen Typ brüskieren. Diese Falle kennt man vielleicht vom Einkaufen. Wenn man zehn Paar Schuhe anprobiert hat, der Laden wie ein Schlachtfeld aussieht und man sich dann nicht traut, keins zu kaufen. Aber: Man hat immer das Recht, nein zu sagen. Was der andere »gibt«, ist seine Entscheidung.

Ebenso gefährlich ist die Autoritätsfalle: Wenn eine Frau auf einen Hochstatustypen trifft, der sofort die Führung übernimmt, bestimmte und klare Gesten macht und »lenkt«: »Kommen Sie rein, setzen Sie sich, genau da fahr ich hin! Den Rucksack können Sie hinten reinwerfen!«

In diesem Fall gilt umso mehr: In der Führung bleiben, sich nicht drängen lassen, auf das Bauchgefühl hören.

Setze die Schwelle höher

Sobald sie eingestiegen ist, sollte die Frau per Handy zu Hause oder bei Freunden anrufen, um dem Fahrer zu zeigen, dass sie die Fahrt aus der Anonymität in das Gewahrsein anderer gehoben hat (aktive Deeskalation und Warnung): Die kurze Information, dass sie ein netter Typ aus Bonn mitgenommen hat und dass sie in 15 Minuten da ist, reicht aus, um »die Schwelle« höher zu setzen.

Diese Präventionsmaßnahmen gelten nicht nur beim Trampen, sondern auch in der Disco, auf dem Heimweg oder allgemein in Kennenlernphasen – auch, wenn sie im Internet stattfinden (Stichwort: Rendezvous-Täter). In der Disco sollte man die eigenen Getränke nicht alleine lassen, da es in Mode gekommen ist, sie mit berauschenden oder bewusstseinsändernden Substanzen wie K.-o.-Tropfen zu versetzen oder manchmal »nur zum Spaß« mit LSD. Auch wenn diese Substanzen nicht lebensbedrohlich sind, können sie Ängste, Unsicherheiten und fatale Fehleinschätzungen, das Gefahrenpotential einer Situation betreffend, begünstigen. Wer den Heimweg antritt, sollte darauf achten, nicht mit Alkoholisierten mitzufahren und eher den Bus als die S-Bahn zu nehmen. Busse sind sicherer, weil der Fahrer präsent ist. Im Zweifelsfall ist das Taxi die sicherste Möglichkeit.

Meide die Opferrolle

Wenn man trotz aller Vorkehrungen in die »engere Tatphase« geraten ist und sich in einer Situation befindet, in der man einem Sexualtäter alleine gegenübersteht, sollte man den Tiefstatus meiden und keine »Schwäche« in Form von Weinen, Flehen, Wimmern oder Betteln zeigen, auch wenn der Impuls dazu stark ist. Dies gilt nur dann nicht, wenn man den Tiefstatus aus taktischen Gründen wählt (taktischer Tiefstatus), um die Gewaltbereitschaft des Täters zu hemmen, ihn in Sicherheit zu wiegen und später in einer entstehenden »Lücke« selbstbewusst und im Hochstatus zu agieren.

Stattdessen ist es hilfreicher zu versuchen, möglichst ruhig zu bleiben, tief zu atmen oder innerlich einen »Stopp-Satz« zu wiederholen, wie es Katja und andere Frauen in diesen Lagen getan haben, um den Stress zu senken: »Ruhig bleiben, ganz ruhig bleiben.« Dies erhöht die eigene innere Balance und Handlungsfähigkeit, um z. B. Informationen über den Täter zu bekommen und herauszufinden, wo oder wie der Mann beeinflussbar ist.

Wenn man Gegenwehr leistet, sollte dies kontrolliert geschehen. Wer unkontrolliert in die »Frustrations-Aggressions-Schleife« gerät und ausrastet, erhöht den »Alarmpegel« des Täters und beraubt sich der Möglichkeit, strategisch auszubrechen und den Täter zu überraschen. Ein Täter, der mit unkontrolliertem Widerstand konfrontiert wird, bleibt auf der Hut und wird immer wieder zur Gewalt gereizt.

Sprich mit dem Täter

Solange man mit dem Täter im Gespräch ist, kann er die Tat in der Regel nicht vollziehen. Darüber hinaus erhält man durch das Gespräch unter Umständen wertvolle Informationen über den Täter. Diese Informationen können sowohl dazu dienen, das Gespräch mit dem Täter aufrechtzuerhalten als auch dazu, eine Möglichkeit zu finden, wie man aus der Situation herauskommen oder aktiv ausbrechen kann. Wer eine Beziehung zum Täter aufbaut, macht es ihm zudem schwerer, seine Tat durchzuführen. Sexualtäter sehen ihr Opfer als Objekt, nicht als Mensch.

Eine Möglichkeit, Kontakt zum Täter aufzubauen, besteht darin, über sich zu sprechen: »Ich heiße ... und ich habe zwei Kinder ..., hier ist ein Bild von ....« Man kann auch Selbstoffenbarungen äußern, die sich direkt auf den Moment und die Handlungen des Täters beziehen und sie im Hochstatus formulieren: »Wenn Sie das machen, tut mir das weh, bitte hören Sie auf. Ich denke gerade darüber nach, dass ...« Katja hat diese Strategie intuitiv immer wieder angewandt, ist auf diese Weise aktiv geblieben und hat selbst in dieser ausweglosen Situation wichtige Informationen über den Tätertypus erhalten, die sie auch einsetzte.

Ebenso sinnvoll kann es sein, trotz der möglichen körperlichen Übermacht des Täters mitzuteilen, was man nicht möchte: »Das will ich nicht. Ich will ...!« »Damit bin ich nicht einverstanden, weil ich ...!«

Selbst wenn dies keine sichtbare Wirkung zeigt, legt jeder authentische persönliche Satz dem Täter ein weiteres Hindernis in Weg, und die Frauen empfinden die Belastungen nach dem Übergriff als weniger massiv, weil sie wissen, dass sie sich innerlich nie aufgegeben und um sich gekämpft haben bzw. aktiv geblieben sind.

Eine andere Möglichkeit, mit dem Täter in Kontakt zu kommen, besteht darin, ihn über sich sprechen zu lassen und ihm Fragen zu stellen. Dabei sollte man Warum-Fragen vermeiden (»Warum willst du mir wehtun?« »Warum tust du das?«), weil sie beim Täter Schuldgefühle erzeugen, die ihn unter Druck setzen. Die Fragen sollten ihn eher zum Nachdenken bringen. Wer bereits öfter rechtswidrig gehandelt hat, weiß, dass Schuld die Währung ist, mit der er bezahlen muss. Eine besseres Gesprächsangebot wäre: »Aus welchen Gründen machst du das? Das würde mich interessieren.« (Gekoppelt mit Suggestionen: »Du bist doch ein netter Typ.«) Wenn der Täter auf die Frage antwortet, sollte man genau zuhören und nicht versuchen, ihn zu widerlegen, sondern wiederum Informationen sammeln.

In keinem Fall sollte man den Täter im Gespräch herabsetzen, beleidigen oder beschimpfen, da dies eine Statuswippe in Gang setzen kann.

Physische Gegenwehr

Jede körperliche Aktion sollte zum Ziel haben, sich schnell zu befreien und Hilfe zu holen. Diese Aktionen muss man kennen und üben. Es sei denn, sie bieten sich an, wie zum Beispiel kräftige Bisse in Wangen oder Geschlechtsteile. Grifflösungen und gezielte Schläge dagegen muss man üben und kennen, genau so wie das Verwenden von Pfefferspray. Dies erfordert seriöses Training, ansonsten sind diese Werkzeuge unter Stress nicht abrufbar und viel zu kompliziert. Am besten sind die von den Polizeibehörden angebotenen Kurse geeignet, die hohe Standards haben und in denen meist auch Psychologinnen oder erfahrene Polizeibeamtinnen mitarbeiten. Von Vorteil sind meines Erachtens gemischte Trainings, die nicht nur von Frauen organisiert werden und in denen erfahrene männliche Rollenspieler dabei sind.

Als allerletztes Mittel: Passe dich an

Wenn Lebensgefahr besteht und nichts anderes (mehr) funktioniert, ist die Strategie, die Katja schließlich angewandt hat, manchmal die einzige Möglichkeit, weitere Gewalt zu verhindern. Auch wenn es beinahe übermenschlich klingt: Man sollte als Frau (und auch als Mann) als letzte Möglichkeit das tun, was der Täter verlangt. Solange man dies bewusst tut, bedeutet auch diese Strategie einen inneren Ausstieg aus der Opferrolle, weil Akzeptieren eine aktive Haltung darstellt.

Passe dich an setzt voraus, dass man das Problem auf einer anderen Ebene löst, als der, auf der es stattfindet. Ein Vergewaltiger wie Alex rechnet mit Gegenwehr und Drohungen. Das Letzte, womit er rechnet, ist Zuneigung oder das In-Aussicht-Stellen einer Beziehung, auch wenn er sich in seinen Phantasien eben dies vielleicht wünscht. Katja sagte später: »Ich fühlte, dass Einsamkeit in ihm war, und ich wusste, wie ich die Sehnsucht erfüllen konnte, die darunterlag. Ich habe mich aber gewundert, dass er mir das alles so schnell geglaubt hat.«

Im Falle körperlicher Unterlegenheit oder wenn eine Waffe im Spiel ist, kann es daher lebensrettend sein, das Muster des Täters zu bedienen, ohne innerlich Opfer zu sein (sage weiter, was dich stört!) – entweder durch Akzeptanz der Situation oder durch Täuschung. Akzeptanz bedeutet, dass man bei akuter Lebensgefahr tut, was der Täter will, und so wie Katja weiterhin »testet«, ob man Einfluss hat (»tu mir nicht weh«).

Die Täuschung geht darüber hinaus und bedient sich eines psychologischen Effekts, den man auch von Geiselnahmen kennt, bei denen der Geiselnehmer auf extreme Gewalt gegen das Opfer verzichtet. Das Opfer sucht die Nähe des Täters und solidarisiert sich tatsächlich oder scheinbar mit ihm, um den Täter zu beschwichtigen und so das eigene Überleben zu sichern.

Passe dich an ist das Gegenteil von Resignation oder Selbstaufgabe. Die Strategie basierte in Katjas Fall auf einer bewussten Entscheidung. Sie hat sich in einer aussichtslosen Lage für die Täuschung entschieden und mit enormer Selbstkontrolle und Einsicht den letztmöglichen Weg gewählt, präsent zu bleiben und ihr Leben zu retten. Es kann Opfern bei der Verarbeitung helfen, wenn sie ihr Handeln rückblickend als aktiven Selbstschutz begreifen. In Situationen, in denen man die Gefahr nicht abwenden und die Tat nicht verhindern kann, kann die innere Haltung zum Geschehen wichtiger sein als das Geschehen selbst. Die Aufrechterhaltung von Aufmerksamkeit und die Akzeptanz dessen, was geschieht, können die negativen Auswirkungen der Opfererfahrung reduzieren.

Täterprofile Vergewaltigungen

Die folgenden Täterprofile wurden vom FBI erstellt. Im öffentlichen Bereich kommen vor allem Typ 1 und 2 vor, seltener Typ 3. Typ 4 ist mir während meiner Polizeiarbeit nie begegnet – ich kenne ihn nur aus dem Film *Das Schweigen der Lämmer.*

Typ 1: Machtbestätigungsvergewaltiger

Innerer Tiefstatus

Er fühlt sich inadäquat und sieht sich selbst nicht als den Typ Mann, mit dem Frauen auf die gewünschte Weise interagieren würden. Er ist der »innen unsichere« Tätertyp, der diese Unsicherheit kompensiert, indem er Frauen zum Sex zwingt. Hierdurch und während der Tat sucht er nach Bestätigung seiner eigenen Macht und Potenz. Er phantasiert, dass dem Opfer die Vergewaltigung Freude bereitet und es sich durch die Tat sogar in ihn verlieben könnte (Beziehungsillusionist). Er kann anfangs freundlich und weich auftreten, um dann plötzlich umzuschalten. Seine Kopffilme und seine Illusionen sind gleichzeitig die Chance für die Frau, »schwach zu spielen« (Tiefstatus) und dann »stark zu kämpfen« und zu flüchten oder Hilfe zu holen (Hochstatus). Der Täter im Fall »Katja« gehört zu diesem Typus.

Typ 2: Machtbeanspruchungsvergewaltiger

Innerer Hochstatus

Er hat keinerlei grundsätzliche Zweifel an seiner Männlichkeit und gibt sich ganz als Macho. Durch die Tat bringt er zum Ausdruck, dass allein seine Männlichkeit Berechtigung genug ist, sich jede Frau zu nehmen, die er will. Und er demonstriert damit seine Dominanz über die Frau. Er ist ein Machtmensch und tritt daher nicht vorsichtig auf, sondern laut, raumgreifend und direkt invasiv. Er ist autoritär und kann das auch nicht verheimlichen (Hochstatus). Der Täter kann charmant auftreten, wird aber nicht als schwach, sondern als »mächtig« wahrgenommen.

Typ 3: Wut- oder Vergeltungsvergewaltiger

Emotionalisierter Täter

Er will für eine tatsächliche oder eingebildete Opfererfahrung Vergeltung üben, spürt eine Abneigung gegen Frauen und benutzt Sex als Waffe, um diese zu bestrafen oder zu degradieren. Die Tat ist Ausdruck von Aggressivität und Wut, wobei das Opfer an die Stelle dessen gesetzt wird, der diese Gefühle in ihm verursachte. Diese Täter sind stark emotionalisiert.

Typ 4: Sadistischer Vergewaltiger

Er zieht Befriedigung daraus, seinem Opfer emotionalen oder physischen Schmerz zuzufügen, und ist der Typus, der in Krimis oder Horrorfilmen die meiste Angst verbreitet. In der realen Welt ist er jedoch der seltenste Tätertyp.

5 ANDERE EXTREME GEWALT

Nie wieder ins Stadion

Ein Mann fährt mit seiner Frau und seinem kleinen Sohn ins Stadion. Sie schauen sich ein Erstligaspiel an. Nach dem Spiel gehen sie zum Parkplatz zurück und wollen nach Hause fahren. Sie sitzen bereits im Auto, als direkt neben ihnen eine Hooligangruppe eine gegnerische Fangruppe angreift. Sie kommen nicht weg, weil ihr Auto von mehreren Dutzend Männern eingekesselt ist, und sie müssen extreme Gewaltszenen (inklusive versuchten Totschlag) mit ansehen. Der Mann verriegelt von innen die Türen, seine Frau steigt zwischen den Sitzen zu dem völlig verängstigten Kind nach hinten, nimmt es fest in den Arm und hält ihm die Augen zu. Die ganze Familie ist in Panik und steht hinterher unter Schock. Später sagt der Mann als Zeuge bei der Polizei aus, und sein letzter Satz ist: »Ich werde nie wieder in ein Stadion gehen! Das hat mit Fußball nichts mehr zu tun!«

Interveniere indirekt

Das Einzige, was in so einem Fall noch geht: 110 wählen, das Handy am besten auf den Beinen liegen lassen, nicht zum Mund führen, aus der Distanz hineinsprechen, die Leitung nicht unterbrechen und genaue Ortsangaben machen. Dies kann die Familie und die Leute draußen schützen. Situationen dieser Art enden erst dann, wenn starke Kräfte von außen herangeführt werden. Wenn Leute bereits am Boden liegen und in Lebensgefahr sind, besteht die Möglichkeit, Krach zu machen und zu hupen, um zu stören, was im beschriebenen Fall aus Gründen der Eigensicherung verständlicherweise nicht getan wurde.

Aber: Auch gewalttätige Gruppen machen Unterschiede zwischen gleichartigen Gegnern, die sie angreifen, und Familien in Autos.

Nachtschicht

Fred H. ist mit Freunden bei einem Geschäftsessen. Um Mitternacht verlässt er das Restaurant und fährt nach Hause. Zeitgleich verlässt eine junge Frau ihre Wohnung, und weil sie ihren Autoschlüssel nicht findet, geht sie zu Fuß zur Nachtschicht. Auf einem Brückenzubringer an einer einsamen Stelle kreuzen sich ihre Wege. Fred H. beobachtet im Fahren, wie auf der anderen Straßenseite eine junge Frau direkt vor einem Mann steht und versucht, sich von ihm wegzudrücken. Der Mann hält die Frau an den Schultern fest. Zunächst vermutet Fred, dass es sich um ein streitendes Paar handelt. Er verlangsamt aber seine Fahrt und sieht, dass die Frau definitiv von dem Mann weg will, panisch wirkt und Blickkontakt zu Fred sucht, weil sie bemerkt, dass er aus dem Auto heraus hinsieht. Fred wendet das Auto, findet das »Paar« aber nicht mehr vor. Er stellt den Motor ab, dreht die Scheibe herunter und hört dann die Hilfeschreie der Frau. Da er sie nicht sehen kann, weil der Täter sie einen Hang hinunter in den angrenzenden Park gezogen hat, steigt er aus und ruft laut: »Ich komme gleich! Ich bin gleich da!« Im Kofferraum findet er einen Maulschlüssel und geht damit zum Straßenrand. Unterhalb, im Park, sieht er den Mann auf der Frau liegen. Fred hat Blickkontakt zu ihm, macht sich groß und breit und brüllt: »Hey, lassen Sie die Frau in Ruhe!« Der Täter steht auf und flüchtet.

Spiel nicht den Helden, sondern konfrontiere kontrolliert

In vielen Situationen geht es zunächst nicht darum, zu handeln oder nicht zu handeln, sondern um Aufmerksamkeit und Wahrnehmung. Nur wer aufmerksam ist und eine Situation als Ganzes wahrnimmt, kann effektiv handeln. Sowohl ein Angriff gegen den Täter als auch die Entscheidung, zu gehen und Hilfe zu holen, wären in dieser Situation fatal gewesen. Daher ist die erste Phase der Wahrnehmung so wesentlich. Fred entscheidet sich stattdessen für kontrolliertes Konfrontieren. Er interveniert zunächst von weitem mit der Stimme, geht dann näher ran und spricht eine Aufforderung und eine Warnung aus. Damit erreicht er maximale Wirkung bei minimaler Eigengefährdung. Seine Intervention setzt auf der Täterseite ein Kosten-Nutzen-Denken in Gang. Instinktiv setzt er damit eine Spielart *neuer Autorität* ein, die den Täter nicht angreift und zwingt, sondern konfrontiert und zu einer Entscheidung auffordert.

An diesem Beispiel kann man sehen, wie eine wache Wahrnehmung und ein kühler Kopf dazu führen können, die eigene Angst zu nutzen, um eine kontrollierte Intervention ohne erhebliche Eigengefährdung vorzunehmen. Es geht in vielen Fällen nicht darum, zu handeln oder nicht zu handeln, sondern darum, zu stören und dabei aufmerksam zu bleiben.

Der Vollständigkeit halber sei hier noch erwähnt, dass die junge Frau den Weg zur Arbeit um diese Zeit nicht alleine und zu Fuß hätte zurücklegen sollen. Eine Frau, die abends oder nachts allein unterwegs sein will oder muss, sollte ihren Weg vorher genau im Kopf durchgehen. Wenn sie auch nur im Geringsten unsicher ist oder wenn der Weg einsame, dunkle Stellen aufweist, ist es besser, ein Taxi zu nehmen oder sich abholen zu lassen, auch wenn es nur 500 Meter sind. Es herrscht sicher große Einigkeit darüber, dass das schade ist, aber hier geht es um nüchterne Fakten.

Fazit: An beiden Beispielen zeigt sich, dass Handeln in dem Moment beginnt, in dem man hinschaut und wahrnehmen *will*. Denn Hinsehen verändert die Situation bereits. Auch ein Nichthandeln muss nicht gleichbedeutend mit unterlassener Hilfeleistung sein. Es kann das Ergebnis einer bewussten Abwägung der Möglichkeiten bedeuten. Wer nicht aktiv interveniert, hat Alternativen: Dokumentieren per Handy, 110 wählen, andere ansprechen, Teams bilden, Hupen, Krach machen.

Verkehrte Welt

Die Junisonne steht senkrecht über der Bonner Fußgängerzone und taucht sie in ein grelles Frühsommerlicht. Die Einkaufsstraßen sind voller Menschen. Um die Tische der Straßencafés entstehen immer neue Inseln aus Stühlen, da niemand mit so viel Sonne gerechnet hat. In der Poststraße haben einige Geschäfte ihre Ware nach draußen geschoben, um noch mehr Käufer anzulocken. Vor Karstadt steht wie immer der Schuhputzer mit dem freundlichen Gesicht, bei dem nie jemand anhält und dem ich so gerne sagen würde, dass Schuheputzen in Deutschland eine ziemlich intime Angelegenheit ist. Ich schlendere die Poststraße hinunter, bis ich aus dem Augenwinkel sehe, dass vor einer Apotheke zwei Frauen Streit haben. Ich halte an und schaue genauer hin. Beide scheinen angetrunken, tragen schmutzige Jeans, und ihre Haare sind struppig, so, als würden sie auf der Straße leben. Ich kriege Gerempel und laute Beleidigungen mit: »Du Schlampe, was geht dich das an, was ich mit dem mache?« – »Das ist mein Freund, du bitch!« Plötzlich geht alles sehr schnell. Die eine Frau nimmt eine Glasflasche mit Apfelsaft aus dem Ständer vor der Apotheke, holt aus und knallt sie ihrer ungläubigen Rivalin auf den Kopf, die gerade noch ein »Das-machst-du-nie-Gesicht« aufgesetzt hatte. Die Frau geht sofort zu Boden und blutet am Kopf. Ich sehe, dass die Angreiferin nicht innehält, obwohl sie selbst sich bei dem Schlag die Hand aufgeschnitten hat, sondern bereit ist weiterzumachen. Jetzt ist Handeln angesagt.

Die Frau mit der Kopfverletzung liegt auf dem Bauch, und es schockt mich, wie viel Blut ein Mensch in so kurzer Zeit verlieren kann. Ich renne auf die Täterin zu, während die Frau am Boden auf allen vieren in Richtung eines Telekomshops kriecht und dabei eine Blutspur hinterlässt. Aus dem Augenwinkel sehe ich, dass sich der Ladenbesitzer um sie kümmert und hereinholt. Die Passanten sind schreiend auseinandergestoben und stehen geschockt und mit aufgerissenen Augen in gehörigem Abstand zum Tatort. Andere strömen aus allen Richtungen hinzu, und schon stehen mehrere Dutzend Leute um die Frau und mich herum wie um eine Varietéeinlage.

Als die Frau mich bemerkt, scheint sich ihr Verstand wieder einzuschalten, und sie will wegrennen. Ich fasse sie von hinten an der Schulter und drehe sie herum, aber ich habe ein mulmiges Gefühl dabei. Seit einem Jahr bin ich nicht mehr bei der Polizei und suche nach Worten. Den Satz: »Guten Tag, Bongartz mein Name, Polizei Bonn, was ist hier passiert?« kann ich mir sparen. Ich handle als Zivilist und kann plötzlich nachvollziehen, warum es Menschen schwerfällt, in solchen Situationen aktiv zu werden.

Die Frau versucht sich loszureißen und wegzurennen. Doch ich lasse ihre Schulter nicht los. »Sie bleiben hier!«

»Lass mich los, du Arsch!« Die Frau schreit und will sich aus meinem Griff herauswinden. Sie spuckt mich an, tritt nach mir und zieht wie wild.

»Sie bleiben hier, bis die Polizei da ist! Ich lasse Sie nicht los!«, schnauze ich zurück.

Jetzt dreht sie richtig auf: »Lass deine dreckigen Flossen von mir, verpiss dich, du Wichser! LASS MICH LOS!« Dabei starrt sie mir hasserfüllt in die Augen und zerrt an mir. Offenbar hat sie so viel Adrenalin im Blut, dass sie ihre Schnittverletzung gar nicht bemerkt. Mir wird klar, dass die Angelegenheit noch nicht entschieden ist. Die Frau tritt wie ein Berserker gegen meine Beine. »Machen Sie keinen Ärger, die Polizei ist in ein paar Minuten hier und dann können Sie Ihre Geschichte erzählen.«

Sie wird noch aggressiver. Das Wort Polizei beruhigt sie nicht, im Gegenteil. Sie versucht es jetzt mit Kratzen. Ich drücke die Frau gegen die Schaufensterscheibe der Apotheke, wodurch ihre Bewegungen statischer und berechenbarer werden, weil sie nicht mehr ausholen kann.

»Du darfst mich nicht festhalten, du Wichser!«, brüllt sie, rollt sich an der Scheibe von links nach rechts und beginnt, mich anzuspucken. Ich spüre eine innere Hemmung, die Frau aggressiv anzufassen. Jedenfalls handele ich nicht so klar und hart, wie ich es bei einem Mann tun würde. Eine Art Beißhemmung. Vermutlich würde es jedem Mann so gehen, wenn er nicht ausgesprochen sauer ist oder die Hemmung mit Hassdenken überformt hat.

Da trifft einer ihrer Tritte einen der Rollkörbe mit Flaschen und

Cremes, die vor der Apotheke stehen. Der Rollkorb fällt um, und sein Inhalt kullert durch die Fußgängerzone. Von wegen, Frauen haben keine Kraft. Aber ich will sie nicht zu Boden bringen und fixieren, wie es im Dienst üblich wäre, weil ich mir ausmalen kann, was die Leute um uns herum für einen Aufstand machen würden. Auf der Treppe der Apotheke erscheint plötzlich die Inhaberin und schreit mich an: »Was ist denn hier los? Lassen Sie die Frau los!!!«

Ich rufe zurück: »Es ist alles in Ordnung, rufen Sie die Polizei an.«

»Aber ... Was machen Sie denn da?«

»RUFEN SIE DIE POLIZEI AN, SOFORT!«

Meine Stimme ist zwar laut, aber dennoch so neutral, dass die Apothekerin darauf eingeht. Meine Ansage passt einfach nicht zu einem Täter. Sie verschwindet im Laden, um die Polizei anzurufen.

»Gut«, denke ich, »höchstens noch drei Minuten, und irgendwann geht ihr ohnehin die Spucke aus.« Die Beleidigungen der Frau höre ich kaum noch, ich stelle auf Durchzug. Nur ihr Spucken ist mir unangenehm. Zwischendurch sage ich immer wieder zu ihr: »Hören Sie auf damit, ich lasse Sie nicht los, bis die Polizei hier ist.«

Ich blicke umher. In den Gesichtern der Umstehenden erkenne ich, dass sie die Szene anders wahrnehmen als ich. Sie sehen einen Mann mit Blut an Händen und T-Shirt, der eine schreiende, blutüberströmte Frau gegen eine Schaufensterscheibe drückt. Beide zerren aneinander, beide duzen sich (leider rutscht mir zwischenzeitlich auch ein »Du« raus, weil ich von der Spuckerei genervt bin), Rollkörbe fallen um, die Straße ist voller Blut. Mindestens die Hälfte der Leute kennt die Vorgeschichte nicht. Für sie bin offenbar ich der »Täter« und die Frau das »Opfer«.

Plötzlich lösen sich 10 bis 15 Frauen aus der Traube von Menschen und kommen näher heran. Männer sind nicht dabei. Die Frauen sind noch etwa zwei bis drei Meter entfernt. Sie schrecken zurück, als meine Partnerin wieder aggressiver wird und um sich tritt. Eine Frau aus dem Pulk schreit mich an: »Lassen Sie die Frau los! Die hat Ihnen doch gar nichts getan!«

Wie im Chor stimmt »meine Frau« mit ein: »Ja, du Penner, ich hab dir gar nichts getan, lass mich endlich los, pack mich nich' an!«

Ich setze zu einer Erklärung an. Doch die Frauen kommen immer näher, und ich kann in ihren gestressten und wütenden Gesichtern sehen, dass es sinnlos ist. Wer so emotional und im roten Bereich ist, bekommt vom Gesagten keine fünf Prozent mit. Man verliert einfach den Überblick und hört nicht mehr zu. Als ich trotzdem einen Erklärungsversuch mache, wird es von der Gruppe als Nachgeben gewertet, als ein Zeichen erster Verunsicherung. Die Frauen wittern ihre Chance und werden noch lauter. Im Hinblick auf Zivilcourage eigentlich kein schlechtes Zeichen. Also schalte ich auf stur und wiederhole immer wieder den Satz: »Die bleibt so lange hier, bis die Polizei da ist, basta!«

Die nächsten drei bis vier Minuten werden sehr, sehr lang.

Endlich sehe ich aus einiger Entfernung zwei ehemalige Kollegen, eine Polizistin und einen Polizisten, die sich ihren Weg durch die Menge bahnen und auf uns zusteuern. Sie sind relativ unaufgeregt, und einer von ihnen fragt mit ruhiger Stimme: »Was ist hier passiert?«

Ich übergebe die Frau den Beamten und erkläre die Situation. Die Frauen, die sich mir mutig in den Weg gestellt hatten, entspannen sich, als sie nach und nach begreifen, was vorgefallen ist.

Die Täterin wurde acht Monate später wegen gefährlicher Körperverletzung verurteilt. Das Festhalten einer Person ist durch die Bestimmung »Festnahme durch jedermann« in § 127 I StPO gerechtfertigt, wenn Fluchtgefahr besteht oder die Identität nicht sofort festgestellt werden kann.

Die Täterperspektive

Schauen wir zunächst aus Sicht der Täterin auf die Situation. In klassischer Weise haben die beiden Frauen alle Stationen der Eskalationsspirale durchlaufen. Sie haben sich angestarrt und fixiert (visuelle Phase), dann beleidigt und provoziert (verbale Phase). In dieser Phase wurde der *Point of no return* überschritten – jener Punkt, an dem wir aus einem Konflikt nicht mehr aussteigen können und es auch nicht wollen. Sich verbal zu provozieren und zu beleidigen und dabei den Blickkontakt aufrechterhalten ist eine Sackgasse, die genau zu diesem Punkt führt. Die Frauen sind automatisch in den roten Bereich gerutscht. Von dem, was die andere sagte, bekamen sie inhaltlich nichts mehr mit oder nutzten das Gesagte nur noch für Gegenargumente. Dann drangen sie in den Raum der anderen ein (Schubsen). Schubsen ist meist der letzte Versuch, den anderen aus dem eigenen Territorium herauszuschieben. Man verlangt Signale der Unterwerfung – eine Art Trostpreis, eine Genugtuung, die nur kurz anhält. Wer eine Situation dominiert, erlebt meist nur einen kurzen Triumph, da die Motive und unerfüllten Bedürfnisse hinter der Dominanzstrategie erhalten bleiben (verstanden sein wollen, Anerkennung erfahren). Sie werden wieder auftauchen, wenn der Stress vorbei ist. Dann aber werden die Mauern noch dicker sein und die Klärung noch schwieriger.

Handelt es sich nicht um Dominanz-, sondern Affektgewalt, die aus dem Moment heraus entsteht, bedauern die meisten

Täter später, was sie getan haben. Ich habe schon Täter gesehen, die nach der Tat wie ein Häufchen Elend dahockten, weil ihnen plötzlich die Konsequenzen ihres Handelns bewusst wurden. Intensivtäter wiederum neigen dazu, sich etwas vorzumachen und die Schuld allein auf das »Opfer« zu schieben.

Werfen wir aber auch einen Blick auf meine Perspektive, denn für viele Augenzeugen war ich ab einem bestimmten Zeitpunkt der Täter. Mein erster Eindruck: Man kann sich als Täter verdammt viel erlauben. Die Leute gingen sofort auf Sicherheitsabstand, so dass ich relativ freie Hand hatte. Erst nach etwa 90 Sekunden schritten die ersten Menschen ein. Sie kamen nur zögerlich näher. Ich spürte keine Entschlossenheit auf ihrer Seite, sondern Angst. Es waren ausschließlich Frauen, einen Mann habe ich nicht gesehen. Es war mutig von ihnen, zusammen in den Tatbereich zu gehen und sich einzumischen. Wenn ein Täter eine solche »Wand« von Menschen auf sich zukommen sieht, macht das auf jeden Fall Eindruck.

Allerdings habe ich wahrgenommen, dass die Frauen sich nicht als Gruppe sahen. Sie traten individuell an mich heran und wirkten durch die Gewalt voneinander isoliert. Es wäre wirkungsvoller gewesen, wenn sie sich kurz abgesprochen und *Wolken* gebildet hätten, in denen eine oder zwei die Front bilden und viele andere im Schulterschluss dahinterstehen. Unkoordinierte Einzelaktionen stressen den Täter und den Intervenierer und mobilisieren so die Angriffs- oder Fluchtsysteme des Täters. Effektiver ist ein Bild der Geschlossenheit (soziale Vernetzung statt Vereinzelung), weil diese soziale Vernetzung die Präsenz und Autorität der Intervenierer stärkt und daher mehr Ruhe in die Situation kommt.

Dennoch: Als sich nähernde *Wand* übten die Frauen Einfluss auf mich aus, und ich hätte als Täter nicht mehr so handeln können wie zuvor, da diese Strategie Aufmerksamkeit bindet und zumindest leicht verunsichernd wirkt. Auf der anderen Seite kann eine *Wand* es dem Täter unter Umständen noch schwerer machen, von der Tat abzulassen, ohne sein Gesicht zu verlieren, nämlich dann, wenn er beleidigt oder bedroht wird. Bei einer Intervention sollte man daher grundsätzlich auf Beleidigungen, Drohungen, Brüllen und Herabsetzungen verzichten und stattdessen kurze und knappe Befehle aussprechen (»Stopp, hören Sie auf! Loslassen!«) oder Führungsfragen stellen: »Was ist hier passiert?«

Vermeide Betriebsblindheit und verbünde dich

Zurück zu meiner Rolle als Intervenierender: Ich spürte deutlich weniger Stress ab dem Zeitpunkt, an dem ich andere einbezog, die etwas Abstand zu der Situation hatten. Die Apothekerin, die auf der Treppe ihres Ladens stand, war sicher drei Meter von mir entfernt. Daher hatte sie auch mehr »inneren Raum«, mir zuzuhören. Äußere Distanz zum Geschehen ist gleichbedeutend mit Entspannung und innerem Raum.

Nachdem ich die Frau gebeten hatte, die Polizei zu rufen, sank nicht nur mein Stresspegel enorm, sondern interessanterweise nahm auch der Widerstand meiner »Festgenommenen« ab – eine Reaktion auf meine eigene größere Sicherheit und Klarheit. Der innere Status überträgt sich sofort nach außen auf die Anwesenden. Je lockerer man ist und je mehr man die eigenen Emotionen »herunterdimmen« kann, desto besser für die Situation.

Betriebsblindheit durch Stress und Angst wird reduziert, wenn wir Verbindung zu anderen aufnehmen, uns absprechen und aktiv bleiben.

Sei der Schiedsrichter

Im Nachhinein fiel mir das erstaunliche Eskalationspotential in den Stimmen der Frauen auf. Der Satz »Lassen Sie die Frau los!!!« wurde in einem feindseligen und aggressiven Ton und im Befehlsmodus gesprochen und passte sich somit der Gewaltatmosphäre an. Wie würden Sie darauf reagieren? Wie reagieren Sie auf der Autobahn, wenn jemand Sie überholen will und so dicht auffährt, dass Sie erkennen können, ob er sich am Morgen rasiert hat oder nicht? Genau: Druck erzeugt Gegendruck.

Der positive Effekt ist die Verunsicherung, die auf Täterseite eintreten kann. Die Aufmerksamkeit des Täters ist nicht mehr nur bei dem direkten Konfliktpartner, sondern wird »ins Dreieck«, also in den Kontakt zu einem Dritten gezogen. Dies ist grundsätzlich ein positiver Effekt, denn jede Aufmerksamkeitserweiterung kann drohende Gewalt verhindern.

Der negative Effekt kann jedoch darin bestehen, dass der Täter auf aggressive Stimmlage, Befehlston und Werturteile reagiert wie auf einen weiteren Angriff. Befehle und Urteile sind sprachliche Gewaltformen. Sie etablieren eine Hierarchie und lösen damit weiteren Stress aus. Daher ist es günstiger, eine »Schiedsrichter-Position« einzunehmen, möglichst ohne Bewertung und Aggressivität, aber klar und deutlich.

Fazit: Die Frauen sind mutig, und ihre Intervention im Team unter Wahrung der Eigensicherung (drei Meter Sicherheitsabstand) ist effektiv und sinnvoll. Sie kann dadurch optimiert werden, dass man eine Aufgabenteilung vornimmt (eine ruft die Polizei an, die anderen intervenieren als Team) und die Klärungsfrage nicht vergisst: »Was ist hier passiert? Was ist hier los? Können wir helfen?« In Gewaltsituationen ist kein Richter oder Ankläger gefragt, sondern Präsenz und Handlungsfähigkeit. An der Reaktion des Täters wird man sehen, ob es sinnvoll ist, kontrolliert weiterzumachen und Einfluss auszuüben, den Druck zu erhöhen oder abzubrechen, einen taktischen Rückzug anzutreten und die Szene womöglich mit dem Handy aufzuzeichnen. In den meisten Fällen ist kontrollierter Druck sinnvoll: dranbleiben! Dem Täter zeigen, dass man da ist, zusieht und nicht einverstanden ist und dass man sich nicht abwimmeln lässt! Diese Einflussmöglichkeiten sollten so lange ausgeschöpft werden, wie keine eigene Lebensgefahr besteht und keine Messer oder Schusswaffen im Spiel sind.

Lass mich nicht gehen

Karsten ist Sozialpädagoge in einem Wohnheim in Süddeutschland. Er betreut mit einem Team von Sozialarbeitern und Psychologen eine Gruppe von jungen Männern, die wegen Straftaten bereits verurteilt sind oder auf der Intensivtäterliste der Polizei stehen.

Es ist Anfang Mai, und in den Monaten davor gab es kaum Zwischenfälle. Die Gruppe »läuft gut«, was sicher auch daran liegt, dass die meisten Männer schon Mitte 20 sind, was heißt, dass sie aus der »heißen« Altersgruppe von 14 bis 24 raus sind, die den größten Anteil der Intensivtäter stellt.

Vor sechs Wochen jedoch ist ein 17-jähriger junger Mann dazugekommen, der schon mehrere Gruppen »verschlissen« hat und überall rausgeflogen ist. Zuerst zu Hause, dann aus Therapiegruppen, zuletzt aus Pflegefamilien und anderen Wohngruppen. Steven gilt als schwierig, aber da Karsten und die anderen der Meinung sind, dass die Gruppe stabil sei und die jungen Männer einen guten Kontakt untereinander haben, hat das Team die Herausforderung angenommen. Die ersten beiden Wochen sind gut verlaufen. Steven hat sich relativ ruhig verhalten und vermutlich erst mal die Lage abgecheckt. Inzwischen ist er nicht mehr so brav. So hält er sich zum Teil nicht an die festen Essenszeiten, vernachlässigt seine Dienste (Abwaschen, Putzen, Garten) und eckt an, wo er nur kann. Die Stimmung ist angespannt.

Nun funktioniert die Gruppe von Karsten gerade deshalb so gut, weil alle an einem Strang ziehen und das Team der Sozialarbeiter, das aus zwei Frauen und vier Männern besteht, unaufgeregt, aber konsequent die Einhaltung der aufgestellten Regeln einfordert. Es gibt feste Regeln zu Konfliktlösungen, zu Ruhezeiten, zur Heimkehr, zu Essenszeiten und zu gemeinsamen Ritualen, zur Beteiligung an der Hausarbeit, zu Gewalt und zum Einschalten der Polizei, falls jemand strafrechtlich relevante Gesetzesverstöße begeht. Die Konsequenz in der Regeldurchsetzung und der Zusammenhalt des Teams sind den meisten Jugendlichen neu, führen aber in Kombination mit Hilfsangeboten (Suche von Ausbildungsstellen, Gänge zu Ämtern, Schulsuche) und Beziehungsarbeit dazu, dass das Team respektiert und anerkannt wird.

Bevor Steven in die Gruppe zog, war er damit einverstanden, dass Karsten mit seiner Mutter spricht. Von der Mutter hat Karsten erfahren, dass Stevens Vater zu mehreren Jahren Haft wegen verschiedener Raubdelikte verurteilt wurde, als Steven vier Jahre alt war. Später tauchte sein Vater nicht wieder auf. Zwei Jahre später zog Stevens jetziger Stiefvater ein, der mit dem Jungen von Anfang an ein Konkurrenzverhältnis hatte. Die beiden wurden nie warm miteinander, und der Stiefvater behandelte den Jungen hart und setzte ihn immer wieder vor die Tür. Das Verhältnis zur Mutter wurde dadurch stark belastet, und so begann Steven schon früh eine kriminelle Karriere mit

Alkohol, Drogen, Leben auf der Straße und Verurteilungen wegen Diebstahl und Körperverletzung.

Das Team um Karsten ist dennoch der Meinung, dass Steven »die Kurve kriegen kann«, da er aufgehört hat, Alkohol zu trinken, und sich vorstellen kann, eine Lehre anzufangen.

Seit zwei Wochen allerdings wird ihr guter Glaube von Steven auf die Probe gestellt. Am Abend zuvor hat Karsten die Nachtwache im Haus. Die Nacht ist unruhig. Um 23 Uhr ist Steven noch nicht zu Hause. Er taucht erst um 1.30 Uhr auf und Karsten muss aufstehen, um ihm die Tür zu öffnen. Er schickt Steven zunächst ins Bett und sagt ihm, der Regelverstoß werde am nächsten Morgen im Team beraten.

Am nächsten Morgen erscheint Steven nicht zum Frühstück und Karsten ruft von unten durchs ganze Haus: »Steven, komm runter!«

Doch Steven kommt nicht. Karsten geht hoch, tritt in Stevens Zimmer, das noch vollkommen dunkel ist, und weckt ihn. Steven braucht eine halbe Stunde, bis er noch halb im Schlaf am Frühstückstisch erscheint, wo die ganze Gruppe genervt darauf wartet, dass der Tag endlich beginnen kann. Auch Karsten ist etwas geladen und übernächtigt, weiß aber, dass in ein paar Minuten Anja und Stefan kommen, die ihn ablösen und den Tag übernehmen werden.

Als Steven wortlos seinen Kaffee geschlürft und Unmengen von Schoko-Cornflakes verdrückt hat, steht er auf und verlässt unter dem Gemurre der anderen den Frühstücksraum. Am Tisch sitzen noch Jossy, Kevin, David, Linsey und Janah, die alle wissen, dass Steven heute Tischdienst hat und sich um den Abwasch kümmern muss. Doch Steven kümmert sich nicht darum und tritt den Weg in sein Zimmer an. Damit steht Karsten in der Pflicht. Er steht am Treppenabsatz und ruft Steven, der die Treppe hinaufschlurft, hinterher: »Ey Steven, der Tisch ist noch voll, das ist heute dein Bier!« Aber Steven geht weiter und antwortet schlagfertig: »Ich trinke nicht mehr.« Karsten wird lauter: »Steven, du hast Tischdienst! Also komm runter und mach deinen Kram!«

Die Antwort bleibt aus. Stattdessen hört man im ersten Stock eine Zimmertür zuknallen.

Karsten ist genervt und ruft noch einmal laut durchs ganze Haus: »STEVEN, KOMM SOFORT RUNTER UND MACH DEINE SACHEN!«

Aus Stevens Zimmer ertönt plötzlich laute Musik; die Antwort ist eindeutig.

Karsten geht hoch, öffnet die Tür des Zimmers, tritt ein und fordert Steven laut auf, die Musik leiser zu machen. »Wieso, was willst du von mir, Alter!«, schnauzt Steven zurück. Karsten geht zur Musikanlage und dreht sie selbst runter.

»Hey, lass die Finger davon!«

»Komm runter Steven, und mach deinen Job!«

»Ich hab keinen Bock.«

»Glaubst du, ich hab Bock, dir hinterherzurennen? Komm runter und mach deinen Job.«

»Lass mich in Ruh, Alter. Mach den Kram selbst.«

»Du bist heute dran, komm runter!«

»Ich bin nicht dein Sklave, such dir andere Sklaven, Nigger!«

»Ich lass die Tür auf und geb' dir fünf Minuten!«

Der Unterton in Karstens Stimme ist nun drohend. Er hat sich für Steven ins Zeug gelegt, als er in die Gruppe kam, und ist genervt, dass der Junge nicht mitzieht. Dann geht Karsten nach unten und lässt die Tür zu Stevens Zimmer offen. Als Karsten wieder unten ist und die Gruppe am Tisch erwartungsvoll aufschaut, kommt Steven nach unten und hat die Jacke an, um rauszugehen. Demonstrativ geht er noch einmal quer durch den Essraum an den anderen vorbei zu einem kleinen Tisch, nimmt sich einen Apfel, reibt ihn an seiner Jacke ab und will dann den Raum verlassen. Doch da steht Karsten in der Tür. »Wo willst du hin?«

»Raus, was sonst?«

»Du hast Tischdienst, mach deinen Kram, dann kannst du gehen.«

»Ich mach gar nichts, hab ich doch gesagt. Lass mich raus, Alter.«

»Du kommst hier nicht raus!«

»Willst du mich anfassen oder was?«

»Wenn es sein muss, ja!«

Karsten macht sich in der Tür breit. Er spürt intuitiv, dass er die bisher professionelle Herangehensweise mit dem letzten Wortgefecht aufgegeben hat. Steven hat es geschafft, bei ihm alle »roten Knöpfe« zu drücken.

Ab jetzt ist es schwer, ohne eigenen Gesichtsverlust den Rückzug anzutreten. Steven ist es gelungen, Karsten »auf die Wippe« zu locken und in einen Machtkampf zu ziehen.

»Dann mach mal, Alter. Ich mach dich tot, Alter! Komm!«

In diesem Augenblick setzt bei Karsten die Professionalität wieder ein. Er denkt: »Hey Junge, runterkommen. Stopp jetzt und lass ihn ziehen.« Aber da ist immer noch seine Genervtheit, die ihm schon den ganzen Morgen vermiest hat, und so kann er nicht verhindern, dass die Eskalation weitergeht. Karsten tritt aus der Tür und sagt zu Steven: »Okay, raus!« Dabei macht er ein kaltes und abweisendes Gesicht.

Steven geht grinsend an ihm vorbei durch die Tür und stupst Karsten mit der Schulter an. Karsten platzt, packt Steven am Kragen und drückt ihn fest gegen die Wand: »Hey, mach das nicht noch einmal, Freund!«

Wieder ist Karsten »aus der Führung« geraten.

Steven erstarrt; auf seinem Gesicht zeigt sich eine Mischung aus Überraschung, Verwirrung und dann Wut. Karsten kann diese Emotionen nicht mehr wahrnehmen, weil seine Fähigkeit, die Gefühle seines Gegenübers zu erfassen, momentan eingeschränkt ist. Karsten schiebt Steven aus dem Essraum in den Flur, Richtung Haustür. Er öffnet die Tür, lässt Steven los und macht eine fächernde Bewegung mit der linken Hand: »Und jetzt verschwinde!«

Während Steven durch die Tür tritt, dreht er sich noch einmal um und sieht, dass Karsten ihn keines Blickes würdigt und sich beim Schließen der Tür bereits von ihm abgewandt hat.

Da macht es bei Steven klick, und er explodiert. Dies ist genau das Muster, das er von zu Hause kennt. Der Stiefvater nutzt seine Macht und setzt ihn vor die Tür.

Steven holt aus, zerschmettert den Apfel an der geschlossenen Tür, läuft mit voller Wucht dagegen, die Tür springt nach innen auf, er rast an Karsten vorbei, der das Gleichgewicht verliert und gegen die Wand kippt, läuft in die Küche und zieht eines der neuen Fleischermesser aus der Schublade. Er dreht sich herum und läuft mit der 30-cm-Klinge brüllend auf Karsten zu, der nun völlig überrascht und geschockt an die Wand gepresst dasteht und seinen Augen nicht traut. Am Tisch springen alle auf, und zwei rufen: »STEVEN, STOPP!«

Fast im gleichen Moment tauchen Anja und Stefan mit ungläubigen Blicken in der Haustür auf. Die Ablösung – gerade rechtzeitig. Blitzschnell erfassen sie die Situation und stellen sich sofort schützend vor Karsten. Sie ziehen ihn von der Wand weg und bugsieren ihn rasch ins angrenzende Büro.

Dann geht Stefan ruhig dem vor Wut schäumenden Steven entgegen, der breitbeinig und schnaufend im Flur steht. Zwei Meter vor ihm bleibt Stefan stehen. Die anderen Hausbewohner stehen mit offenem Mund am Tisch. Nur Jossy und Kevin, die ähnliche Situationen kennen, haben ihre Ellbogen auf den großen Holztisch mit dem Frühstücksgeschirr gestützt und schauen betreten in ihre Müslitassen, weil sie wissen, dass jeder Blickkontakt für Steven zu viel wäre. Später werden alle sagen, Steven hätte völlig die Kontrolle über sich verloren. Aber das stimmt nicht, denn sonst wäre er an dieser Stelle auf Stefan losgegangen.

In Stevens verzerrtem Gesicht erkennt Stefan Wut, Verwirrung und Verzweiflung. Die Situation ist extrem fragil, und Stefan spürt, dass es nun vor allem auf emotionale Stabilisierung und präsente Führung ankommt. Befehle, Brüllen, jeder Druck ist tabu. Stefan sagt: »Gut, dass du es nicht gemacht hast, Steven. Gib mir zuerst mal das Messer. Das brauchst du jetzt nicht mehr.«

Auch wenn diese Aufforderung beinahe naiv scheint, unterbricht sie Stevens Skript und bringt ihn zum Nachdenken.

»Ich mach ihn kalt, die Sau!«

»Steven, ich weiß, dass du aufgeregt bist. Was ist denn überhaupt passiert?«

»Lass mich da rein, ich mach den kalt!«

»Das kann ich nicht, das weißt du. Steven, bitte komm erst mal runter, wir finden was anderes. Das ist doch alles schon vorbei und alter Scheiß, das weißt du doch. Deshalb bist du doch hier, wegen dir und wegen deiner Ausbildung. Das ist vorbei und gegessen. Bitte leg das Messer weg und komm jetzt zuerst mal mit raus.«

»Ich will, dass der rauskommt.«

»Später könnt ihr reden, Steven. Ihr habt noch ein Hühnchen zu rupfen, das ist klar, aber komm zuerst mal mit raus und sag mir, was überhaupt los ist.«

Stefan bleibt ruhig, unaufgeregt und verfolgt beharrlich und engagiert sein Ziel. Dabei macht er mit den Händen ruhige Bewegungen. Er zieht eine klare Grenze (»Dieses Zimmer kannst du jetzt nicht betreten«) und wiederholt noch ein paarmal die Bitte, das Messer wegzulegen, was Steven aber erst nach einigen Minuten draußen tut.

Zwei Tage später muss Steven auch diese Gruppe wieder verlassen, weil die Vertrauensbasis zwischen Steven und Karsten nicht mehr hergestellt werden konnte.

Das Vier-Augen-Prinzip

Die Geschichte geht relativ glimpflich aus. Es hätte schlimmer kommen können. Die tiefen, unverarbeiteten Emotionen von Steven, aber auch Karstens mangelnde Kontrolle über seine »roten Knöpfe« sind in eine gefährliche Eskalation gemündet.

In der Nachbereitung der Situation wurde klar, dass, abgesehen von Stevens Anteilen daran, ein wichtiger Grundsatz der Deeskalation beim Durchsetzen von Regeln nicht eingehalten wurde: *Achte das Vier-Augen-Prinzip.*

Karstens laute Rufe quer durchs Haus vor den anderen Mitgliedern der Gruppe hat den Konflikt eher verschärft. Sie haben ein Einlenken ohne Gesichtsverlust für Steven nahezu unmöglich gemacht, zumal er neu war und seine Position in der Gruppe noch nicht gefunden hatte.

Die lauten Rufe haben zudem eine starke Hierarchie etabliert (ich rufe – du kommst) und damit den Status des Gegenübers gesenkt, umso mehr, da andere mithörten. Daher ist es in Beziehungsstreits immer wichtig, das *Vier-Augen-Prinzip* zu wahren und damit den Konflikt klein zu halten.

Achte das Territorium des anderen

Es gibt in jeder Eskalation einen Punkt, der immer wieder zu Schwierigkeiten führt: das Territorium. Beim Nachstellen der

Szene in der Gruppe wurde klar, dass Karstens Gang in Stevens Zimmer zwar wichtig war, weil er das *Vier-Augen-Prinzip* wahren und Steven konfrontieren wollte. Da er aber ohne Anklopfen in das Zimmer stürmte, stellte dies bereits eine territoriale Grenzüberscheitung dar, die Steven durch das Aufdrehen der Musik provozierte. Das gilt auch für das Leiserstellen der Musik, womit Karsten eine zweite territoriale Grenze verletzte. Zu diesem Zeitpunkt befand sich Karsten schon auf einer Machtwippe und bediente Stevens Skript.

In angespannten Konfliktsituationen symbolisieren das eigene Zimmer sowie die persönlichen Gegenstände in diesem Zimmer den erweiterten Körper des Gegenübers. Wer sich ihrer bemächtigt, löst beim Gegenüber Verteidigungsreflexe aus. Besser wäre es gewesen, wenn Karsten laut angeklopft und Steven klar und zur Not mehrmals aufgefordert hätte, die Musik leiser zu machen.

Die Konfrontation wäre womöglich auch dann erfolgreicher gewesen, wenn Karsten konsequent in seiner professionellen Rolle geblieben wäre und Steven erklärt hätte, welche Konsequenz sein Verhalten nach sich zieht: »Wenn du hier oben bleibst und den Tisch nicht abräumst, wird jedes Teammitglied in dein Zimmer kommen und dich darum bitten. Das ist unsere Aufgabe.«

Eine kurze Darstellung dieser Form von sozialer Kontrolle ermöglicht es dem Erzieher, präsent zu bleiben, weil er nicht nur als Mensch, sondern in seiner Rolle auftritt, so dass Steven klar wird, welches Verhalten welche Konsequenzen hat und dass es hier nicht um einen bloßen Machtkampf geht. Emotionale Verstrickungen oder gar Verschmelzungen, wie sie manchmal bei Erziehern oder Lehrern auftreten können, werden durch konsequentes Festhalten an der professionellen Rolle vermindert und bei längerer Übung ganz ausgeschlossen.

Kontrolliere dich selbst und nicht den anderen

Sobald man genervt ist, neigt man dazu, den äußeren Status zu heben: »Innen tief« führt zu »außen hoch«. Man wird schneller laut und steigt leichter auf die Machtwippe auf, in der ein Wort das andere gibt und man selbst nicht mehr über die eigene Emotionalität bestimmt. Man verliert das Gleichgewicht und gibt die Führung aus der Hand.

Bei Karsten war es so, dass er bis zu einem gewissen Grad noch in der Führung war, weil er sich auf Diskussionen nicht einließ und Stevens Provokationen einfach löschte. Ein anderer Teil von ihm reagierte allerdings, und das hat Steven gemerkt. In schwierigen und Konfliktsituationen sollte man sich daher zunächst immer um sich selbst kümmern und die eigene innere Genervtheit relativieren (ein paarmal tief durchatmen, sich selbst wahrnehmen, sich selbst gut zusprechen oder für fünf Sekunden an ein positives Bild denken bzw. sich ganz klarmachen, was das eigentliche Ziel ist). Auch hier gilt: Kontrolliere dich selbst und nicht den anderen!

Es hilft auch, sich sein Ziel (Ich möchte, dass Steven die Regeln einhält) und die Strategien, die man anwenden will, um dieses Ziel zu erreichen (Ich werde Steven gelassen konfrontieren), immer wieder klar vor Augen zu führen.

Aber: Innenleben geht vor Außenleben. Die beste Strategie führt nirgendwohin, wenn man die eigene Genervtheit übergeht und ignoriert. Steven hat gemerkt, dass Karsten gereizt war und keine Lust hatte, ihm hinterherzulaufen. Das ist ein Tiefstatussignal, und Steven hat genau an diesem Punkt angesetzt, um Karsten noch mehr zu provozieren.

Um inneren Raum und Gelassenheit zu gewinnen, hätte Karsten auch das Team (Jossy, Janah, Kevin) oder jemanden einsetzen können, der sich mit Steven gut versteht, um die erste Weckaktion zu starten. Dann wäre er in der folgenden Phase entspannter gewesen.

Miss deine eigene Temperatur und steig aus, wenn du festhängst

Karsten war jedoch bereits im *gelben Bereich*, als er Stevens Zimmer betrat. Er war »angefressen«, was Steven gespürt hat, so dass er aus Karstens Bitte vor allem Dominanz und Kontrolle und weniger den sachlichen Inhalt herausgehört hat.

Es wäre besser gewesen, wenn Karsten, bevor er in Stevens Zimmer trat, ein paar Sekunden durchgeatmet und sich darauf eingestellt hätte, in diesem Zimmer über einen längeren Zeitraum ruhig und präsent zu bleiben. Hätte er die Tür hinter sich geschlossen (*Vier-Augen-Prinzip*) und seine Bitte noch mehrere Male ruhig und konstruktiv vorgebracht, hätte er Steven vielleicht erreichen können.

Der Satz »Ich gebe dir fünf Minuten« war dann auch mehr eine Drohung als eine Warnung. Bei einer Warnung gibt man Bedenkzeit oder bietet Alternativen an, zwischen denen gewählt werden kann (Horror- oder Happy-End-Strategie) und taucht dann wieder auf, um die Entscheidung einzufordern – jedoch ohne Gewalt und ohne Lautwerden. Wenn Steven sich dann bewusst gegen die Einhaltung der Regel entschieden hätte, wäre eine Vertagung des Problems und Teambesprechung sinnvoll gewesen. Das alles wusste Karsten. Doch der Druck nach einer schlechten Nacht und Stevens Provokationen ließen auch ihn an seine Grenzen stoßen. Daher gilt: Miss deine eigene Temperatur und steig aus, bevor du »einsteigst«.

Die »Rettungsaktion«

Die Zusammenarbeit von Stefan und Anja bei der »Rettung« war optimal. Sie zogen den Gefährdeten (Karsten) aus der Situation und zwar so, dass der Blickkontakt zwischen ihm und Steven unterbrochen wurde. Wenn Blickkontakt zwischen den Kontrahenten wegfällt, sinkt auch der Aggressionspegel.

Auch danach hat Stefan alles richtig gemacht. Er blieb etwa zwei Meter von Steven entfernt, garantierte damit seine eigene Sicherheit und ließ Steven Raum. Er ging nicht näher auf ihn zu, wie man es manchmal in schlechten Krimis sieht (Verstärkung des Drucks). Stefan sprach mit ruhiger und unaufgeregter Stimme, hielt den Blickkontakt und stand aufrecht in einem lockeren Hochstatus. Es gelang ihm so, Steven ganz allmählich etwas »herunterzuholen«. Außerdem bat er ihn mehrfach, das Messer zu übergeben. Er blieb an dieser Forderung aber nicht »kleben«, sondern besaß genug innere Aufmerksamkeit, um zu erkennen, dass Steven sie vor den anderen im Raum nicht erfüllen konnte. Der Gesichtsverlust wäre zu groß gewesen. Daher stellte Stefan eine Vier-Augen-Situation her und ging mit Steven nach draußen.

Stevens Aufforderung, die Tür zu dem Zimmer, indem sich Karsten befand, freizugeben, parierte er nicht mit einem bloßen Nein, sondern er verknüpfte seine Ablehnung mit der Formulierung eines Ziels, das auch Steven wichtig ist: eine bessere Lösung für das Problem finden, dazu die Erinnerung an das Ziel, das Steven sich selbst gesetzt hat (einen Ausbildungsplatz bekommen).

Dadurch hat Stefan die Situation emotional stabilisiert. Er vermittelte Ruhe, zeigte Verständnis für Stevens Gefühle, kommunizierte konsequent sein eigenes Interesse und kombinierte es mit Zielen, die auch Steven wichtig sind.

Ein schroffes Nein dagegen hätte dazu führen können, dass Steven ihn angreift.

Daher gilt in heiklen Situationen: Sage nicht einfach nur nein, sondern sage auch, warum du es tust.

Verhandeln in Stresssituationen bedeutet vor allem, die eigenen Emotionen zu kontrollieren und die Angst in Grenzen zu halten (1. achtsame Selbstkontrolle), um so deeskalierend und mit ruhiger Stimme zu antworten (2. präsentes Führen) und anstelle von Druck oder Stress Beharrlichkeit zu zeigen (3. beharrlich sein statt laut zu werden und zu drohen).

Ninja

Gegen 1.30 Uhr wacht Frank neben seiner Frau auf und versucht sich möglichst ruhig zu verhalten. Zwischen ihnen liegt ihre kleine Tochter, die erst drei Monate alt ist und schläft. Frank fragt sich, warum er aufgewacht ist, fühlt nach seiner Tochter und spürt ihre Wärme und den langsamen, ruhigen Atem. Seine Frau liegt auf der Seite und sieht aus, als würde sie mit ihrem Körper für die Kleine ein Nest bilden. Alles in Ordnung.

Plötzlich hört Frank ein leises Wimmern, das von draußen zu kommen scheint, und er hält den Atem an. Da ist es wieder. Jetzt hört er auch leise Rufe: »Hilfe, Hilfe.« Es ist eine weibliche Stimme. Frank rollt sich vorsichtig aus dem Bett und tastet sich zum Fenster seiner Wohnung im zweiten Stock. Es steht weit offen, da es in diesem heißen Sommer sonst einfach zu warm zum Schlafen wäre.

Er lehnt sich nach draußen und sieht etwa 50 Meter entfernt eine Frau auf der Straße, die sich nur langsam und wankend vorwärtsbewegt und dabei wimmert. Ein Stockwerk tiefer ist das Fenster ebenfalls geöffnet worden, und der Nachbar schaut nach draußen. Es ist Tobias aus der Wohnung unter ihnen. Frank entschließt sich, sofort zu handeln, und macht »Psssst!«, worauf Tobias zu ihm nach oben schaut. Er nickt, als Frank ihm per Handzeichen bedeutet, sich draußen vor der Tür zu treffen. Frank denkt, dass er Tobias gut gebrauchen kann, weil er 190 cm groß ist, 90 kg wiegt, einen Schwarzgurt in Karate besitzt und als Türsteher arbeitet. Frank ist Polizeibeamter. Er zieht sich eine Jogginghose und ein T-Shirt über, dann nimmt er sein Handy, und zur Sicherheit steckt er das Pfefferspray aus der Dienstgürteltasche in seine Jogginghose. Man kann ja nie wissen. Die Wohnungstür lehnt er nur an, damit er nach seiner Rückkehr seine Frau und das Kind durch die lauten Schließgeräusche nicht weckt. Da das Haus in einer gediegenen Wohngegend liegt, macht er sich keine Sorgen wegen der offenen Tür. Beim Hinuntergehen wundert er sich, dass der Vorfall auf der Straße gar nicht in die eher bürgerliche Gegend passt.

Als er nach draußen tritt, spürt er die schwüle Wärme, die die Häuser seit Tagen wie Backöfen aufheizt. Tobias erwartet ihn bereits. Neben ihm steht unerwartet auch noch Karsten, der linke Punk, der es trotz Iro-Frisur geschafft hat, im Haus nebenan eine Souterrainwohnung zu bekommen. Frank kennt den Mann von Demos und Anzeigen wegen Landfriedensbruch. Aber was soll's. Das ist Vergangenheit, und jetzt kann er unter Umständen jeden Mann gebrauchen. Auch Karsten hat das Wimmern gehört und ist nach draußen gekommen, um zu sehen, was los ist. Die drei sprechen sich kurz ab und gehen dann zu der Frau, die sehr langsam und noch immer wimmernd vor sich hin trottet. Frank geht näher heran und schaut zunächst auf jene Stellen, die jeder Polizist im Auge hat: Hose geschlossen, keine dreckigen Knie und auch sonst keine Spuren eines Sexualdelikts. »Die ist einfach nur völlig durch den Wind«, denkt er. Frank dreht sich kurz um und sieht hinter sich in etwa 50 Meter Entfernung eine männliche Gestalt, ganz in Schwarz gekleidet. Ihm fällt auf, dass der Mann einen extrem federnden Gang hat, der ihn zusammen mit der schwarzen Kleidung an einen Ninja erinnert – jene japanischen Krieger, die unsichtbar und lautlos agieren.

Frank wendet sich wieder der Frau zu und fragt: »Können wir Ihnen helfen?«

Die junge Frau ist Anfang 30, hat blonde, strähnige Haare und trägt eine weiße Hose und ein dunkles Oberteil. Sie wirkt abwesend. Nur kurz wendet sie sich Frank zu, nimmt ihn auch wahr, geht dann aber auf ihre langsame, schlurfende Weise weiter, ohne ein Wort zu verlieren. Die Situation ist irritierend. Frank und sein Team folgen der Frau, und Frank ruft die zuständige Wache an: »Hör mal, ich bin ein Kollege, schickt mal ›die Uniformierte‹. Hier ist ’ne Frau total durch den Wind und im Hintergrund noch’n unbekannter Typ, der uns langsam folgt, den müsste man mal überprüfen ...«

Und die Antwort: »Du bist jetzt der siebte Anrufer, wo seid ihr denn?«

Frank gibt der Wache ab jetzt ständige Ortsangaben durch und hält die Verbindung, damit der Streifenwagen nicht umsonst kreist.

Plötzlich erkennt Frank, dass der Ninja langsam aufholt. Als er auf gleicher Höhe ist, fragt der Mann lässig: »Habt ihr ein Problem oder was?«

Frank antwortet: »Die Frau weint und braucht Hilfe.«

Der Ninja lacht nur und schließt zu der Frau auf. Er fasst sie an und führt sie um die Ecke in eine Seitenstraße. Frank und sein Team folgen. Als sie um die Ecke biegen, sehen sie, wie der Ninja die Frau zu Boden wirft. Frank nähert sich auf zehn Meter, das Team im Schlepptau, das Handy in »Standleitung« zur Polizei in der linken Hand, so dass die Wache mithören kann, und schreit den Ninja an: »Hey, lassen Sie die Frau los!«

Der Ninja, etwa Mitte 20, dunkelhaarig und offensichtlich gut trainiert, kümmert sich nicht um Frank, sondern beugt sich zu der Frau hinunter. Darauf Frank noch einmal: »POLIZEI!«

Der Ninja erstarrt in der Bewegung. Dann steht er in Zeitlupe auf und droht mit leiser Stimme: »Bulle, verpiss dich!«

Frank spürt, dass der Typ offenbar vor nichts zurückschreckt, und entgegnet:

»Das klären wir gleich, wenn die Kollegen da sind.«

Während er spricht, zeigt er auf sein Handy und vergewissert sich mit einem Blick, dass seine zwei Begleiter hinter ihm sind.

Als der Ninja das Telefon in Franks Hand sieht, ist er nicht mehr zu halten. Er sprintet los, federnd und geduckt wie ein Panther. Alle erkennen, dass es jetzt richtig ernst wird. Die »Kämpfer« an Franks Seite flüchten. Frank zieht reflexartig das

Pfefferspray aus der Tasche und drückt auf den Auslöser. Der dünne Strahl zischt durch die Luft, und der Ninja bremst ab, wird aber nicht getroffen, weil der Strahl eines solchen Geräts sich nicht wie eine Schrotladung ausbreitet, sondern nur auf kurze Distanz und bei gezieltem Einsatz im Gesicht wirksam ist. Der Ninja zieht sich blitzschnell die Schuhe aus, hält sie sich vor die Augen, rennt weiter und reißt Frank mit Wucht zu Boden. Das Pfefferspray fliegt in hohem Bogen davon, und das Handy zerlegt sich auf dem Asphalt in seine Einzelteile. Frank und der Ninja rangeln auf dem Boden, beide kommen hoch, doch der Ninja ist offenbar Straßenkämpfer und gut geschulter Boxer. Frank geht in den folgenden Minuten siebenmal zu Boden. Anstatt ihn am Boden zu überwältigen, wartet der Ninja jedes Mal wieder, bis Frank auf den Beinen ist. Offensichtlich hat er sich ein paar Regeln aus dem Boxtraining gemerkt und hält nichts von Tritten. Ihm macht es mehr Spaß, den Bullen mehrmals zu Boden zu schicken, als auf ihn einzutreten. Das bedeutet: Der Mann ist nicht hasserfüllt und außer Kontrolle, sondern ein eleganter und sehr erfahrener Kämpfer. Die Frau ist inzwischen weg. Nach gewonnener Schlacht sammelt der Typ seine Schuhe ein und verschwindet spurlos.

Frank schaut sich um und sieht »sein Team« wieder zurückkommen. Wenigstens kümmern sie sich jetzt um ihn, denn er blutet stark: »Cuts« an beiden Augenbrauen, eine Platzwunde am Kopf, aufgeschürfte Ellenbogen. Mit zittrigen Fingern setzt er sein Handy wieder zusammen und ruft dann Unterstützung.

Ein Streifenwagen und ein Rettungswagen kommen zur Erstversorgung, und Frank wird behandelt. Ihm wird angeraten mitzufahren, was er aber nicht will. Als er am nächsten Tag den Einsatzbericht liest, lautet der Text: »Paar streitet sich. Kollege mischt sich ein und verliert, RTW behandelt, Mitfahrt verweigert.« Frank will nicht ins Krankenhaus. Er will zurück zu seiner

Familie und findet die friedliche Wohnung genau so vor, wie er sie verlassen hat. Als er sich im Bad wäscht und sein Gesicht im Spiegel sieht, schüttelt er nur den Kopf und nimmt sich fest vor, den Ninja irgendwann zu erwischen.

Die Tür zum Schlafzimmer öffnet er sehr leise. Es ist dunkel. Seine Frau stillt gerade die Kleine und flüstert: »Wo warst du?«

»Ach, ich war mal kurz draußen. Ich konnte nicht schlafen, und da waren ein paar seltsame Geräusche.«

Erst am nächsten Morgen erfährt und sieht seine Frau, was passiert ist, und schickt Frank sofort zum Arzt. Frank wird wegen Verdacht auf Schädelbruch mehrmals geröntgt. Der Täter wird erst ein halbes Jahr später ermittelt und in zweiter Instanz verurteilt. Es handelte sich um einen bekannten und mehrfach verurteilten Intensivtäter.

Interveniere neutral

Frank hat fast alle Regeln der neutralen Intervention eingehalten. Er hatte lediglich das Pech, Polizeibeamter zu sein, und er hatte weniger Glück als ich in der Geschichte am Bonner Loch. Er ist vorbildlich vorgegangen, hat andere eingebunden und die zuständige Dienststelle angerufen. Er hat neutral interveniert, in dem er die Frau angesprochen hat. Als der Ninja die Frau zu Boden gebracht hatte, musste er sich als Polizeibeamter zu erkennen geben. Dass es sich bei dem Mann um einen Intensivtäter handelt, konnte er nicht wissen. Einziger Minuspunkt: Da sein Team nicht eingespielt war, musste Frank damit rechnen, dass es zerfällt, wenn es ernst wird.

Programmiere dich nicht auf Kampf, sondern bleib deinem Ziel treu

Als Mann neigt man dazu, sich auf Kampf zu programmieren und eine Art vorauseilende Feindseligkeit gegen Männer aufzubauen, die man nicht kennt. Zwischen Männern entstehen schnell Machtkämpfe mit dem Ziel, die Hackordnung festzulegen und zu klären, wer die Oberhand hat. Dieses Verhalten kann bei eigener überlegener physischer Stärke in Grenzsituationen deeskalierend wirken, genauso gut aber auch lebensgefährlich werden. Entscheidend ist daher, immer den eigenen Schutz im Auge zu behalten und Sicherheit herzustellen. Man sollte von diesem Ziel auch dann nicht abrücken, wenn der Angreifer aggressive Fragen stellt, um einen Kampf zu provozieren (»Habt ihr ein Problem?«). Daher ist es hier wichtig, nicht den Kampf aufzunehmen, sondern konsequent das Ziel zu verfolgen, das Problem zu lösen.

Drohe nicht

Frank ist Polizist und hat als »Schutzmann« dieses Ziel auch lange aufrechterhalten. Bis zu dem Punkt, wo er mit dem Handy in seiner Hand und der Polizei gedroht hat: »Das werden wir sehen, wenn die Kollegen da sind.«

Bei extrem empfindlichen Menschen oder Intensivtätern, die gut austeilen, aber nicht einstecken können, können Drohungen fatal sein, und man sollte zumindest als Zivilist darauf verzichten.

Besonders Männer müssen lernen, andere in Grenzsituationen nicht in die Knie zwingen zu wollen, sondern dem Druck standzuhalten und ihre Wut oder Angst im Zaum zu halten und dabei doch engagiert bleiben. Mut alleine reicht manchmal nicht.

Der Manager Dominik Brunner, der im September 2009 an einer S-Bahn-Haltestelle in München starb, weil er eine Gruppe von Kindern vor dem Angriff einer Gang schützte, machte den Fehler, einen der Aggressoren zu schlagen. Zwar erreichte er durch sein Einschreiten, dass die Kinder unversehrt blieben. Doch er bezahlte dafür mit dem Leben, weil er sich dazu verleiten ließ, die Gang seinerseits anzugreifen.

An diesem Beispiel sieht man deutlich, dass man als Zivilist niemals aggressiv oder handgreiflich gegen Täter vorgehen oder ihnen drohen sollte.

Interveniere indirekt und bleibe anwesend

Wenn man, wie Frank, instinktiv spürt, dass der andere kampfbereit und gefährlich ist, kann man ohne Eigengefährdung nicht direkt intervenieren. Sofern keine unmittelbare Lebensgefahr für das Opfer besteht (keine Verletzung, kein aktives Hilfeersuchen bei der Ansprache, keine massive unmittelbare Gewalt), sollte man auf jeden Fall warten, bis starke Kräfte vor Ort sind.

Fatalerweise ist Frank davon ausgegangen, dass ihm starke Kräfte zur Verfügung stehen. Dadurch, dass er sich als »Polizei« zu erkennen gibt, hebt Frank jedoch die Identifikation der anderen mit ihm auf und übernimmt die Situation alleine. Er kann nicht davon ausgehen, dass seine Partner mit von der Partie sind, wenn er als Polizist handelt.

Löse dich vom Problem, anstatt das Problem zu lösen

Wenn eine Frau bei der aktiven Ansprache keinerlei Hilfe verlangt, obwohl sie ansprechbar ist, kann es sein, dass sie sich in einer »co-abhängigen Gewaltbeziehung« befindet. Selbst wenn sie unter Drogen gesetzt wurde, hilft eine Konfrontation hier wenig, zumal wenn keine unmittelbare Lebensgefahr droht.

Wenn der Mann zusätzlich die Charaktermerkmale eines Intensivtäters aufweist (nicht jeder Intensivtäter ist auch gewalttätig gegen Frauen!), wird er in seiner Machtversessenheit zudem einen Besitzanspruch auf seine Partnerin haben. Dies kann zur Folge haben, dass er Gewalt gegen sie anwendet, sobald der Druck auf ihn erhöht wird, um nach außen zu signalisieren, dass es »seine Frau« ist und »sein Territorium« und dass er mit ihr tun kann, was er will.

In diesem Fall kann es angemessen sein, im Hintergrund zu bleiben und auf Hilfe zu warten, dabei aber die Lage im Blick zu behalten, sich also vom Problem zu lösen und Distanz herzustellen.

Kümmere dich um den Täter und nicht um das Opfer

In Kapitel 3 heißt es: *Gehe zum Opfer, nicht gegen den Täter.* Auch wenn das widersprüchlich klingt, kann in extremen Gewaltsituationen manchmal genau das Gegenteil richtig sein: *Kümmere dich um den Täter und nicht um das Opfer.*

In Krisen mit Intensivtätern kann es angezeigt sein, zunächst den Wutpegel des Täters zu senken. Je entspannter der Täter, desto weniger Gefahr für das Opfer.

Dabei ist eine neutrale oder positive Intervention mit hohem inneren und äußerlich zugleich niedrigem Status geeignet, insbesondere dann, wenn das Opfer wie hier keine Hilfe fordert und die Situation daher unklar ist. Neutral oder positiv heißt, offensive Angebote zu machen: »Können wir helfen?« »Ist das Ihre Frau?« »Ich habe Sie um Hilfe rufen hören und die Nachbarn hier auch. Können wir irgendwie helfen?« Tritt man urteilend oder drohend auf, erhöht sich der Wutpegel von Intensivtätern nur noch mehr. Auch wer als Retter oder Held agiert, setzt den Täter herab und erzeugt eine starke Täter-Opfer-Polarität, die nicht hilfreich ist, sondern zusätzlich Spannung erzeugt. Der Täter weiß ohnehin, dass er sich rechtswidrig verhält, man sollte kein zusätzliches Unheil heraufbeschwören, indem man in eine Retter- oder Heldenrolle hineinschlüpft. Da sein und signalisieren, dass man nicht einverstanden ist, reicht aus. Erst, wenn die Gewalt akut im Gange und schwerwiegend ist, kann körperliches Handeln angemessen sein: den Täter wegziehen, wegdrücken, Dinge werfen und Ähnliches.

Voll drauf

Stuttgart Hauptbahnhof, Tiefgeschoss. U- und S-Bahnen fahren im Sekundentakt ein und aus und machen viel Wind. Der Bahnsteig ist voller Leute, einige lesen Zeitung, frei stehend oder angelehnt an die großen runden Stützpfeiler. Immer wenn ein Zug einfährt, müssen die Menschen ihre Zeitungen festhalten, um weiterzulesen.

Es herrscht Feierabendstimmung. Ben schaut auf die Massen ein- und aussteigender Menschen und fragt sich, wo die bloß alle hinwollen. Morgens fahren sie in die eine und abends in die andere Richtung. Niemanden hält es zu Hause, alles ist in Bewegung. Vielleicht ist das eine Idee für eine Diplomarbeit, denkt er.

Ben studiert Ethnologie. Die Menschen sind Nomaden geblieben und werden umso unruhiger und umtriebiger, je fester ihre Häuser sind. Zugegeben, eine steile These, findet Ben. Aber er genießt es, sich mit solchen Gedankenspielen die Zeit zu vertreiben. Er hat gewellte und schulterlange Haare und sieht aus wie ein Student aus den frühen Siebzigern. Er trägt ein einfaches weißes Retro-T-Shirt, eine Jeans und Turnschuhe. Seine Tasche mit dem Notebook hat er in die kleine Lücke zwischen den orangefarbenen Schalensitzen gezwängt. Für heute reicht's ihm. Er hatte den ganzen Tag lang Vorlesungen und fühlt sich ziemlich erschlagen. Neben ihm sind drei oder vier Sitze frei, und er hat genug Raum, um in seinen Diplomträumen zu schwelgen.

Nach einigen Bahnen lichten sich die Reihen der Wartenden. Ben wartet auf einen Kumpel, mit dem er gemeinsam stadtauswärts in einen Vorort von Stuttgart fahren will.

Hinter Ben, genau in seinem Rücken, sitzt Gregor, der auch nach Hause will. Gregor ist Bäckerlehrling in einer Bäckerei im Stuttgarter Zentrum. Er ist stämmig und trägt wegen des Mehlstaubs eine Igelfrisur. Auch er ist müde, weil er in dieser Woche immer um drei Uhr morgens mit der Arbeit anfängt. Er will deswegen spätestens um acht im Bett sein. Vier oder fünf Stunden Schlaf reichen auf lange Sicht einfach nicht aus. »Das zehrt an der Substanz«, hat ihm zuerst sein Chef gesagt und nun sein Körper.

Gregor sieht Ben nicht. Aber er hört die aggressive Stimme, die ihn plötzlich aus seinen Gedanken reißt: »Was hast du denn für scheiß Haare?«

Ben ist baff und macht große Augen; er kann nicht glauben, dass er gemeint ist. Der junge Mann, der auf einmal neben ihm sitzt, trägt extrem weite Jeans, eine Rapper-Kapuzenjacke, die irgendwann mal weiß war, und ein Basecap mit nach hinten gezogenem Schirm. Seine Augen sind böse, wach und doch irgendwie abwesend.

«Lass mich ... in Ruhe!«, stößt Ben, immer noch ungläubig, hervor. Er fühlt leise Panik im Bauch. Ben wendet den Kopf von dem Mann weg und hofft, die leichte Verachtung in seiner Stimme und seine abweisende Bewegung würden ausreichen, um die Sache zu beenden.

»Was ist los, Mann, willst du mich verarschen, hey du Pisser, guck mich an, wenn ich mit dir rede ...«, sagt der junge Mann, zerrt an Bens Haaren und stößt ihn kräftig gegen den Brustkorb, so dass Ben fast von seinem Sitz kippt. Ben kennt solche Situationen überhaupt nicht und ist völlig überrumpelt.

Gregor auf der anderen Seite bekommt die Szene mit. Ihm ist mulmig zumute, zugleich spürt er, wie er sauer wird. Er weiß aber nicht so richtig, was er tun oder sagen soll. Er denkt: »Der Typ hat doch gar nichts getan, was macht der Verrückte denn da?«, hofft aber, dass der Mann mit dem Basecap schon wieder aufhören wird, wenn der andere nichts tut.

Ben sagt derweil keinen Ton. Er ist verwirrt, packt schließlich seine Tasche unter den Arm und steht auf, um einige Schritte von der Bank wegzugehen. Aber der Angreifer folgt ihm auf dem Fuß und stößt ihn brutal in den Rücken.

»Ey, du Wichser, ich red mit dir, bist du behindert, oder was?«

Ben taumelt ein paar Schritte nach vorne.

»Lass mich in Ruhe!«, erwidert er, noch immer eher vorsichtig.

»IN RUHE LASSEN? Willst du mich verarschen, du scheiß Behinderter?«

Er stößt Ben mit voller Kraft gegen den Brustkorb. Bens Tasche fällt auf den Boden, und man hört, wie etwas darin hart auf den Boden aufschlägt. »Das Notebook«, denkt Ben und wird langsam sauer. Er schubst den Angreifer nun seinerseits, aber deutlich ungeübter, was für diesen eine Einladung zu einem weiteren Angriff ist.

»Hey, hast du mich angefasst, häh? Du hast mich wirklich angefasst, Alter!? Niemand packt mich an, kapiert!«

Nun schlägt er Ben fest mit der flachen Hand auf die Wange. Dann geht alles sehr schnell. Mit mehreren wuchtigen Faustschlägen ins Gesicht treibt der Mann Ben vor sich her. Die Leute um sie herum weichen aus und flüchten zu den Treppen. Niemand sagt einen Ton, niemand interveniert. Nur Gregor geht nicht weg, weil er die Ungerechtigkeit nicht aushalten kann.

Dann sieht er, dass im Hintergrund noch ein anderer junger Mann in ähnlicher Aufmachung steht wie der Täter. Sein Bauchgefühl sagt ihm sofort, dass die beiden zusammengehören. Inzwischen schlägt der Angreifer wie völlig entfesselt auf Ben ein. Der geht zu Boden und versucht, seinen Kopf mit den Armen zu schützen, aber der Mann lässt nicht von ihm ab.

Die Aufnahmen der Überwachungskamera zeigen später, dass der Mann Ben mehrfach gegen den Kopf tritt und einige Male gegen den Brustkorb, bis sich Ben nicht mehr bewegt und sich unter seinem Kopf eine große Blutlache bildet.

Gregor kann nicht länger zusehen. Er rennt von der Seite auf den Angreifer zu und brüllt »HEY!!!«. Als er Ben aus der Nähe sieht, ist sein erster Gedanke: »Der ist tot.«

Der Kumpel des Angreifers versucht, Gregor aufzuhalten. Der jedoch kann jetzt seine massiven 100 kg Körpergewicht einsetzen. Er schiebt den Komplizen beiseite und packt den Schläger, der immer noch auf Ben einbrüllt und zu einem neuen Tritt ausholt, an den Schultern und reißt ihn seitlich von Ben weg. Dann weiß er sich nicht anders zu helfen, als ihn in den Schwitzkasten zu nehmen und in den U-Bahnschacht zu rufen: »Jetzt hilf doch mal einer!«

Nichts geschieht. Die Leute sind wie gelähmt. Niemand rührt einen Finger, manche verschwinden sogar über die Rolltreppen nach oben, während der Schläger im Schwitzkasten zappelt und Gregor langsam an die Grenzen seiner Kraft kommt. Der

Komplize flüchtet, kommt aber zurück, als er sieht, dass niemand Gregor hilft, und versucht seinen Kumpel zu befreien, was ihm mit Anstrengung auch gelingt. Allerdings sind beide von Gregors Kraft so beeindruckt, dass sie abhauen.

Die Täter werden später anhand der Videoaufzeichnungen ermittelt und verurteilt. Ben überlebt den Angriff. Er hat einen Schädelbruch, mehrere gebrochene Rippen und einen Jochbeinbruch erlitten, aber er erholt sich und wird wieder vollkommen gesund. Vermutlich verdankt er Gregor sein Leben.

Was Ben hätte tun können

Aktiver Ausstieg

1 Ben ist kein körperlich starker Typ und hat eine Konfrontation dieser Härte noch nie erlebt. Durch die Invasion des jungen Mannes ist er sofort am »Limit« und läuft dadurch Gefahr, in die Opferrolle zu fallen. Genau das geschieht, weil Ben aus der Situation nicht »aussteigt«, sondern in einer Art Wahrnehmungstunnel verharrt. Wenn man sich innerlich nicht stabil fühlt, ist in solchen Situationen der sofortige aktive Ausstieg wichtig. Ben hätte mit einem »Ich heiße Ben Schröder und ich will keinen Ärger, lassen Sie mich in Ruhe!« einen Anfang machen können. Wären die Provokationen weitergegangen, hätte er den Satz wie eine Schallplatte mehrfach wiederholen können.

Den eigenen Namen nennen ist gut, weil Täter aus ihren Opfern gerne Objekte machen, die Nennung eines Namens aber aus Objekten Menschen macht. Würde der Mann trotzdem weitermachen, sollte Ben den Konfliktbereich verlassen, indem er sich umschaut und sofort und ohne Zögern Menschen anspricht, die ihm als *Kraftpunkte* erscheinen. Das klingt esoterisch, ist aber keine schwierige Sache. Der Instinkt weiß genau, wo man hingehen kann und wer Sicherheit ausstrahlt. Man sollte nie ohne Ziel bleiben und blind flüchten, da dann die Gefahr besteht, dass der Täter Jagd auf das Opfer macht.

2 Die Anwendung dieser Strategie verlangt Selbstkontrolle, und man benötigt ein Mindestmaß an innerer Balance. Sie wirkt störend auf das Täterskript. Im Grunde ist sie nicht schwer, denn man muss nichts weiter tun, als in einem neutralen oder leichten Tiefstatus die Wahrheit zu sagen:

»Ich heiße Ben Schröder und bin Student. Ich hatte einen irre langen Tag und bin total müde. Ich hab mir den ganzen Tag lang Vorlesungen angehört und warte hier auf einen Kumpel. Deshalb bitte ich Sie, mich in Ruhe zu lassen. Ich will echt keinen Ärger.«

Man kann den Text auch in die Länge ziehen. Je länger man spricht, desto stärker wird das Skript des Gegenübers gestört, weil der Täter nicht damit rechnet, dass sich sein Opfer aus der Anonymität heraus und auf ihn zu bewegt. Verantwortungsvolle Selbstoffenbarungen machen dem Täter einen Strich durch die Rechnung, weil das Skript für seine Taten stumme Objekte und keine aktiven Menschen vorsieht. Man darf dabei allerdings auf gar keinen Fall »Du-Aussagen« machen wie: »Ich sitze hier müde rum, und so ein durchgeknallter Typ wie du stört mich mitten im Nachdenken; weißt du, was das heißt?«

Diese Strategie hat ihre Grenze dann, wenn der Täter alkoholisiert und / oder unter Drogen steht und die Gewalt unbedingt will. In diesen Fällen kann man sie nur durch entschiedene Ausbrüche verhindern. Dass Ben aber dort sitzt und in seinen Gedanken unterwegs ist, nimmt ihm die notwendige Präsenz für eine offene Wahrnehmung dessen, was vor sich geht, und genau das ist es, was Täter sehen oder spüren.

3 Es handelt sich um eine Spiel-verrückt-Strategie und stammt aus dem Improvisationstheater. Sie heißt *Nichtangriff*, weil sie dem Gegenüber den Wind aus den Segeln nimmt. Es gibt zwei Varianten. Man übernimmt die Strategie des Täters und übertreibt sie, damit sie kippt. Wer sie wählt, muss einen leichten Tiefstatus einnehmen – jedoch nicht zu tief (kein Jammern!):

»Sie (manchmal geht auch nur »Du«) haben recht, ich sehe heute echt scheiße aus, und meine Haare gefallen mir auch nicht! Vielen Dank für den Hinweis! Aber was würden Sie tun, wenn Ihre Freundin von Ihnen verlangt, dass Sie sich die Haare lang wachsen lassen, weil sie sonst geht? Die sieht echt super aus, gucken Sie mal, hier hab ich ein Bild.«

Je plötzlicher und selbstverständlicher das kommt, desto größer die Verblüffung. Man braucht jedoch auch hier eine hohe Präsenz und Wachheit, ein »Im-Moment-Sein«.

Strategisch bedeutet *Nichtangriff*, dass man dem anderen einfach recht gibt:

»Ey, was glotzt du so blöd?«

»Tut mir leid, aber heute bin ich einfach scheiße drauf. Hat mein Chef auch schon gesagt. Danke für den Hinweis.«

Eine Alternative ist, dem anderen recht zu geben, indem man einen Irrtum vortäuscht:

»Ey, was glotzt du so blöd?«

»Tut mir leid, ich hab dich verwechselt,« um dann sofort zu gehen.

Bei der zweiten Variante greift man ein Wort des Angreifers auf und textet ihn zu:

»Was hast du denn für scheiß Haare?«

»Genau, scheiß Haare. Du sagst es; finde ich nämlich auch. Aber was willst du machen, wenn du eine Wette verlierst. Ich hab mit einem Kumpel gewettet, dass der FC die nächsten zwei Spiele gewinnt. Das Ergebnis kennst du ja. Und jetzt muss ich mir die Haare ein Jahr lang wachsen lassen.«

Man redet mehrere Sätze hintereinander, die eine kurze Geschichte bilden und die im Kopf des Gegenübers eine Lücke entstehen lassen. Je mehr Text man abspult, desto bekloppter wirkt man in den Augen des Gegenübers. In der Folge kann dessen Lust- und Aggressionspegel deutlich sinken. Allerdings muss der eigene Status knapp unter dem des Täters bleiben, da der Täter ansonsten den Eindruck hat, er wird auf den Arm genommen. Daher ist die Beobachtung des Gegenübers besonders wichtig. Es ist wichtiger, auf seine Wellenlänge zu kommen, als eine kreative Höchstleistung abzuliefern.

Die Täter-Opfer-Polarität, auf der die meisten Gewaltsituationen basieren, kann man auch als Aktiv-Passiv-Polarität begreifen. In den meisten Täterskripten ist die Vorstellung verankert, aktiv sein zu müssen: *Ich führe, ich agiere, ich gebe den Ton an. Mein Gegenüber folgt, reagiert, verhält sich passiv und hat Angst.* Übernimmt jedoch das Gegenüber, das eigentlich das »Opfer« sein soll, den aktiven Part in einer friedlichen Art und Weise, wird das Gegenüber entweder selbst passiver oder unsicher. Beides ist hilfreich.

Gregors Handlungen

Gregor hat eine Art Stellvertreterposition eingenommen. Als Ben keinerlei Impuls zeigte, sich zu wehren, wurde dieser Impuls stattdessen in Gregor wach, der sich unbewusst an Bens Stelle setzte. Dieser Effekt ist fast immer nachweisbar, wenn Menschen Zeugen der Hilflosigkeit anderer werden, und ähnelt dem natürlichen Empathie-Reflex. Doch dann verfing sich Gregor in »Fallstricken« (siehe Kapitel 1) und sagte sich, es wird schon nicht so schlimm sein, wenn Ben selbst nicht reagiert. Deswegen hat er relativ spät gehandelt. Wäre er seinem Bauchgefühl gefolgt, hätte er sich eher einmischen und eine Koalition mit Helfern bilden können.

Gregors Intervention war dagegen vorbildlich. Er hat schützende Macht eingesetzt, weil er sich körperlich dazu in der Lage sah. Gregor ist außerdem von der Seite an den Täter herangegangen, so dass der ihn aus dem Augenwinkel sehen konnte. Nur der Schwitzkasten war etwas übertrieben. Den Täter wegziehen und von Ben fernhalten hätte auch gereicht. Nicht selten tragen die Angreifer Messer oder andere Waffen bei sich. Schocken (Brüllen, Befehle, Wegdrücken), Beeindrucken (kurze befehlsartige Fragen: »Was machst du da?«) und das Opfer sichern sind geeigneter. Die Polizei rät zwar in solchen Fällen, auf keinen Fall in Körperkontakt zu gehen und sich nicht in Gefahr zu bringen, aber dies ist schlicht nicht immer möglich. Leben werden manchmal nur dadurch gerettet, dass Menschen ihren Instinkten trauen und sich sagen: »Jetzt muss ich handeln«, auch auf die Gefahr hin, selbst verletzt zu werden.

Dass Gregor im Alleingang gehandelt hat, ist der späten Intervention geschuldet und hätte nicht sein müssen. Er hätte frühzeitig andere ansprechen und die Führung übernehmen können. Dazu hätte er jedoch eine Strategie benötigt. Stattdessen hat er rein instinktiv gehandelt. In diesem Fall ist das gut ausgegangen, aber es hätte dadurch auch noch größerer Schaden entstehen können. Dennoch war die Handlung Gregors »instinktiv perfekt«. Wann immer man Menschen sieht, die einen solchen Mut zeigen, sollte man in Schulterschluss gehen und Teams bilden, um sie zu unterstützen, oder zumindest zusätzlichen Radau machen (brüllen, rufen, Krach machen). Wer sich dies nicht zutraut, sollte einen »Fan-Block« bilden. All dies ist besser, als nichts zu tun oder den Mund zu halten.

Gehe nicht zu Boden

Es gibt keine Strategie, Gewalt immer und zuverlässig zu verhindern. Wenn ein Täter es unbedingt will, wird Gewalt stattfinden. In so einem Fall sollte man, wenn es nur irgendwie geht und so früh wie möglich – d. h. am besten sofort und jedenfalls lange vor dem ersten Schlag ins Gesicht –, zu Menschen hinlaufen und Hilfe einfordern.

Gewalt wird durch den ersten Schlag ins Gesicht entschieden. Nicht der Stärkere gewinnt, sondern der Aggressivere. Auf keinen Fall sollte man zu Boden gehen, wenn man es irgendwie verhindern kann. Befindet sich, wie in Bens und Gregors Fall, ein Kiosk in der Nähe, könnte man z. B. versuchen, sich hinter die Theke zu retten und von dort mit Flaschen zu werfen. Gegenstände und Barrieren in nächster Umgebung sollten auf jeden Fall genutzt werden, bevor man sich in eine direkte körperliche Konfrontation begibt.

Sollte man als Mädchen oder Frau in eine solche Lage geraten, ist das Wichtigste die Aufmerksamkeit für die Umgebung und der sofortige Schulterschluss mit anderen, d. h. sofort »aussteigen« und Menschen gezielt um Hilfe bitten, je früher, desto besser. Dabei gilt, dass die persönliche Aufmerksamkeit und Wachheit umso höher sein müssen, je anonymer der Ort ist, an dem man sich befindet.

6 SELBSTBILDER

In den Augen der anderen

»Könnten Sie zu uns kommen? Wir haben alles versucht und wissen nicht mehr weiter«, sagt Günther K. am anderen Ende der Leitung. Er ist Lehrer an einer Gesamtschule in der Nähe von Halle und möchte, dass ich einen Tag lang mit einer Klasse an seiner Schule arbeite. Ich versuche ihm zu erklären, dass gerade bei schwierigen Klassen eine kontinuierliche Arbeit mit einer stabilen Bezugsperson über einen längeren Zeitraum wichtig ist, damit eine Beziehung entstehen und echter Kontakt zustande kommen kann. Ich empfehle ihm, sich lieber an einen örtlichen Trainer zu wenden oder die Trainer der Präventionsdienststellen der Polizei einzubinden, doch der Lehrer lässt nicht locker: »Wir haben ja schon so viel versucht, und der Sozialpädagoge an unserer Schule weiß auch nicht weiter.«

»Und wie kommen Sie dann darauf, dass das nach einem einzigen Tag anders sein wird?«

»Wir haben gehört, dass Sie Polizist waren und auch diese Theatersachen machen, vielleicht bringt das ja was ...«

»Und was wünschen Sie sich, was am nächsten Tag anders sein soll?«

»Dass die Jungs wieder mehr Bereitschaft zeigen, im Unterricht mitzumachen, und dass sie aufhören, sich gegenseitig den Schädel einzuschlagen.«

»Was sagen die Jungs denn dazu?«

»Keine Ahnung. Wenn wir jemand von weit weg holen, verstehen sie vielleicht, wie wichtig uns die Sache ist.«

Ich stutze. »Warum sind nur Jungs in der Klasse?«

»Tja, es sind eben nur Jungs, eigentlich sind die übrigens aus verschiedenen Klassen.«

»Was meinen Sie damit?«

»Die sind zusammengewürfelt. Die Klasse besteht aus Jungs, die aus anderen Klassen rausgeflogen sind.«

Am Ende lasse ich mich doch breitschlagen und sage zu. Ein paar Tage später packe ich meine Sachen und fahre mit dem Zug in die kleine Stadt. Der Bahnhof, ein eingeschossiges Backsteingebäude, wirkt auf mich wie aus der Zeit gefallen. Es gibt nur zwei Gleise. Vor dem Bahnhof befindet sich ein kleiner Platz mit Kopfsteinpflaster. Aus einem geparkten Wagen steigt ein athletischer Mann Mitte 40 aus und winkt mir zu.

Auf dem Weg zum Hotel erzählt mir Günther K., dass er Englisch und Sport unterrichtet. Beim Sport, so sagt er, hätte er noch die wenigsten Schwierigkeiten mit der Klasse, weil er die Jungs mit körperlicher Betätigung einigermaßen gut erreichen könne. In seinen Englischstunden hingegen sei die Hölle los.

»Das Problem an unserer Schule ist, dass Unterricht stattfindet«, sagt Herr K. und grinst über seinen eigenen Witz.

Er erzählt, dass die Arbeitslosigkeit im Ort bei über 30 Prozent liege. Viele »hartzten« sich durchs Leben, und es werde viel Alkohol getrunken. Vor allem in Familien, die früher, also vor dem Mauerfall, noch »funktionierten«. Um der Tristesse zu entkommen, seien einige auf den »Leistungstrip« des Westens aufgesprungen und wären »ausgewandert«. Viele andere würden über die Verhältnisse, die seit dem Mauerfall herrschen, jammern, fährt Günther K. fort

Er erklärt, dass das größte Problem im Umgang mit den Jugendlichen seiner Ansicht nach darin bestehe, dass die traditionelle Vorstellung von Autorität in Auflösung begriffen sei. Viele der Jüngeren hätten den Respekt vor jeder Art von Autorität verloren. Die Werte und Ziele, die der Sozialismus vorgab und die auch in vielen Familien vermittelt wurden, sehen sie als gescheitert an. Viele Familien hätten vor der Wende zudem Kontakte zur Stasi gehabt oder für sie gearbeitet. Die Jungen betrachteten daher weder ihre Eltern noch ihre Lehrer als Vorbilder, da sie in ihren Augen einer überkommenen Ära angehören.

»Die Schüler glauben uns einfach nicht, und manche Lehrer verhalten sich hier immer noch so, als hätte sich nichts verändert. Sie pochen auf Gehorsam, schlagen noch immer zu und arbeiten mit einem Druck, der heute einfach nicht mehr geht, verstehen Sie?«

Ja, ich verstehe. Es ist wie überall, wenn wir an alten Bildern festhalten und sie über die Beziehungen zu den Menschen stellen, mit denen wir tagtäglich unser Leben teilen. Wir setzen starre Vorstellungen davon, wie eine Beziehung zu sein hat, an die Stelle der Beziehung. Das Ergebnis ist immer das gleiche: Kommunikationsprobleme, Kontaktprobleme, fehlendes Vertrauen. Trotzdem bin ich verwundert darüber, dass Günther K. das Problem so klar umreißt, und ich frage mich, was ich hier soll. Der Prozess positiver Veränderung scheint doch bereits im Gange zu sein – zumindest bei Günther K.

Auf der einen Seite leuchtet mir die Geschichte, die er erzählt, ein. Auf der anderen Seite kenne ich genügend Beispiele dafür, dass es sich hier um kein spezifisches »Ost«-Problem handelt: Kinder und Jugendliche überall begehren gegen »alte Autorität« auf, auch deshalb, weil Eltern ihre Kinder immer ernster nehmen.

Während ich mit Günther K. über das Kopfsteinpflaster seiner Stadt rolle, gewinne ich den Eindruck, dass jede Gegend ihre eigene Erklärung für einen Prozess hat, der global stattfindet:

Alte Werte- und Herrschaftssysteme fallen. An allen Ecken und Enden der Welt gibt es mehr Freiheit und Offenheit als je zuvor.

Befehlsstrukturen verwandeln sich in Verhandlungsstrukturen. Statische Vorstellungen von Autorität (z. B. Hierarchien) werden durch dynamische Modelle ersetzt, die mehr auf Beziehung setzen. In der Wirtschaft gab es vor 50 Jahren keine Mitarbeitergespräche der heutigen Art, und in Schulen gab es keine Kommunikationstrainings, keine Antigewalttrainings und keine Schülerbeteiligungen bei Problemlösungen. Alles wurde über Hierarchie geregelt und über »statische Vorstellungen« davon, wie etwas zu sein hat.

Günther K. setzt mich vor meinem Hotel ab. Am nächsten Morgen stehe ich vor einem mehrstöckigen Gebäude aus den 1970er Jahren mit Flachdach und riesigen Klappfenstern, das von einem großen Schulhof mit Kastanienbäumen umgeben ist. In der Nähe des Schulgebäudes befindet sich eine große Turnhalle. Alles wirkt freundlich und offen.

Nachdem ich das Kollegium kurz kennengelernt habe, spreche ich mit der Schulleiterin. Die Frau Anfang 50 ist auf eine selbstverständliche Art engagiert, wie ich es häufig bei Frauen erlebe, die in der DDR gelebt haben. Ihre Augen sprühen vor Elan, und im Gespräch erfahre ich, dass sie nach neuen Wegen sucht, um mit dem Problem fertigzuwerden, dass heute viele Schüler in ihre Gesamtschule kommen, die früher in Haupt- oder Sonderschulen gelandet wären. Auch die sozialen Probleme in den Familien drängen mehr und mehr in die Schulen hinein, und von den Lehrern wird erwartet, dass sie das nachholen, was zu Hause nicht mehr stattfindet: Beziehung stärken, Engagement vorleben, Grenzen setzen, Träume und Talente fördern und die Begeisterung für das Leben (wieder) erwecken, mit der jedes Kind einmal zur Welt gekommen ist.

Ich bin neugierig auf die Klasse. Als ich den großen Klassenraum betrete, sitzen etwa 15 Schüler etwas verlegen in einem Stuhlkreis, weil sie die Tische vermissen, die für das Training aus dem Raum entfernt wurden. Ein Lehrer, der offensichtlich Aufsicht führt, begrüßt mich und fragt, ob er die erste Zeit dabei bleiben soll. Ich lehne dankend ab und fange an, meine Utensilien auszupacken: die portable Musikanlage, die Schaumstoff-Batakas (Schläger für Aggressionsübungen), die langen Aikido-Schwerter (für Abgrenzungsübungen) und feste Bälle. Die Jungs verfolgen jede Bewegung und grinsen, als sie das »Klopper-Material« sehen, wie sie es später taufen.

Währenddessen habe ich Zeit, die Klasse zu beobachten. Völlig normale Jungs, denke ich. Sie sind zwischen 13 und 15, manche noch eher Kinder, andere schon Jugendliche. Alle strahlen eine enorme und doch irgendwie gehemmte Energie aus. Sie sind in der Phase, in der Mädchen für sie eine Rolle zu spielen beginnen. Sie wollen cool sein, stark sein und die Kraft in sich in Bewegung bringen. Es ist die Zeit, in der all das wichtiger ist als abstrakte Unterrichtsinhalte. Ich schaue in ihre Gesichter und denke an eine Lehrerin, die mir einmal sagte: »Im Grunde können wir doch froh sein, dass sie so brav sind. Sie müssten eigentlich jeden Tag auf den Tischen stehen und Revolte machen, wenn man bedenkt, dass wir ihnen den ganzen Tag lang nur Scheiße erzählen, die sie nicht interessiert.«

Mehr ist dazu eigentlich nicht zu sagen.

Ich erzähle den Jungs, wer ich bin und was ich gemacht habe, und natürlich interessiert sie der Polizeiberuf viel mehr als das Schauspiel, unter dem sie sich nichts vorstellen können. Sie fragen, ob ich Tote gesehen habe. Ich erzähle ihnen ein paar wahre Krimis und lasse sie raten, wie die Tat zustande gekommen ist und was das Motiv war. Sie wollen wissen, ob ich eine Waffe getragen und ob ich schon mal jemanden getötet hätte. Ihre Fragen sind »männliche« Fragen, die in einer reinen Mädchengruppe so wahrscheinlich nicht gestellt würden, jedenfalls nicht ausschließlich.

Diese Fragen haben mit dem männlichen Wunsch nach Stärke und Autonomie zu tun, mit dem Wunsch nach existentiell wichtigen Zielen, nach denen sie streben können, die größer sind als sie selbst. Gute Klausurnoten und Zeugnisse gehören, wenn überhaupt, erst in zweiter Linie dazu.

Jungs wollen gefährlich sein, sie wollen hart sein und alle wollen das Große. Sie wollen körperlich eine Rolle spielen. Das Leben pulsiert in ihren Körpern, nicht in den Büchern und nicht in den Noten. Zeugnisse dokumentieren Vergangenes und erschaffen dadurch eine Zukunft. Aber die Jungs (und Mädchen) interessiert vor allem die Gegenwart.

Natürlich gilt das nicht für alle. Es gibt viele, die anders gestrickt sind als die Jungs vor mir, die eine eher intellektuelle Veranlagung besitzen und/oder in Haushalten aufgewachsen sind, in denen die Eltern viel lesen und selbst daran interessiert sind zu lernen. Doch die Schüler auf den Stühlen vor mir gehören auf jeden Fall zu den »Bewegungstypen«, die regelmäßig in der Schule scheitern, wenn dort und in den Familien nicht aktiv auf ihre speziellen Bedürfnisse eingegangen wird.

Die ersten beiden Trainingsstunden verlaufen alles andere als optimal. Ich versuche es mit Methoden aus der Theaterarbeit: sich rückwärts fallen lassen aus dem Stand, vom Stuhl, vom Tisch. Spiele, die mit dem Erkennen von Emotionen zu tun haben. Die Schüler lernen das so schnell, dass ihnen in Minuten langweilig wird.

Hamit und Kevin scheinen die Alphatiere in der Klasse zu sein und wechseln sich darin ab, wer der größere Klassenclown ist – meist ein sicherer Indikator für die Länge der persönlichen Misserfolgsgeschichte. Oder wie Saul Bellow es einmal ausdrückte: »Besiegte Menschen neigen zum Witz.«

Lars, Jörn, Chris und Louis gehören zu den Betatieren, und der Rest der Jungs macht einfach mit. Sie schaffen die Bühne für die Show der anderen und sind gleichzeitig das Publikum. Am unteren Ende der Hackordnung stehen »Red«, ein Junge mit roten Haaren, und Pinto, der Vietnamese. Beide sagen keinen Mucks und bekommen von den anderen regelmäßig was auf die Mütze, werden ausgelacht oder verbal runtergemacht, was ich mir zuerst anschaue und später konfrontiere.

Die »Führungsriege«, bestehend aus Hamit und Kevin, ist sich auch nicht »grün«. Sie boykottieren sich gegenseitig und weigern sich, bei den gefährlichen Übungen mitzumachen. Sich rückwärts von einem Stuhl, der auf einem Tisch steht, fallen und sich vom Rest der Klasse auffangen zu lassen, kommt für sie nicht in Frage. Ihre Weigerung signalisiert mir, dass die »Alpha-Positionen« in dieser Klasse starr sind und nicht in Frage gestellt werden. Ein starres Bild davon, wie etwas sein muss, basiert entweder auf einem Mangel an Kenntnis über die eigenen Ressourcen und Qualitäten oder auf einem Mangel an Zutrauen in die eigene Selbstwirksamkeit aufgrund anhaltender persönlicher Misserfolge. Starre Bilder gründen deswegen immer auch auf einem Mangel an Selbstvertrauen. Darüber hinaus gibt es mythische Einflüsse, für die man als Jugendlicher anfällig sein kann. Bei Jungen sind das der Gangster- oder Helden-Mythos, der Coolness-Mythos, der Ich-kann-alles-Mythos, der Ich-bin-der-Stärkste-Mythos. Bei Mädchen: der Schönheitsmythos, der Unerreichbarkeitsmythos, seit etwa 10 bis 15 Jahren aber auch abgewandelte Formen aggressiver Mythen: rebellisch sein, stark sein, cool sein. Viele Mädchen haben hier stark aufgeholt. Sie greifen auch nach den Mythen der Jungs und umgekehrt.

Meiner Meinung nach sind diese Identifikationen eine spielerische Vorbereitung auf kommende Herausforderungen und Erfahrungen und damit notwendige Durchgangsstadien.

In dieser Klasse sind kein Spiel und kein Vertrauen erkennbar. Die Jungs empfinden sich kollektiv als »Loser«. Die positiven Mythen haben sich in starre und destruktive Verhaltensweisen verwandelt, was immer dann passiert, wenn die Selbstwirksamkeit unterbrochen wurde, d. h., wenn man in seinem sozialen Umfeld nicht mehr die Erfahrung macht, dass man etwas Wesentliches beitragen kann, das andere anerkennen. Die Jungs sind in ihrer Entwicklung steckengeblieben und spüren: Die Mädels schauen auf sie wie auf Neandertaler, während in den anderen Klassen schon der Homo sapiens unterwegs ist. Der mit dem aufrechten Gang und mit der größeren Anpassungsfähigkeit.

Ich versuche es mit Theater, und wir spielen kleine Szenen, damit die Jungs ihre eigenen Qualitäten besser kennenlernen. Aber die Szenen entlocken ihnen nur ein Gähnen. Den Jungs ist langweilig, und ich denke an meinen Lehrer Keith Johnstone, der einmal sagte: »Tu das, was die Schüler tun wollen, belege sie nicht mit Konzepten. Richte eine ›Null-Bock-Ecke‹ ein, und wenn über 30 % der Schüler dorthin verschwinden, dann weißt du, du musst was verändern.« Genau das muss ich jetzt tun, aber wie?

In der Pause komme ich frustriert ins Lehrerzimmer, wo ich Günther K. treffe, der die ersten beiden Stunden Sport hatte und frisch wirkt.

»Na, wie läuft's?«, fragt er munter.

»Gar nicht gut, die stehen nicht auf Theaterpädagogik und den üblichen Kram.«

»Ha, ha, ha ... jetzt hören Sie sich genauso an wie die Kollegen.«

Mein Blick fällt durchs Fenster nach draußen auf die riesige Turnhalle.

»Warum ist eigentlich die Sporthalle so groß?«, frage ich.

»Da war mal ein ganz dicker Verein drin. Judo. Richtig professionell. Da oben liegt in einer Seitenhalle eine echte olympische Matte. Das ist ein super Raum ...«

»... der für den Rest des Tages frei ist ...?« Ich wittere eine Chance.

»Der für den Rest des Tages frei ist«, bestätigt Günther K.

Ich greife zu: »Okay, ab jetzt ist dieser Raum besetzt!«

Günther K. spielt mit: »Wie Sie wollen, ich geh mit Ihnen rüber und sag' der Klasse Bescheid. Die haben aber keine Sportklamotten dabei, das sage ich Ihnen gleich, und die sind richtig eitel, wenn irgendwas an ihr T-Shirt kommt und so weiter, aber das wissen Sie ja.«

»Macht nichts, das geht schon ...«

Ich treffe mich mit den Jungs in der Halle wieder, und plötzlich sind sie hellwach. Irgendwie spüren sie, dass etwas in der Luft liegt.

Ab jetzt verläuft der Tag lebendig und konstruktiv. Wir verbringen die nächsten fünf Stunden in der Halle und machen kaum Pausen, von wenigen Entspannungsübungen abgesehen. Es wird nach festen Regeln gekämpft, und jeder kämpft mit jedem. Wir vereinbaren Stopp-Signale für Situationen, wenn der Kampf zu exzessiv wird und in Gewalt mündet. Die Stopp-Signale sind dazu da, harte Selbstbilder in flexible Selbstbilder zu verwandeln, weil sie voraussetzen, dass man während des Kampfes die eigenen Gefühle und Grenzen sowie die des Gegners wahrnimmt.

Ich bilde Zweierteams und stecke das Alphatier Hamit und den Underdog »Red« zusammen. Ihre Aufgabe ist es, sich ineinander zu verhaken und so lange wie möglich ein Knäuel zu bilden, das die anderen nicht trennen können. Die Aufgabe der anderen ist es, die beiden auseinanderzubringen. Auf diese Weise lernt Hamit, »Red« zu schützen. »Red« lernt, dass er auch Gemeinsamkeiten mit Hamit hat, denn »Red« entpuppt sich plötzlich als hartnäckiger Kämpfer, was Hamit ein »Respekt, Respekt« entlockt.

Zwischendurch führe ich mit den Jungs immer wieder kurze Gespräche über das, was sie wahrnehmen, über Gewalt und über Grenzen. Irgendwann reden wir auch über ihre Erfahrungen mit Mädchen und darüber, wie sie sich selbst sehen und von anderen gesehen werden wollen, was ihre Träume sind.

Pinto will eine Tauchschule in Vietnam aufmachen, »Red« will Koch werden, Hamit will 5000 Euro im Monat verdienen und hat keine Ahnung, wie. Ich hoffe, dass er es bald herausfindet und gute Vorbilder hat, damit er sein erhebliches Energiepotential konstruktiv einsetzen kann. Die meisten der Jungs hingegen zucken mit den Schultern, und man sieht in ihren Gesichtern, dass sie mit Menschen aufgewachsen sind, die ihre Träume vergessen haben. Vielleicht wollen sie sie aber auch nur nicht vor den anderen preisgeben, weil in der Klasse schon so lange Missstimmung herrscht. Manchmal ist es auch einfach noch zu früh für Träume, wie ich aus eigener Erfahrung als Spätzünder weiß. Träume brauchen Zeit und die richtigen Bedingungen, um sich zu entfalten. Daher ist es so wichtig, dass Schulen den Schülern Angebote machen, die wirklich ankommen, die gewollt werden und die eine Herausforderung darstellen und Wachstum ermöglichen. Sie können aus der künstlerischen Ecke kommen (Musik, Tanzen, Schauspiel), aus der sportlichen (Boxen, Kampfsport) oder aus der handwerklichen (Arbeit mit Holz, Metall, Stein oder Stoffen), oder Dienstleistungen sein, so dass die Schüler und Schülerinnen verschiedene Ansätze ausprobieren können.

Am Ende des langen Tages bitte ich die Klasse, sich in einer Reihe aufzustellen, die ihre Rangordnung abbilden soll. Es geht darum, die eigene Position in der Gruppe zu finden. Wer auf Position 1 stehen will, beansprucht die Führung in der Klasse, die allerdings auch von den anderen gewährt werden muss. Die Klasse muss sich mit ihrem Anführer wohl fühlen. Sie soll keine Angst vor ihm haben, sondern ihn respektieren und unterstützen. Ich erkläre den Jungs, dass es bei der Position 1 nicht um körperliche Kraft, sondern um Führung und Persönlichkeit geht. Auch jemand, der körperlich nicht so stark ist wie der Junge, der die meisten Kämpfe gewonnen hat, kann die Führung beanspruchen. Ich erkläre den Jungs, dass es normal ist, wenn die Führung dynamisch ist und wechselt und dass man sich auf Platz 1 immer ehrlich fragen muss, ob man wirklich dorthin gehört.

»Du kannst dir nicht nehmen, was dir nicht gegeben wird, denn dann brauchst du Gewalt, um es aufrechtzuerhalten. Was durch Gewalt erlangt wird, muss auch durch Gewalt verteidigt werden, könnt ihr das verstehen?«

In den Blicken sehe ich Fragezeichen, und ich erkläre es noch mal anders: »Wenn du Leute anführen willst und deine Führung basiert auf Prügeln und Angst, was passiert dann? Wer von euch kennt das Gefühl, dass man geschlagen oder angebrüllt wird? Kennt das jemand von euch, dass ihr Angst habt vor Stärkeren? Wer kennt das Gefühl?« Alle Finger gehen hoch.

Es dauert nur eine gute Minute, und die Klasse hat die Positionen besetzt. Hamit und Kevin stehen wie erwartet oben und »Red« und Pinto unten. Ich lasse die Oberen mit den Unteren tauschen und frage »Red« und Pinto, wie sie sich an Position 1 fühlen. Sie sagen »Geil!« und grinsen etwas verlegen. Hamit und Kevin wiederum meinen, dass es sich gar nicht schlecht anfühlt, auch mal unten zu sein, weil man dann nicht immer »Party machen muss«.

»Führung basiert nicht auf Angst. Führung basiert auf Fairness«, fasse ich zusammen. »Wenn du alle umhauen kannst, heißt das gar nichts. Wer an letzter Position steht, ist nicht der Fußabtreter der Klasse, er ist nicht das Opfer, sondern der, der die Basis für Position 1 bildet. Das ist genau so wie in einer Fußballmannschaft. Der Stürmer kann nur so gut sein, wie die Verteidigung hinten das zulässt, versteht ihr? Klar finden alle die Stürmer klasse, aber wer bist du ohne deine Hintermannschaft? Dann stehst du alleine in der Gegend herum.«

Dann spreche ich Hamit, der inzwischen wieder an Position 1 steht, direkt an.

»Hamit, denk dir alle anderen weg, was dann? Was machst du dann?«

Hamit zuckt mit den Achseln.

»Ich geh nach Hause und zock Playstation.«

Alle lachen. Ich lasse nicht locker:

»Die Art und Weise, wie ihr den behandelt, der da unten steht, an letzter Position, entscheidet darüber, wie viel Respekt ihr in der Position 1 habt. Du musst es hinkriegen, dass deine Hintermannschaft gut drauf ist.«

Bevor der Tag zu Ende geht, wollen die Jungs gegen mich kämpfen, und ich gehe mit ihnen auf die Matte. Kevin ist der Erste. Er ist 15 Jahre alt, über 1,80 m groß und sicher 15 kg schwerer als ich. Im Kampf spüre ich, dass er nicht gewinnen will. Er könnte mir mit seiner ungestümen Kraft die Sache sehr schwermachen, aber er will mich nicht besiegen. Ich habe mir seinen Respekt erworben, und der Wunsch, sich an mir zu orientieren, ist größer als sein Wunsch, mich zu besiegen. Am Ende kommen Jörn und Chris noch dazu und zu dritt ringen sie mich zu Boden, während die anderen klatschen.

Im Kontakt mit Kevin fühle ich mich an einen Freund erinnert, der in Scheidung lebt und mir immer wieder erzählt, wie sein achtjähriger Sohn zu ihm kommt, sich nah bei ihm aufhält und sich mit »männlicher Energie« auftankt. Er lädt seine Batterien auf, und dann geht er wieder spielen. Das ist der väterliche Aspekt, der in Schulen oder Kitas völlig unterbewertet wird, obwohl er den meisten Lehrerinnen klar ist, die sich mehr männliche Kollegen wünschen.

Zwei Tage später ruft mich Günther K. an und erzählt mir, dass die Jungs sich verändert haben. Sie würden sich untereinander nicht mehr so fertigmachen. Der Unterricht in der Klasse sei inzwischen allerdings wieder genauso chaotisch wie vorher. Deswegen würde sich die Schule jetzt überlegen, Sportler aus der Umgebung einzuladen, um mit den Jungs zu arbeiten und sie zu fordern.

Ich freue mich und hoffe, dass die Jungs nicht mit noch mehr Konzepten überschüttet werden. Ich hoffe, dass die Lehrer begreifen, dass Beziehung für die Jungs das Wichtigste ist. Erst dann können die Herausforderungen kommen.

Statische und dynamische Selbstbilder

Bis vor etwa 100 Jahren waren unsere Selbstbilder sehr statisch, und in vielen Ländern der Erde sind sie es noch. Sie sind eng mit festen Vorstellungen von »weiblich« und »männlich« verbunden, die Männern und Frauen bestimmte Eigenschaften und Handlungsmöglichkeiten zuschreiben. Statische Selbstbilder sind anfälliger für Gewalt als dynamische Selbstbilder. Wer eine absolute und starre Vorstellung davon hat, wie er zu sein hat und wie andere ihn oder sie zu behandeln haben, ist existentiell verletzlich und neigt dazu, dieses statische Selbstbild mit allen Mitteln zu verteidigen – auch und vor allem mit Gewalt.

Um ein dynamisches Selbstbild zu erlangen, braucht ein

Gewalttäter Distanz und den Willen, das Selbstbild zu hinterfragen, das er sich auf der Grundlage von Misserfolg und Kränkung aufgebaut hat. Darüber hinaus muss er sich fragen: »Was verteidige ich da? Welche vitalen Bedürfnisse liegen hinter der Strategie der Gewalt? Was ist mir wichtig?«

Wenn man mit Straftätern arbeitet oder mit Jungs wie aus der soeben geschilderten Klasse, ist es daher hilfreich, wenn man sie von den statischen Selbstbildern weg und hin zu sich selbst bringen kann: zu ihren realen Eigenschaften, zu ihren Träumen, zu ihren Anlagen und Ressourcen, zu Selbstakzeptanz, zu Lebensentwürfen jenseits von Knast und Gewalt und damit jenseits einer negativen Identität.

Dynamische Selbstbilder können nur durch gesunde Beziehungen, Individualisierung und positive Entwicklungen zustande kommen. In letzter Konsequenz bedeutet dies, dass man jedes Kind bereits im Kindergarten individuell fördern sollte, jedoch nach menschlichen Gesichtspunkten und nicht nach dem Leistungsprinzip, wie das heute leider oft der Fall ist (Chinesisch in der Kita, Beethovenbeschallung im Uterus). Man sollte sich die Frage stellen: Was bringt das Kind mit? Was mag es leidenschaftlich? In welche Richtung geht seine Neugierde? Was lässt es aufleben? Was sind seine Stärken? Was sind seine Verletzungen? Was muss nachgeholt werden?

Wenn diese Entwicklung gefördert wird, ist Gewaltprävention zweitrangig. Wenn ein Kind dann noch lernt, wie es glücklich sein kann (Glück als Schulfach) und wie es mit Frustrationen umgehen kann und auch im Moment eines Misserfolgs seinen Selbstwert weiter spürt bzw. die Verbundenheit zu anderen, ist die Wahrscheinlichkeit, dass dieses

Kind je Gewalt anwenden wird, deutlich reduziert. Denn es verfügt über ein Selbstbild, das wirklich mit dem Selbst verbunden und daher lebendig ist und nicht von Erwartungen aus der Umwelt oder einem falsch verstandenen Mythos geprägt wird, der immer auch zerbrechlich ist.

Die Transformation von Selbstbildern

Eine Frage der Ehre

Nachdem der Krieg auf dem Balkan zu Ende ist, werde ich Ende der 1990er Jahre nach Sarajewo eingeladen, um dort mit Angehörigen des Spezialeinsatzkommandos (SEK) der Polizei von Sarajewo und von Banja Luca ein Verhandlungstraining zu machen.

Ich fliege von Köln direkt nach Sarajewo und werde am Flughafen von einem Beamten des Bundeskriminalamtes empfangen. Der Mann ist Ende 50, klein, mit einem runden Gesicht und wirkt quirlig und weltgewandt. Er ist Hauptkommissar beim BKA und organisiert zurzeit die Fortbildungen im Rahmen von EU-Projekten für den Bereich von Sarajewo (muslimisch) und Banja Luca (serbisch).

Wir kommen schnell ins Gespräch. Der Hauptkommissar ist schon viel rumgekommen, er hat u. a. Polizeiausbildungen in Afrika begleitet und ein paar Jahre in Asien gelebt. Auf dem Weg ins Hotel in der Nähe des Polizeiquartiers der SEK-Kräfte erzählt er mir auf meine neugierigen Fragen erste Geschichten aus seiner Zeit hier in Bosnien.

Wir fahren an Hochhäusern vorbei, deren Außenwände mit Einschusslöchern übersät sind. Ich verstumme, als ich die Gebäude sehe, deren Fassaden zum Teil einfach weggerutscht sind und bei denen man mitten in die Wohnungen blicken kann wie in Puppenhäuser. Der Kollege bemerkt meinen »Kulturschock« und zeigt auf die Hügel auf der anderen Seite der Stadt, um mir zu erklären, dass die Serben dort gelegen hätten, um die Stadt »zusammenzuschießen«. Die Stadt liegt in einem Kessel, weshalb sie sehr angreifbar ist und weshalb auch die Landeanflüge der Nato so schwierig und gefährlich waren.

Der Mann vom BKA bringt mich zu einem Hotel in der Nähe des Seminargebäudes. Später treffen wir uns zum Abendessen und er »brieft« mich in Bezug auf die Kollegen, die ich morgen kennenlernen werde. Ich müsse mich darauf einstellen, dass die Gruppen hier anders »ticken« als Polizisten in Deutschland. Hier sei es härter, weil der Umgang mit Macht in den Balkanländern ein anderer ist. Hier werde zuerst gehandelt und dann geredet. Deeskalation oder Verhandlungen oder Kommunikationstrainings seien etwas völlig Neues.

Am nächsten Morgen wache ich extrem früh auf. Gegen vier Uhr höre ich zum ersten Mal die blechernen Lautsprecher der Minarette in Sarajewo, die mich daran erinnern, dass ich mich in einer vorwiegend muslimischen Stadt befinde. Nach einiger Zeit wünsche ich mir Glockengeläut, weil ich meinen Verstand nicht davon abhalten kann, verstehen zu wollen, was die blecherne Stimme ruft oder singt.

Gegen acht Uhr werde ich vom Hotel abgeholt und in eine Art Polizeikaserne gebracht. Sie besteht aus einem weitläufigen Gelände mit Sportplätzen, Turnhallen, Fahrzeugdepots und einer Ansammlung langgestreckter Gebäude, die von einem hohen Zaun und Stacheldrahtrollen umgeben sind. Mein Fahrer bringt mich zu dem Gebäude, in dem die Sondereinsatzkräfte untergebracht sind. Nach einer feierlichen Begrüßung durch den Kommandeur und den Dolmetscher, mit dem ich vorher bereits Kontakt hatte, komme ich in einen riesigen Raum, der aussieht wie eine leergeräumte Kantine. In der Mitte stehen

Tische, die man zu einem großen, langen Rechteck zusammengeschoben hat, um das herum die Kollegen des SEK schon Platz genommen haben. Die Männer sind zwischen 25 und 40 Jahre alt und tragen nicht ihre dunklen Kampfanzüge, die ich draußen gesehen habe, sondern legere Uniformen. Sie wirken neugierig, freundlich und sehr offen. Schon in den ersten Minuten merke ich, dass sie für Fortbildungen dieser Art dankbar sind.

Am zweiten Tag des Trainings stellt einer der SEK-Beamten die Frage, ob ich demonstrieren könne, wie man mit jemandem verhandelt, der einen Mann aus Gründen der Ehre erschießen will.

Ich hatte eine solche Verhandlung noch nie geführt, jedoch indirekt einmal eine Verhandlungssituation mitbekommen, in er es um »Ehre« und »Gesicht wahren« ging. Diese Verhandlung mündete in ein Tötungsdelikt aus Gründen der Ehre. Eine kurdische Frau hatte ihren Mann mit einem anderen betrogen und wurde dafür getötet.

Für die meisten Polizeibeamten ist das Konzept Ehre wie eine Mauer: undurchdringlich, unverständlich und schwer zu handhaben. Ich bat einmal einen türkischen Jugendlichen, mir zu erklären, was er unter Ehre versteht. Er bemühte sich, konnte es aber nicht. »Ehre ist halt Ehre, das weiß jeder. Ehre halt! Was sonst?«

Ich erkläre mich zu einem Verhandlungsrollenspiel bereit, weil ich neugierig bin und spüre, dass die SEK-Beamten selbst Schwierigkeiten mit dem Ehrbegriff haben und möglicherweise bereit sind, diesen Begriff zu hinterfragen.

Die Verhandlung findet mit Hilfe des Dolmetschers statt, was von Vorteil sein kann, weil die zeitliche Verzögerung durch die Übersetzung automatisch zu mehr Bewusstsein führt. Die Verhandlung dauert nur etwa eine Stunde und sie verläuft zunächst nahezu schulbuchmäßig: Deeskalieren von Anfangsaggressivität, Beziehungsaufbau, das Gegenüber zum Reden bringen, Zuhören, die Geschichte erfahren, die hinter der angedrohten Tat liegt, die tieferen Beweggründe für sie finden, um dann zum Ziel zu kommen, eine andere Lösung zu finden als Gewalt: aufgabeorientiertes Verhandeln. Aber so einfach ist es dann doch nicht.

Hier das Szenario: Mein Gegenüber, ein etwa 35-jähriger Mann, drahtig, kampferprobt, mit kantigem Gesicht, wachen Augen und einem Igelhaarschnitt hat ein Mädchen kennengelernt. Sie haben sich verliebt und sind nach Angabe meines Gegenübers seit fünf Jahren zusammen. Beide entstammen muslimischen Familien. Er hat sie seiner Familie vorgestellt und die Familie geht davon aus, dass es etwas Ernstes ist. Auch die Familien beider Partner kennen sich inzwischen. Es wird über Heirat gesprochen und von einer gemeinsamen Wohnung geträumt. Bis zu dem Moment, als die Frau in einer Disco einen »interessanten Deutschen« kennenlernt.

Irgendwie habe ich ein ungutes Gefühl. Die Story ist plötzlich so real, wie sie nur sein kann. Die Rolle, die der SEK-Beamte spielt, ist zu überzeugend, die anfängliche Lockerheit wie weggeblasen. Haben sie sich die Geschichte extra für mich ausgedacht? Wollen sie mich an der Nase herumführen? Ist irgendwo eine Kamera aufgebaut? Wollen sie sehen, wie ich reagiere, wenn der Mann plötzlich eine Pistole zieht, weil ich auch ein Deutscher bin?

Dann kommt der Knackpunkt. Ich frage ihn, warum er »den Deutschen« erschießen will, was dadurch erreicht wäre. Er schaut mich an wie einen kompletten Idioten und sagt: »Es geht um Ehre, Mann!«

Ich bleibe zunächst dabei, ihm einfach nur weiter zuzuhören. Ich sage ihm, dass ich seinen Schmerz spüren kann. Keine

Ahnung warum, aber ich sage tatsächlich: »Ich spüre deinen Schmerz, Bruder.« Klingt pathetisch, passt aber, und niemand findet es komisch. Und ich sage ihm, dass ich den gleichen Schmerz erfahren hätte, was der Wahrheit entspricht, denn man darf bei Verhandlungen dieser Art nicht lügen. Es sei wie sterben, sage ich ihm. Sein Kopf sinkt nach unten, die Emotion füllt den Raum. Dann hebt er den Kopf wieder und sagt, dass er den Deutschen töten müsse, wenn er das nächste Mal nach Sarajewo käme. Er hätte keine andere Wahl. Der Mann ist tief verletzt, und er hat keine Ahnung, wie und warum das passiert ist. Offenbar herrscht zwischen ihm und seiner Freundin Funkstille.

In diesem Moment wird mir klar, dass »Ehre« eine Vorstellung ist, hinter der man den eigenen Schmerz verstecken kann, und dass diese Vorstellung einem verspricht, dass der Schmerz aufhören wird, wenn man seinen vermeintlichen Verursacher beseitigt. Ferner, dass man in den Augen der anderen allein durch diese Tat den eigenen Wert erhalten kann. Die Verhandlung ist an einem interessanten Punkt angelangt. Ich weiß nicht weiter. Also frage ich ihn, aus welchem Grund er möchte, dass seine Frau mit ihm zusammen ist.

»Was? Ich verstehe die Frage nicht.«

»Warum möchtest du, dass deine Frau mit dir zusammen ist?«

»Sie soll zu ihrem Wort stehen! Sie hat es gesagt! Sonst ist sie eine Hure.«

»Ich verstehe. Dir ist diese Verbundenheit wichtig und das Vertrauen.«

»Sie ist eine Lügnerin!«

»Und du brauchst Klarheit und Ehrlichkeit?«

»Genau!«

»Und was soll auf ihrer Seite der Grund sein, dass sie mit dir zusammen ist?«

Lange Stille.

»Ist es nicht auch ein Ausdruck deiner Ehre, dass du nur mit Menschen zusammen sein willst, die frei und ehrlich ›ja‹ zu dir sagen, ohne Zwang?«

Lange Stille.

»Sie geht mir am Arsch vorbei, und der Typ geht mir auch am Arsch vorbei! Sie sind mir egal. Ich lege sie beide um!«

Er macht einen verächtlichen Gesichtsausdruck, den er mit einer entsprechenden Handbewegung unterstreicht. Er war nahe an sich dran, dann aber wirkten wieder die familiären Erwartungen und die der Anwesenden im Raum. Die Angst vor Gesichtsverlust ist umso stärker, je näher man »an den Punkt« kommt.

Ich frage den Mann, wie und wo er beide erschießen will. Er schildert es mir. Der Plan ist plausibel und glaubhaft, weil der Rollenspieler ohne Zögern sagt, dass er über die Waffe schon verfügt.

Inzwischen ist auch klar, dass er und seine Geliebte schon seit einigen Monaten getrennt lebten und er sie nicht loslassen kann. Aus welchem Grund auch immer komme ich nicht auf die Idee, ihn zu fragen, ob er schon mal mit der Frau gesprochen und sie nach ihren Beweggründen für die Trennung gefragt habe. Vielleicht stehe ich auch schon unter dem Bann der Ehre, der eine solche Frage nicht zulässt.

Stattdessen frage ich ihn, wie viele Jahre er bekäme, wenn er die Tat ausführen würde. Er sagt 10 bis 15 Jahre, vielleicht mehr, vielleicht weniger, weil man in Bosnien diese Art von Morden kenne und auf eine gewisse Weise akzeptiere. Ich frage ihn, wie er sich nach einem Jahr im Knast fühlen würde, nach drei Jahren, nach fünf Jahren. Da er über 30 Jahre alt ist und das Leid des Krieges kennt, neigt er nicht zu Beschönigungen. Ihm wird klar, dass ihn die Ehre nur fünf oder sechs Jahre tragen würde. Während er sich in seiner Phantasie nach einem Jahr Knast noch gut fühlt, wird die Situation nach fünf Jahren »unerfüllt« und »trocken«.

Ich denke, jetzt habe ich ihn, die Sache ist durch, und er wird einlenken.

Doch dann hakt er noch einmal ein und sagt mit großer Inbrunst, dass er nicht zulassen könne, dass der Deutsche ihn und seine Familie beschmutze.

Einem Impuls folgend antworte ich ihm:

»Warum bist du dir so unwichtig?«

Er schaut mich lange an.

»Sag mir, warum dir die Meinung dieser Menschen, von denen dir viele völlig egal sind, wichtiger ist als dein eigenes Leben?«

Lange Pause.

»Warum bist du dir selbst so unwichtig? Was ist mit deiner Ehre für dich?«

Lange Pause. Trauer steht in seinem Gesicht. Dann scheint ihm etwas klarzuwerden, sein Gesicht hellt sich auf, und er nickt sanft mit dem Kopf:

»Es könnte klappen. Ja.«

»Du willst sie also nicht mehr erschießen?«

»Nein.«

Ich traue seinem plötzlichen Sinneswandel nicht.

»Ich glaube dir nicht.«

»Was?«

»Ich glaube dir nicht.«

Der Mann ist verblüfft.

»WIESO?«

»Wo willst du sie erschießen?«

»Vor der Disco.«

»Angenommen, du fährst dort hin und siehst deine Frau und den Deutschen Arm in Arm. Wie hoch ist die Wahrscheinlichkeit, dass du wütend wirst und sie dennoch erschießt?«

»60 %. Kann auch wieder höher werden.«

»Genau. Was kannst du stattdessen tun?«

»Ich schaue nicht hin. Ich beachte sie nicht.«

»Und wenn sie miteinander tanzen und sich nicht um dich kümmern?«

»Dann ist es mir egal.«

»Ehrlich?«

»Nein.«

»Was kannst du also tun?«

»Ich gehe.«

»Du drehst dich um und gehst?«

»Ja. Weil ich Stolz habe.«

Den letzten Satz sprach er leise, langsam und bedacht. Er war nicht aufgesetzt, sondern simpel und mit einem starken Selbstbezug. Ich spürte den Selbstwert des Mannes. Seine Ehre. Seine wahre Ehre.

»Ja, du hast wirklich Stolz.«

Pause.

»Aber sie lachen dich aus und rufen dir hinterher: ›Du bist kein Mann, du bist kein Mann!‹ Und deine Freunde und Familie zerren und ziehen an dir und sagen: ›Blas ihm das Licht aus. Blas ihm das Licht aus. Sie beschmutzen die Ehre der Familie.‹ Was tust du?«

Alle im Seminar lachen oder grinsen verhalten, weil ich es übertreibe. Doch der Mann bleibt bei sich.

»Was sie sagen, ist nicht wahr. Ich gehe und ich habe verstanden.«

Am Abend des Tages kommt der SEK-Mann zu mir und sagt zu mir: »Es war kein Rollenspiel. Das ist meine Geschichte. Und ich hätte ihn umgelegt ohne das, was heute passiert ist.«

Menschen werden von ihrem Selbstbild geleitet. Dieses Bild hat zwei Facetten. Jeder Mensch hat zunächst ein sicheres Gefühl dafür, was ihm guttut und was ihm nicht guttut. Schon ein Kleinkind »weiß« genau, was es braucht und was nicht, und es äußert dies unmittelbar.

Die zweite Facette dieses Selbstbildes ist jedoch die Spiegelung, die wir von außen erfahren, zunächst durch unsere engsten Bezugspersonen, durch die Familie, durch die Schule und durch die Freunde.

Dieses »gespiegelte Selbstbild« basiert nicht mehr unbedingt auf der Grundlage der eigenen Integrität und dessen, was man wirklich braucht, sondern auf gesellschaftlichen Konventionen, auf den Interessen anderer, auf äußeren Maßstäben von »richtig« und »falsch« und von den in bestimmten Subkulturen gängigen Werten. Auch der Bereich von Ehre gehört zum »gespiegelten Selbstbild«, denn unser Selbst kennt keinen Gesichtsverlust und keine Ehre außer die uns innewohnende und nicht antastbare Ehre, die der Kollege vom SEK durch seine Bereitschaft und durch Selbstreflexion fand. Unser Selbst kennt Schmerz, Trauer und Freude, aber es kennt keine Ehre und kein künstliches statisches Selbstbild, das es aufrechterhalten muss.

Wer mit jungen Menschen arbeitet, weiß, wie sehr sie manchmal darunter leiden, dieses gespiegelte Selbstbild zu erfüllen, also im Strom mitzuschwimmen, oder es nicht zu erfüllen: Wenn ich kein Handy mit Touchscreen habe, gehöre ich nicht dazu; wenn ich beim Mobbing nicht mitmache, bin ich selbst draußen .... Und den Erwachsenen geht es, beispielsweise mit Beziehungserwartungen oder Leistungsanforderungen, nicht anders.

Aus diesem Grund sind Fühlen und Bewusstheit die entscheidenden lebendigen Eigenschaften, die uns zu unterscheiden helfen zwischen dem, was wir scheinbar wollen, und dem, was wir wirklich brauchen und was uns im Innersten entspricht. Diese Selbstverantwortung kann bei männlichen oder weiblichen Gewalttätern und bei einer gelungenen Konfrontation bzw. Selbstreflexion dazu führen, dass sie sagen: *Hätte ich gewusst, was ein Opfer fühlt, hätte ich es nicht getan.* Erkennen und Bedauern sind die erste wahrnehmbare Qualität von Transformation.

Der Faktor Bewusstsein

1962 sagte der Physiker Heisenberg in einem Interview: »Wer sich ein Atom als einen Gegenstand vorstellt, irrt bereits. Man muss sich das Atom vielmehr als ›Möglichkeiten‹ vorstellen.«

Mehr denn je zuvor können Menschen heute zu jedem Zeitpunkt aus einer Vielzahl von Möglichkeiten wählen. Während Tiere durch Automatismen geleitet sind, hat sich der Mensch in eine Richtung entwickelt, in der das Bewusstsein eine immer größere Rolle spielt. Dieses Bewusstsein gibt Menschen die Möglichkeit, Handlungen zu hinterfragen und ihre Konsequenzen zu erkennen. Die Evolution des Bewusstseins ermöglicht es uns heute, anstelle der überkommenen Erwartungen und statischen Bilder (männlich, weiblich) die Einzigartigkeit des Menschen in den Mittelpunkt zu stellen. Eine Auswirkung dieser Entwicklung ist es, dass seit wenigen Jahrzehnten Kinder und ihre Entwicklung im Fokus der Familie stehen. Ebenso wie die immer stärker werdende Individualisierung der Pädagogik mit ihrer mehr am Einzelnen orientierten Herangehensweise.

Dieser Prozess erreicht seit Anfang der 1980er Jahre auch

den Gewaltpräventionsbereich. Praktiker wissen heute, dass Strafe und Inhaftierung allein nicht ausreichen, um jemanden auf eine andere Bahn zu lenken. Es ist heute vielmehr so, dass sogar Polizeibeamte individuelle Handlungspläne und Zielsetzungen mit gewaltbereiten Jugendlichen entwickeln und sie mit den Familien, den Jugendämtern und den Schulen dabei unterstützen, diesen Zielen zu folgen.

Es ist daher extrem wichtig, den Faktor Bewusstheit so früh wie möglich mit in Lernprozesse einzubringen und die Fähigkeit zu lehren, Distanz zum eigenen Denken zu entwickeln und die eigenen Beweggründe zu hinterfragen. Statische Selbstbilder werden zu dynamischen nur über den Schritt des Sich-selbst-bewusst-Werdens. Wenn man Bewusstheit einsetzt und sich echte Fragen stellt, kann es sein, dass man wieder beginnt zu fühlen und zu tun, was man wirklich will. Oder man wird sich zumindest bewusst, dass man eine Menge Schmerz mit sich herumträgt.

VERWENDETE LITERATUR

Bly, R., Eisenhans. Ein Buch über Männer, Reinbek, 1991

de Waal, F., Das Prinzip Empathie, Was wir von der Natur für eine bessere Gesellschaft lernen können, München, 2009

Ekmann, P., Gefühle lesen, Berlin, 2004

Farelly, F., Brandsma, J. M., Provokative Therapie, Berlin, 1986, Nachdruck 2005

Feldenkrais, M., Das starke Selbst, Anleitung zur Spontaneität, Frankfurt am Main, 1992

Füllgrabe, U., Psychologie der Eigensicherung. Überleben ist kein Zufall, Stuttgart, 3. Aufl. 2011

Gaertner, K., Saad, F., Kampfzone Straße. Jugendliche Gewalttäter jetzt stoppen, Freiburg, 2012

Johnstone, K., Improvisation und Theater, Berlin/Köln, 1997

King, M. L., Kraft zum Lieben. Betrachtungen und Reden des Friedensnobelpreisträgers, Neukirchen-Vluyn, 1997

Latané B., Darley, John M., The Unresponsive Bystander. Why Doesn't He Help?, New York, 1970

Levine, T. A., Sprache ohne Worte. Wie unser Körper Trauma verarbeitet und uns in die Balance zurückführt, München, 3. Aufl. 2012

McMains, M. J., Mullins, W. C., Crisis Negotiations, Managing Critical Incidents and Hostage Situations in Law Enforcement and Corrections, New York, 3. Aufl. 2006

Mitchell, S. (Hrsg.), Laotse: Tao te king, München, 2003

Omer, H., von Schlippe, A., Autorität ohne Gewalt. Coaching für Eltern von Kindern mit Verhaltensproblemen, Göttingen, 7. Aufl. 2010

Pinker, S., Gewalt. Eine neue Geschichte der Menschheit, Frankfurt am Main 2011

Rhode R., Meis, M. S., Bongartz, R., Angriff ist die schlechteste Verteidigung. Der Weg zur kooperativen Konfliktbewältigung, Paderborn, 2003

Rosenberg, M. B., Gewaltfreie Kommunikation. Aufrichtig und einfühlsam miteinander sprechen, Paderborn, 2001

Schmitt, T., Esser M., Statusspiele. Wie ich in jeder Situation die Oberhand behalte, Frankfurt am Main, 5. Aufl. 2011

Schranner, M., Der Verhandlungsführer. Strategien und Taktiken, die zum Erfolg führen, München 3. Aufl. 2006

Ury, W. L., The Third Side. Why We Fight and How We Can Stop, London, 2000

Ury, W. L., Schwierige Verhandlungen. Wie Sie sich mit unangenehmen Kontrahenten vorteilhaft einigen, Frankfurt am Main, 1992

Dank

Zuallererst möchte ich meinem Coach Florian Glässing von Eggers & Landwehr danken, auf den der Satz »ohne ihn wäre dieses Buch nicht zustande gekommen« in besonderer Weise zutrifft. Zum »engsten Team« gehört aber ebenso meine Lektorin Sibylle Meyer vom S. Fischer Verlag, an der eine hervorragende Kriminalistin verlorengegangen ist. Meiner Partnerin Gisela Finner danke ich für all die guten Impulse.

Viele andere Menschen haben direkt und indirekt Anteil an diesem Buch. Sie mögen mir verzeihen, dass ich sie nicht alle aufzählen kann, doch hoffe ich, die wesentlichen nennen zu können: Ich danke zunächst der Polizei des Landes Nordrhein-Westfalen, in der ich 20 Jahre lang arbeiten und wachsen durfte. Hier danke ich besonders den Polizeihauptkommissaren Erich Traphan und Markus Paasch für die jahrelange Unterstützung und kreative Zusammenarbeit. Ebenso Polizeihauptkommissar Ernst Marx, der mir bis heute ein Freund, Ratgeber und Mentor geblieben ist. Ferner Polizeidirektor Volker Lange für die aktuellen Einblicke und die Hilfe bei der Recherche.

Ein ganz lieber Dank gilt auch der Kriminalpsychologin Barbara Maria Ostermann für alles, was sie mir als FBI-Verhandlungsführerin in Krisen beigebracht hat.

Ein ausdrücklicher Dank geht auch an Michael Schindewolf aus Bonn, dessen fundierte Kenntnisse zum Thema Sexualstraftaten hier eingeflossen sind.

Ebenso meinen herzlichen Dank an Fadi Saad aus Berlin, der mir die »Denke« eines Gangmitglieds in Bezug auf extreme Gewalt näherbrachte und Vorschläge zur Deeskalation lieferte.

Für die über zehnjährige Ausbildung in Körpersprache und die tiefen Einblicke in die menschliche Motivation danke ich meinen Schauspiellehrern Dr. Géza Melczer-Lukács vom Odoroka Mime Theatre, der »Method-Lehrerin« Agnes Pollner aus Köln, John Coustopoulos vom Actors Studio New York und Keith Johnstone, der mich bis heute nachhaltig beeindruckt und inspiriert.

Gleiches gilt auch für meine jetzigen Arbeitspartner Rudi Rhode und Dr. Mona Sabine Meis, deren kreative und praktikable Ansätze zur Beharrlichkeit und Deeskalation für mich zur »neuen Autorität« gehören und daher feste Bestandteile meiner Arbeit sind.

Ein herzlicher Dank geht auch an Roman Lindner, Michael Rammler und Jürgen Schmidt vom Herrenberger Team für die Unterstützung dieses Buches.

Ferner gilt mein Dank den Antigewalttrainern Reiner Gall, Thorsten Schumacher und Simone Kriebs, mit denen ich, ebenso wie mit Götz Gödecke von der Vianova in Itzehoe seit Jahren immer wieder anregende Gespräche aus erster Hand zum Thema führe.

Ganz besonderer Dank gilt M. M. und E. G. sowie B. und V. L. und J. S., aber auch G. F. und V. aus Sarajewo und allen anderen Menschen, deren Geschichten hier erzählt werden.

Schließlich danke ich Sascha Burmeister von Krav Maga Aachen und dem Traumapsychologen Mark Novy für die Einblicke in die Arbeit mit Betroffenen.